4週間でマスター

1級

級

建築
施工管理
第一次検定

井岡 和雄 編著

まえがき

　本書を手にとり勉強を始めようとしている皆さんは，現在，建築の技術者として第一線で活躍していることでしょう。あるいは，建築に興味があり，これからその道に進もうと考えているかもしれません。

　建築には多くの資格がありますが，その中でも代表的な国家資格として，「建築士試験」と「施工管理技士試験」があります。「建築士試験」は建築物の設計・監理を目的とした試験であり，「施工管理技士試験」は建築物の施工管理を目的とした試験です。とくに建築の現場で活躍されている方が最初のステップとして挑戦するのに最適な試験が「建築施工管理技士試験」です。1級と2級の区分がありますが，ぜひ最上位の1級を目指して豊富な知識やスキルを習得してください。この試験には第一次検定と第二次検定がありますが，本書は，「1級施工管理技士試験」の第一次検定の合格を目標とした問題集です。合格すれば「1級施工管理技士補」の称号が与えられます。

　受検生の多くは，日常の多忙な業務に時間を費やして，試験の準備期間を確保できずに受験する可能性が高いです。しかし，試験の出題傾向・内容をスピーディに習得し，その対策を講じれば，試験に合格することは十分可能です。

　そこで本書は，「1級施工管理技士試験」の第一次検定対策のみを4週間でマスター（再受検，総まとめであれば1週間でマスター）することを想定し，本試験の問題形式に準じた全60項目，全6章で構成しています。2項目を1日で習得すれば4週間でマスターでき，1章を1日で目を通せば1週間で総まとめ学習が可能です。

　各項目においては，合格に向けた最低限必要な 試験によく出る選択肢 📝 を整理し，さらに出題される可能性の高い問題を解くことによってスピーディに学習できるように構成しました。試験直前の超短期決戦用問題集として，とくに本書内の 試験によく出る選択肢 📝 は活用してください。

　なお，仕事などの日々の忙しさ，自分自身の意思の弱さから，勉強を挫折する人が多くいますが，ひとつ諦めずに最後までやり遂げてください。強い意志と忍耐力を備えた方が合格に近づきます。本書を十分に活用した皆さんが1級建築施工管理技士（補）に合格して，建築業界でいっそう活躍することを楽しみにしています。

著者しるす

目　次

第 5 章　施工管理（午前＋午後の部・必須問題）

第6章　法規（午後の部・選択問題）

本書の使い方

　本書は１級建築施工管理技術検定の第一次検定の出題内容が把握しやすく，短期間で合格できる構成としています。第一次検定の問題を60項目にまとめ，各項目を 試験によく出る選択肢 と 試験によく出る問題 の２つのステップで構成しています。第１ステップで**選択肢を理解・暗記する**ことで，第２ステップの**出題頻度の高い問題**の正解を導くことができます。

　単に読んで，正解を導くことにとどまらず，この２つのステップを**効率よく活用して理解する**ことが合格への近道です。本試験は，広範囲な中から出題されますが，各項目から１問程度の出題です。また，選択問題と必須問題がありますが，この**選択問題の項目を如何に効率よく勉強する**かが合格するポイントとなります。（下記マークも参考にしてください。）

１．「デルデル大博士」のでるぞ～マーク

　各問題番号の横には，問題の重要度に応じて**デルデル大博士マーク**を１個～３個表示しています。あくまで相対的なものですが，以下のことを参考に効率的な勉強を心掛けてください。

> ・３個：出題頻度がかなり高く，基本的に必ず取り組むべき問題。
> ・２個：ある程度出題頻度高く，得点力アップの問題。
> ・１個：それほど多くの出題はないが，取り組んでおく方がよい問題。

２．「ポイント博士」，「まとめ博士」のマーク

　特にポイントとなる箇所には，解説中に**博士マーク** が登場します。得点力アップや暗記をしておくべき項目ですので，それらに注意して勉強を進めてください。

３．「がんばろう君」のマーク

　理解しておくとよい箇所や必ず覚えておくべき箇所には，解説中に**がんばろう君マーク**   が登場します。

　合格するためには，がんばって理解してください。

本試験攻略のポイント

　第一次検定は，主に 4 つの選択肢から 1 つを選ぶマークシート方式による試験で，概ね以下の分類にしたがって出題されています。なお，令和 3 年度の試験からは，施工管理法（監理技術者補佐としての応用能力）についてのマークシートによる五肢二択の問題も一部出題されています。

本試験区分		本書区分		出題数	解答数
午前の部	建築学 No.1〜No.15	第 1 章 建築学	1-1　計画原論 1-2　一般構造 1-3　建築材料	15	12
	共　通 No.16〜No.20	第 2 章 建築設備・ 外構・契約関連	2-1　建築設備 2-2　外構・植栽・測量 2-3　契約・積算関連	5	5
	施工・躯体 No.21〜No.30	第 3 章 施工共通 （躯体）	3-1　試験・調査・仮設工事 3-2　土工事・地業工事 3-3　鉄筋コンクリート工事 3-4　鉄骨工事・施工機械・ 　　　耐震改修工事	10	7
	施工・仕上 No.31〜No.39	第 4 章 施工共通 （仕上）	4-1　防水・シーリング工事 4-2　石・タイル工事 4-3　屋根・金属工事 4-4　建具・ガラス工事 4-5　左官・塗装・内装・改 　　　修工事	9	7
	施工管理法 No.40〜No.44	第 5 章 施工管理	5-1　施工計画	5	5
午後の部	施工管理法 （知識） No.45〜No.54	第 5 章 施工管理	5-1　施工計画 5-2　工程管理 5-3　品質管理 5-4　安全管理	10	10
	（応用能力） No.55〜No.60	第 3 章・第 4 章の範囲（ここだけ五肢二択）		6	6
	法　規 No.61〜No.72	第 6 章 法規	6-1　関連法規	12	8
			計	72	60

午前の部の第1章（建築学）と第2章（共通）が合格の
カギ。

　第1章の「1－1　計画原論」が3問，「1－3　建築材料」が5問，及
び第2章の範囲が5問出題されてきました。これらの問題は，**前年度の問題
と違う項目が出題される傾向**にあり，比較的，勉強の範囲が狭いので確実に
点数にすることを推奨します。

　また，第1章の「1－2　一般構造」で**構造力学**に関する問題が数問出題
されますが，不得意な方は，あえて勉強する必要はありません。これも合格
するための対策の1つです。ただし，**それ以外の一般構造**に関する問題は，
前年度と同じ項目からの出題が多いので，ぜひ点数にしてください。

　目標点としては，第1章：15問中**9問**，第2章：5問中**3問**です。

第3章（躯体）と第4章（仕上）は重要度が増しました。

　第3章（躯体）と第4章（仕上）は各種工事に関する内容です。どちらも
以前は出題数に対して解答数が半分弱程度でしたが，**令和3年度の検定制度
改正から，出題数と解答数に大きな変動がありました。第3章　躯体→13問
出題5問解答から10問出題7問解答へ。第4章　仕上→12問出題5問解答か
ら9問出題7問解答へ。**見ればわかるように，出題数自体は減っているのに，
逆に選択する解答数は増えています。また，この減らされた出題問題は，午
後に行われる五肢二択の応用能力問題（6問すべて必須）に移行されていま
す。25問中10問解答すればよかった分野が20問解答しなければならなくなっ
たということで，**点数を取りこぼせない最重要分野となりました**。まずは，
得意分野をそれぞれ5項目程度つくることを推奨します。実務経験に応じた
対策をすることにより，勉強する範囲を絞ることができます。なお，第3章
は，第1章の「1－2　一般構造」との関連があり，第4章は第1章の「1
－3　建築材料」との関連があります。

　目標点としては，第3章：10問中**4問**，第4章：9問中**4問**です。

必須問題である第5章（施工管理法）の対策について。

　第5章も本試験の主流であり，出題内容は，「施工計画」，「工程管理」，「品質管理」，「安全管理」の4つの分野から出題されます。**「施工計画」と「安全管理」**は，第3章や第4章での勉強と重複する内容もあるため，この2分野を優先的に勉強し，目標点としては15問中**10問**です。

 午後の部に施工管理法の応用能力問題が入りました。

　監理技術者補佐として，建築一式工事の施工の管理を適確に行うために必要な応用能力を問う問題が，必須問題で6問，ここだけ5つの選択肢から2つの解答を選ぶ形式で出題されています。

　基本的に内容は前述した第3章（躯体）と第4章（仕上）からの出題で，選択肢と解答数が一つずつ増えているものですので，**第3章・第4章をしっかり学習しておけば十分対応できるでしょう。**

　この範囲の問題は足切り点が設定されています。目標点としては，第3章・第4章：6問中**4問以上**が必須です。

 午後の部は第6章（法規）が点数にしやすいです。

　第6章は，建築基準法：3問，建設業法：3問，労働基準法：1問，労働安全衛生法：2問，その他の法令：3問の割合で出題されてきました。例年，ほとんど同じ項目からの出題が多く，出題内容も過去問から出題されているので点数にしやすいです。建築基準法，**建設業法，労働基準法，労働安全衛生法**を中心に勉強してください。第二次検定の対策にもなります。目標点としては12問中**5問**です。

解答である選択肢を正しく直して覚えましょう。

　第一次検定は過去問からの出題が多く，<u>過去問の正解がそのまま選択肢の</u>
<u>１つとして</u>新たに出題されることが多いです。一般的に，不適当な選択肢が
解答となっているため，その選択肢を**正しく直して覚える**ことが重要です。
　そこで，本書の 試験によく出る選択肢 📝 を有効に活用してください。
過去問の正解を正しく直した選択肢を中心に取り上げているので，とくに試
験直前の総まとめとして目を通すことを推奨します。

 勉強を継続するためには，得意な項目からしましょう。

　本書は，全60項目から構成していますが，順番にする必要はありません。
得意な項目や点数にしやすい項目から進めていってもよいです。また，
試験によく出る選択肢 📝 を先読みし，その後，問題を解くのも対策の１
つです。本書を繰り返すことによって理解が深まります。
　難しい問題も，易しい問題も１点です。本書を手にとった目的は，試験に
合格することで全項目を理解する必要はありません。まずは**半分程度を目標**
にスタートしてください。

受験案内

1．1級建築施工管理技士・技士補とそのメリット

　近年，複雑化する建築物を的確にかつ安全に施工するためには，多くの優れた技術者が必要です。建築業界には，そのための資格が多々ありますが，その中でも特に建築工事における施工技術の向上に重点をおいた資格が**建築施工管理技士**です。建設業法に基づき**建築施工管理技術検定**が実施され，昭和58年度から**2級試験**が，昭和59年度から**1級試験**が実施されました。ここ数年，世代交代による技術者不足により，国家資格の資格としては年々必要とされています。

　本試験は，国土交通省より指定を受けた**（一財）建設業振興基金が行う国家資格**です。**「第一次検定」**と**「第二次検定」**からなっています。**「第一次検定」**は，知識問題を中心に能力問題を追加したマークシート方式による**択一試験**であり，**「第二次検定」**は，現場経験に基づく能力問題を中心にした主に**記述試験**です。

　建築施工管理技士の資格を取得することは，その人の技術能力が客観的な形で保証されたことになり，社会においても企業においても，有能な技術者と認められます。なお，1級施工管理技士には，主に次のようなメリットがあります。

> ・**特定建設業，一般建設業において，「営業所に置く専任の技術者」および「監理技術者」，「主任技術者」になることができます。**
>
> 　また，監理技術者講習を修了すると申請により「監理技術者資格者証」が交付されます。この「監理技術者資格者証」は，公共工事の適正な施工を確保する為，すべての特定建設業で，現場に配置しなければならない専任の監理技術者への携帯の義務づけがなされています。
>
> ・**特定建設業または一般建設業の許可を受ける場合の1つの要件です。**
> ・**経営事項審査における1級技術者となります。**
>
> 　経営事項審査の技術力項目で，1級技術者として5点の基礎点数が配点されます。

また，令和3年度以降の技術検定試験においては，第一次検定の合格者には**「技士補」の称号**が付与され，**1級施工管理技士補**については一定の条件の下で**監理技術者の職務を補佐する者**として責任ある立場で活躍することができます。

2．受検資格

(1) 第一次検定

概略，次表に示すような学歴又は資格，および実務経験年数が必要とされます。**詳細の具体的な認定（学歴要件，実務経験要件）**について，不明な点など詳しく知りたい場合は，実施機関である（一財）建設業振興基金へお問い合わせ下さい。

第一次検定の受検資格（区分イ〜ニの1つに該当する方）

区分	学歴又は資格		実務経験年数	
			指定学科	指定学科以外
イ	大学，専門学校の「高度専門士」		卒業後3年以上	卒業後4年6ヶ月以上
	短期大学，高等専門学校（5年制），専門学校の「専門士」		卒業後5年以上	卒業後7年6ヶ月以上
	高等学校，中等教育学校，専門学校の専門課程		卒業後10年以上[※1, ※2]	卒業後11年6ヶ月以上[※2]
	その他		15年以上[※2]	
ロ	2級建築士試験合格者		合格後5年以上	
ハ	2級建築施工管理第二次検定（R2年度までは実地）合格者		合格後5年以上[※1, ※2]	
	2級建築施工管理第二次検定（R2年度までは実地）合格後，実務	短期大学高等専門学校（5年制）専門学校の「専門士」	（イの区分）	卒業後9年以上[※2]

14

	経験が５年未満の者	高等学校 中等教育学校 専門学校の専門課程	卒業後９年以上※2	卒業後10年６ヶ月以上※2
		その他	14年以上※2	
	【注】区分二の受検資格は，第一次検定のみ受検可能			
二	２級建築施工管理第二次検定（R２年度までは実地）合格者		実務経験年数は問わず	

注１	実務経験年数は，受検年度の３月末日で計算してください。年数が不足して受検資格を満たせない場合，第一次検定の前日まで参入可能です。
注２	実務経験年数には，「指導監督的実務経験」を１年以上含むことが必要です。 指導監督的実務経験とは，現場代理人，主任技術者，工事主任，設計監理者，施工監督などの立場で，部下・下請けに対して工事の技術面を総合的に指導監督した経験をいいます。
注３	表中※１印がついている実務経験年数については，主任技術者の要件を満たした後，専任の監理技術者の配置が必要な工事に配置され，監理技術者の指導を受けた２年以上の実務経験を有する方は，実務経験が２年短縮できます。この場合，提出書類として下記３．⑦が必要です。
注４	指導監督的実務経験として「専任の主任技術者」を１年以上経験した方は，表中※２印がついている実務経験年数に限り２年短縮が可能です。この場合，提出書類として下記３．⑧の５点が必要です。

　なお，二．の令和３年度以降の**２級建築施工管理技術検定の第二次検定合格者**は，**実務経験を積む前に第一次検定の受験が可能**です。この場合，１級第一次検定合格後，上記イ．～ハ．の実務経験を積んで受検資格を満たした後に１級第二次検定に臨むことになります。

(2) 第二次検定
　下記のいずれかに該当する方が受検できます。

第二次検定の受検資格

①	受検年度の第一次検定の合格者（但し(1)の二．に該当する者は除く）	
② 第一次検定免除者	ⓐ	建築士法による１級建築士試験合格者で，前記(1)の第一次検定の受検資格の区分イ〜ハのいずれかの受検資格を有する者
	ⓑ	１級建築施工管理技術検定第一次検定合格者のうち，前記(1)の区分イ〜ハのいずれかの受検資格で受検した者
	ⓒ	１級建築施工管理技術検定第一次検定合格者のうち，前記(1)の区分二の受検資格で受検した者で，前記(1)の区分イ〜ハのいずれかの受検資格を有する者

3．申込に必要な書類

① 受検申請書
② 住民票（住民票コードを記入した場合は不要）
③ パスポート用証明写真１枚
④ 受検料の振替払込受付証明書
⑤ 資格証明書（合格証明書，免許証明書等）の写し
⑥ 卒業証明書（原本）
⑦ 「専任の監理技術者の指導のもとにおける２年以上の実務経験証明書」
⑧ 「専任の主任技術者実務経験証明書」，「工事請負契約書（写）」，「施工体系図（写）」，「現場代理人主任技術者選任届（写）」，「建設業許可通知書（写）」の５点

（注）・①〜④は，受検申込者全員が提出するものです。
　　　・⑤〜⑥は，受検資格区分イ〜ニに応じた提出書類です。
　　　・⑦〜⑧は，２．(1)の注３，注４の該当者のみが提出する書類です。
　なお，**再受検申込者**は，「受検票」，「不合格通知」，「受検証明書」のいずれかの原本を添付すれば，提出書類の一部（実務経験証明書，住民票，資格証明書，卒業証明書等）を省略できる場合があります。

4．建築施工管理に関する実務経験

【実務経験として認められる工事種別】

●建築一式工事　　　　　　●左官工事　　　　　●塗装工事
●大工工事　　　　　　　　●石工事　　　　　　●防水工事
●とび・土工・コンクリート工事　●屋根工事　　　　　●内装仕上工事
●鋼構造物工事　　　　　　●板金工事　　　　　●建具工事
●鉄筋工事　　　　　　　　●ガラス工事　　　　●熱絶縁工事
●タイル・レンガ・ブロック（ALC を含む）工事　　●解体工事
（注）上記工事種別による増改築等の工事は，実務経験として認められます。

【実務経験として認められる従事した立場】

●施工管理	請負者の立場での現場管理業務
●設計監理	設計者の立場での工事監理業務
●施工監督	発注者の立場での工事監理業務

5．第一次検定の内容

① 第一次検定は，**マークシートによる四肢一択式，及び五肢二択式で**出題され，午前の部と午後の部で実施されます。

② 過去の出題内容と出題数は下記のとおりで，選択問題と必須問題に分かれています。**なお，選択問題は，解答数が指定解答数を超えた場合，減点となりますから注意してください。**

区　分			出題数	指定解答数
午前の部	建築学	No. 1〜No. 15	15	12
	共　通	No. 16〜No. 20	5	5
	施工（躯体）	No. 21〜No. 30	10	7
	施工（仕上）	No. 31〜No. 39	9	7
	施工管理法	No. 40〜No. 44	5	5
午後の部	施工管理法（知識）	No. 45〜No. 54	10	10
	（応用能力）	No. 55〜No. 60	6	6
	法　規	No. 61〜No. 72	12	8
		計	72	60

また，令和3年度の試験からは，施工管理法（監理技術者補佐としての応用能力）についての**マークシートによる五肢二択式の問題**が出題されています。

6. 試験日時

試験は毎年1回全国各都市において実施されます。試験日時等の詳細については，試験実施機関までお問い合わせ下さい。

[試験実施機関]

　一般財団法人建設業振興基金　試験研修本部

(http://www.fcip-shiken.jp/)

　〒105-0001
　東京都港区虎ノ門4丁目2番12号　虎ノ門4丁目MTビル2号館
　TEL：03-5473-1581　FAX：03-5473-1592

[受付期間]　毎年1月下旬から2週間
（第一次検定免除者も受付期間は同じ）

[試験日時]
　・第一次検定：毎年6月第2日曜日
　　午前の部：10時15分〜12時45分（150分）
　　午後の部：14時15分〜16時15分（120分）
　・第二次検定：毎年10月第3日曜日
　　　　　　　13時〜16時（180分）

> ※受験案内の内容は変更することがありますので，必ず早めに各自でご確認ください。

[試験地]
　札幌，仙台，東京，新潟，名古屋，大阪，広島，高松，福岡，沖縄
　（会場確保の都合上，周辺都市で実施する場合があります。）

なお，受検申込書の取扱先は，申込受付開始の約2週間前から，「一般財団法人建設業振興基金　試験研修本部」のほか，下記の取扱先で販売しています。（〒のないところは郵送販売を行っていません）

名　称	住　所	電話番号
（一財）北海道開発協会	〒001-0011 札幌市北区北11条西2丁目 セントラル札幌北ビル1F	001-709-5212
（一社）東北地域づくり協会	〒980-0871 仙台市青葉区八幡1-4-16 公益ビル	022-268-4192
（一社）公共建築協会	〒104-0033 東京都中央区新川1-24-8 東熱新川ビル6F	03-3523-0381
（一社）関東地域づくり協会	さいたま市大宮区吉敷町 4-262-16 マルキュービル9F	048-600-4131
（一社）北陸地域づくり協会	〒950-0141 新潟市江南区亀田工業団地 2-3-4	025-381-1301
（一社）中部地域づくり協会	〒460-8575 名古屋市中区丸の内3-5-10 名古屋丸の内ビル8F	052-962-9086
（一社）近畿建設協会	〒540-6591 大阪市中央区大手前1-7-31 OMMビルB1F	06-6947-0121
（一社）中国建設弘済会	広島市中区八丁堀15-10 セントラルビル4F	082-502-6934
（一社）四国クリエイト協会	〒760-0066 高松市福岡町3-11-22 建設クリエイトビル	087-822-1657
（一社）九州地域づくり協会	〒812-0013 福岡市博多区博多駅東 2-5-19 サンライフ第3ビル4F	092-481-3784
（一社）沖縄県建設業協会	浦添市牧港5-6-8 沖縄県建設会館2F	098-876-5211

※名称，住所等は，変更する場合がありますので，本部のホームページ等で
　確認してください。

7．合格発表と合格基準点

　合格発表は，発表日に試験機関である（一財）建設業振興基金から本人あてに合否の通知が発送されます。

　また，国土交通省各地方整備局，北海道開発局，内閣府沖縄総合事務局に，当該地区で受検した合格者の受検番号が掲示され，（一財）建設業振興基金では，全地区の合格者番号を閲覧できるほか，**（一財）建設業振興基金ホームページに発表日から２週間，合格者の受検番号が公表されます。また試験日の翌日から１年間，試験問題等の公表も行われます。**

　［合格発表日］
　　・第一次検定：毎年７月中旬
　　・第二次検定：翌年１月下旬

　［合格基準点］
　　第一次検定及び第二次検定の別に応じて，次の基準以上が合格となりますが，試験の実施状況等を踏まえ，変更する可能性があります。
　　・第一次検定：全体の得点が60％以上で，かつ施工管理法（応用能力）
　　　　　　　　　の得点が60％以上
　　・第二次検定：得点が60％以上

　なお，合格率は，第一次検定が45％前後，第二次検定が40％前後で，最終合格率は18％前後です。

※上記内容は変更することがありますので，必ず
　早めに各自でご確認ください。

第 1 章
建 築 学

1－1　計画原論

1　日照・日射・日影

試験によく出る選択肢 📝

日照・日射

- [ ] 太陽方位角は太陽の方向と南北軸とがなす角度で示される。
- [ ] 地上に達する全日射エネルギーは，紫外部より赤外部の方が多い。
- [ ] 太陽透過率が大きいほど，直達日射量が強くなり，天空日射は弱くなる。

直達日射量・可照時間

- [ ] 夏至における建物の鉛直壁面が受ける1日の直達日射量は，南面の方が西面より小さい。
- [ ] 冬至における南面の垂直壁の終日の直達日射量は，水平な屋根面の直達日射量より大きい。
- [ ] 南面の垂直壁の可照時間は，春分より夏至の方が短い。
- [ ] 南面の可照時間は，夏至が最小となる。
- [ ] 日照率とは，可照時間に対する日照時間の比を百分率で表した値である。

隣棟間隔・日影

- [ ] 同じ日照時間を確保するためには，緯度が高くなるほど南北の隣棟間隔を大きくとる必要がある。
- [ ] 冬至における日照時間を確保するためには，建設地が北緯25度付近の場合より，北緯35度付近の場合の南北隣棟間隔を大きくする必要がある。
- [ ] 建物の高さが同じである場合，東西に幅が広い建物ほど影の影響の範囲が大きくなる。
- [ ] 夏至に終日日影となる部分は，1年を通じて日影となるので永久日影という。

22

試験によく出る問題 📋

問題1

日照，日射及び日影に関する記述として，最も不適当なものはどれか。

1．北緯35度における南面の垂直壁面の可照時間は，春分より夏至の方が長い。

2．建物により影になる時間が等しい点を結んだ線を，等時間日影線という。

3．日射は，一般的に直達日射と天空日射の2つに大別される。

4．同じ日照時間を確保するためには，緯度が高くなるほど南北の隣棟間隔を大きくとる必要がある。

解　説

1．**南面の垂直壁面の可照時間は，春・秋分の日が最も長くなります。**したがって，<u>春分より夏至の方が短い</u>です。

壁面の方位と可照時間

壁面の方位	冬　至	春・秋分	夏　至
南　　面	9 時間32分	12時間	7 時間
東西面	4 時間46分	6 時間	7 時間14分
北　　面	0	0	7 時間28分

2．日影図において日影時間の等しい点を結んだものを**等時間日影線**といい，n 時間毎の日影の交点を連ねた線が n 時間日影線です。

第1章

建築学

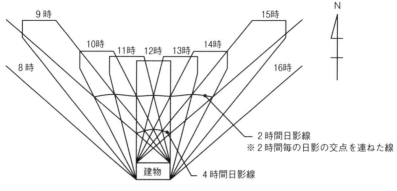

9 時　10 時　11時　12時　13時　14時　15時

8 時　　　　　　　　　　　　　　　　　　16時

N

2 時間日影線
※ 2 時間毎の日影の交点を連ねた線

建物

4 時間日影線

日影図と等時間日影線

3．日射は，一般的に**直達日射**と**天空日射**の 2 つに大別されます。

　　直達日射：直接地表に達する日射

　　天空日射：乱反射されて地表に達する日射

　　全天日射＝直達日射＋天空日射

4．**隣棟間隔**とは，南北方向に建築物が位置している場合，南側の建築物の日影が，北側の建築物にとどかないようにする壁面間の距離をいいます。隣棟間隔は緯度によって異なり，**緯度が高い地域ほど隣棟間隔を大きくする**必要があります。

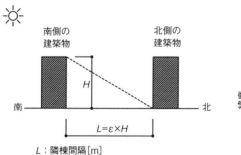

南側の建築物　　北側の建築物

H

南　　　　　　　　　　　　　　北

$L = \varepsilon \times H$

L：隣棟間隔[m]
ε：隣棟間隔係数（南北隣棟間隔比＝L/H）
H：日影を生じさせる部分
　　の最高高さ[m]

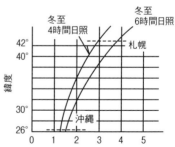

冬至
4時間日照

冬至
6時間日照

札幌

沖縄

緯度

42°
40°
30°
26°

0　1　2　3　4　5

隣棟間隔と隣棟間隔係数

解答　1

問題 2

北緯35度付近における日照，日射及び日影に関する記述として，最も不適当なものはどれか。

1. 東向き鉛直面と西向き鉛直面の終日の直達日射量は，季節にかかわらず西向き鉛直面の方が大きい。
2. 建物の高さが同じである場合，東西に幅が広い建物ほど影の影響の範囲が大きくなる。
3. 同じ日照時間を確保するためには，緯度が高くなるほど南北の隣棟間隔を大きくとる必要がある。
4. 冬至における南向き鉛直面の終日の直達日射量は，水平面の直達日射量より大きい。

解　説

1. 太陽の移動は，南北軸に対して対称なので，**東向き鉛直面と西向き鉛直面**の終日の直達日射量は，季節にかかわらず**同じ**です。
2. 長時間の日影となる範囲は，**建物の高さ**よりも**東西方向の幅**に大きく影響されます。
3. 問題1 の 解　説 の4を参照してください。
4. 冬至における南向き鉛直面の終日の直達日射量の大小関係は，**南面＞水平面**＞東・西面です。

第1章

建築学

この図が，そのまま出題される場合もあります。**方位別の大小**は覚えましょう。

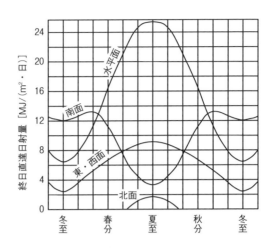

水平面・鉛直壁面の終日日射量（北緯35度）

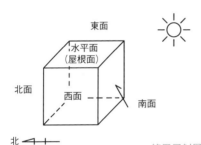

方位別の大小

夏至：水平面＞東・西面＞南面＞北面

冬至：南面＞水平面＞東・西面

終日日射量と方位別の大小

解答　1

 問題3

日照及び日影に関する記述として，最も不適当なものはどれか。

1．建物の高さを高くした場合，日影は遠くへ伸びるが，一定の高さを超えると長時間影となる範囲はあまり変化しない。

2．日照図表を用いると，冬至などの特定日に，対象となる建物が特定の地点に及ぼす日照の影響を知ることができる。

3．東西に隣接した建物間の北側の少し離れた場所に生じる，長時間日影となる領域を，島日影という。

4．南面の垂直壁の可照時間は，春分より夏至の方が長い。

26

1. **問題2** の　解　説　の2を参照してください。
2. 冬至などの特定の日について作成された**日照図表**は，対象となる建物が特定の地点に及ぼす**日照の影響を知る**ことができます。
3. 東西に隣接した建物間の北側の少し離れた場所に生じる日影時間が長くなる範囲を**島日影**といいます。

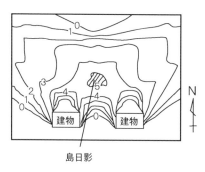

島日影

4. **問題1** の　解　説　の1を参照してください。南面の垂直壁の可照時間は，春分より夏至の方が短いです。

解答　4

2 採光・照明

採光

- [ ] 昼光率とは，全天空照度に対する室内のある点の天空光による照度の比をいう。
- [ ] 昼光による室内の採光計算に用いる照度は，天空光による照度のみを計算の対象としている。
- [ ] 昼光による照度分布の均斉度は，部屋の奥行きが浅いほどよくなる。
- [ ] 天窓による採光は，側窓による採光よりも採光量や照度分布などの面で有利である。
- [ ] 高い位置の窓による採光は，低い位置の窓によるものよりも照度のばらつきが少ない。
- [ ] 片側窓採光は，窓の中心の高さが同一の場合，一般に縦長窓の方が横長窓よりも室の奥の照度は高くなる。

照明

- [ ] 照度とは，受照面の単位面積当たりの入射光束をいう。
- [ ] 輝度とは，反射面を有する受照面の光の面積密度をいう。
- [ ] 演色性とは物体の色の見え方の変化を起こさせる光源の性質をいう。
- [ ] 直接照明は，間接照明より陰影が濃くなる。
- [ ] 色温度が高くなるほど青っぽく，低くなるほど赤っぽくなる。
- [ ] 作業面の局部照明と室内の全般照明との照度の差を大きくすれば目が疲れやすい。
- [ ] 照度は，光源からの距離の2乗に反比例する。
- [ ] 劇場のロビーの照度は，150〜300 lx が適当である。

問題4

採光及び照明に関する記述として，最も不適当なものはどれか。

1．光束とは，単位時間当たり，発散，透過又は入射する光のエネルギー量をいう。

2．演色性とは，照明光による物体色の見え方についての光源の性質をいう。

3．光度とは，反射面を有する受照面の光の面積密度をいう。

4．昼光率とは，全天空照度に対する室内のある点の天空光による照度の比をいう。

第1章 建築学

解　説

1．及び3．光に関する主な用語として次に示すものがあります。**光度とは，光源の明るさを表す量で，単位立体角当りの光束**をいいます。

光に関する用語と単位

用語	説　明	単　位
光束	光源のエネルギー放射束のうち，人間が光として感じる量。単位時間当りに流れる光のエネルギー量。	ルーメン［lm］
光度	光源の明るさを表す量。単位立体角当りの光束。	カンデラ［cd］
照度	入射する光の量を示す指標。受照面における単位面積当りに受ける光束。	ルクス［lx］，ルーメン毎平方メートル［lm/m²］
輝度	ある面をある方向から見たとき，すなわち，見る方向から光の発散面の明るさを評価する量。	カンデラ毎平方メートル［cd/m²］，スチルブ［sb］

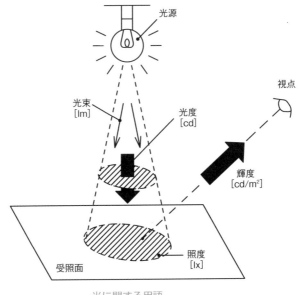

光に関する用語

4．「室内のある水平面の明るさ」と「屋外の昼光による照度」との比率
は一定で，この比率を**昼光率**といいます。

$$昼光率\ [\%] = \frac{室内のある点の水平照度（E）}{全天空照度（Es）} \times 100$$

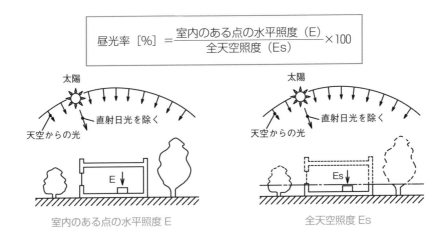

室内のある点の水平照度 E　　　　　　全天空照度 Es

解答　3

問題 5

採光に関する記述として，最も不適当なものはどれか。

1．全天空照度とは，天空光が遮蔽されることのない状況で，直射日光を除いた全天空による，ある点の水平面照度をいう。
2．形状と面積が同じ側窓は，その位置を高くしても，昼光による室内の照度分布の均斉度は変わらない。
3．昼光による室内の採光では，一般に天空光を活用することを考える。
4．ある点における間接昼光率は，壁や天井などの室内表面の反射率の影響を受ける。

解　説

1．**全天空照度**とは，全天空が眺められるように，周囲に何も障害物がない状況で，**直射日光を除いた全天空による水平面照度**のことです。
2．高い位置に設けた側窓は，昼光による室内の照度分布の均斉度が高くなります。なお，**均斉度**とは，照度分布における均斉の度合いのことで，$\dfrac{最低照度}{最高照度}$ をいいます。
3．採光設計では，直射日光は考慮せず，**天空光を用いて計画**します。
4．昼光率は，窓から直接入射する**直接昼光率**と，室内の仕上げ面等に反射してから受照点に入射する**間接昼光率**との和で表されます。

解答　2

問題 6

照明又は採光に関する記述として，最も不適当なものはどれか。

1．昼光率とは，全天空照度に対する室内のある点の天空光による照度の比をいう。
2．照度とは，受照面の単位面積当たりの入射光束をいう。
3．グレアとは，高輝度な部分，極端な輝度対比や輝度分布などによって感じられるまぶしさをいう。
4．光度とは，反射面を有する受照面の光の面積密度をいう。

1. 問題4 の 解　説 の4を参照してください。

2. **照度**とは，受照面に**入射する単位面積当たりの光束**をいいます。

3. **グレア（まぶしさ）**とは，高輝度な部分，極端な輝度対比や輝度分布などにより引き起こされる視力の低下や，目の疲労・不快感などの障害をいいます。光源そのものがグレアではないので注意してください。

4. **光度**とは，光源からある方向にどれだけの光の量が出ているかを表す指標で，単位立体角あたりの光束をいいます。なお，記述の内容は，**輝度**のことです。

解答　**4**

問題7

　次の場所と照度の組合せとして，日本産業規格（JIS）に定める人工照明による照度基準に照らし，最も不適当なものはどれか。

1. 事務所の製図室 ————————— 1,000 lx
2. 学校の廊下 ————————— 150 lx
3. 劇場のロビー ————————— 100 lx
4. 事務所の屋内非常階段 ————————— 50 lx

1. 事務所の製図室：500〜1,000〔lx〕
2. 学校の廊下：75〜150〔lx〕
3. 劇場のロビー：150〜300〔lx〕
4. 事務所の屋内非常階段：30〜75〔lx〕

　したがって，**劇場のロビー**の照度が最も**不適当**なものです。

解答　**3**

3 伝熱・結露・換気

試験によく出る選択肢 📝

伝熱

- ☐ 熱損失係数は，建物の断熱性能評価の指標であり，この値が小さいほど断熱性能が高い。
- ☐ 熱放射は，電磁波による熱移動現象であり，真空中であっても放射による熱移動は生じる。
- ☐ 壁体の中空層（空気層）の熱抵抗は，中空層の厚さが20〜30mmを超えると，厚さに関係なくほぼ一定となる。
- ☐ 壁体の含湿率が増加すると，壁体の熱伝導率は大きくなる。
- ☐ 外壁の熱容量が大きくなれば，外部の天候の変動に対する室温の変動が緩やかになる。
- ☐ 対流熱伝達率は，壁の表面が粗いほど，壁の表面に当たる空気の流れが速いほど大きくなる。

結露

- ☐ 内部結露は，壁体内部の水蒸気圧が温度に応じた飽和水蒸気圧より高い場合に生じる。
- ☐ 壁体の内部結露を防止するには，防湿材を高温側に，断熱材を低温側に挿入する。
- ☐ 絶対湿度を一定に保ったまま乾球温度を上昇させると，相対湿度は低くなる。

換気

- ☐ 換気量が一定の場合，室容積が大きいほど換気回数は小さくなる。
- ☐ 第2種機械換気方式は，室内の空気圧が室外より正圧になるので，周辺からの空気の流入を防止することができる。
- ☐ 室内空気の一酸化炭素の濃度は，10ppm以下となるようにする。
- ☐ 室内の許容二酸化炭素濃度は，一般に1,000ppmとする。
- ☐ 室内の換気を効率よく行うためには，給気口から排気口に至る換気経路を長くする方がよい。
- ☐ 空気清浄室（クリーンルーム）では，自然給気と機械排気を行わない。

問題8

伝熱に関する記述として，最も不適当なものはどれか。

1. 熱損失係数は，建物の断熱性能評価の指標であり，その値が小さいほど断熱性能が高い。
2. 壁体の熱貫流抵抗は，熱伝達抵抗と熱伝導抵抗の和によって得られる。
3. 熱放射は，電磁波による熱移動現象であり，真空中では放射による熱移動は生じない。
4. 壁体の中空層（空気層）の熱抵抗は，中空層の厚さが20〜30mmを超えると，厚さに関係なくほぼ一定となる。

解説

1. **熱損失係数**は，おおむね**各室の床面積当たりの熱損失**を表しており，建物の断熱性能，保温性能を表す数値として用いられています。この**値が小さいほど**床面積当たりの熱損失が少なく，**断熱性能が高い**です。

2. 「壁体の**熱貫流抵抗**＝屋外側の**熱伝達抵抗**＋壁体の**熱伝導抵抗**＋室内側の**熱伝達抵抗**」で表されます。

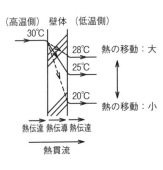

熱伝達率	材料の表面と周辺の空気との間の熱の伝わりやすさを示す値		
熱伝導率	材料内の熱の伝わりやすさを示す値		
熱貫流率	主な材料の熱伝導率の大小		
	金属　　コンクリート　　ガラス　木材　断熱材 　　　　　　モルタル		
	大 ←―――――――――――――→ 小		
熱貫流率	伝熱の全過程の熱の伝わりやすさを示す値		
	〜率　―→　〜のしやすさ 　↕　　　　　　　↕ 〜抵抗　―→　〜のしにくさ		

伝達に関する用語

3．放射とは，物体の表面から発せられる電磁波によって熱が移動する現象です。太陽からの熱放射もその１つで，**熱放射**は**真空中や物体の温度が０℃以下でも発生する**現象です。

4．壁体の中空層（空気層）の熱抵抗は，中空層の厚さが**20〜30mm 程度までは増加**しますが，それ以上になると，空気の対流により伝熱が促進されるため，熱抵抗は**ほとんど変化せずに少しずつ減少**します。

解答　**3**

問題**9**

伝熱に関する記述として，最も不適当なものはどれか。

1．複数の材料で構成された多層壁の熱伝導抵抗は，材料ごとの熱伝導抵抗の合計値で表される。

2．壁の内部に中空層を設け２重壁とする場合，中空層が厚くなればなるほど断熱効果が高くなる。

3．熱放射は，電磁波による熱移動現象であり，真空中であっても放射による熱移動は生じる。

4．熱損失係数は，建物の断熱性能評価の指標であり，この値が小さいほど断熱性能が高い。

解　説

2．問題**8** の 解　説 の４を参照してください。空気層の熱抵抗は，厚さが20〜30mm 程度までは比例して増加しますが，厚さが40〜50mmを超えると対流による伝熱が生じ，断熱効果は低くなります。

3．問題**8** の 解　説 の３を参照してください。

4．問題**8** の 解　説 の１を参照してください。

解答　**2**

問題10

湿り空気，湿度に関する記述として，最も不適当なものはどれか。

1．乾燥空気と共存できる水蒸気の量は，気温が低いときよりも高いときの方が多い。

2．相対湿度は，湿り空気中に含まれている水蒸気分圧のその温度における飽和水蒸気分圧に対する割合で示される。

3．露点温度とは，湿り空気が冷やされて空気中に存在する一部の水蒸気が凝縮し水滴となり始める温度をいう。

4．絶対湿度を一定に保ったまま乾球温度を上昇させると，相対湿度は高くなる。

解　説

1．乾燥空気と共存できる**水蒸気の量**には限界があり，**気温が高いほどその量は多い**です。

2．**飽和水蒸気**とは，ある温度の空気中に含むことのできる水蒸気の最大分圧をいいます。（相対湿度100%の曲線）

　　　相対湿度 ＝ $\dfrac{水蒸気分圧}{飽和水蒸気分圧} \times 100$ （%）で表されます。

3．**露点温度**とは，空気中に存在する水蒸気が**飽和状態（相対湿度100%）**に達して結露し始めるときの温度です。

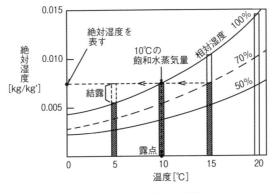

空気線図と結露

4．**絶対湿度を一定に保ったまま乾球温度を上昇**させると，相対**湿度は低くなります**。

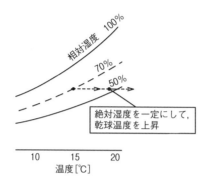

絶対湿度を一定にして，
乾球温度を上昇

空気線図をイメージして
問題を解くとよいです。

解答　4

問題11

換気に関する記述として，最も不適当なものはどれか。

1．在室者の呼吸による二酸化炭素発生量に基づく必要換気量は，室内の二酸化炭素発生量を，室内の許容二酸化炭素濃度と外気の二酸化炭素濃度の差で除して求める。
2．室内の許容二酸化炭素濃度は，一般に10,000ppm とする。
3．室内外の温度差による自然換気量は，他の条件が同じであれば，流入口と流出口との高低差が大きいほど大きくなる。
4．風圧力による換気量は，他の条件が同じであれば，風上側と風下側の風圧係数の差の平方根に比例する。

解　説

1．**必要換気量 Q** は，次式で表されます。

$$Q = \frac{K}{P_1 - P_0}$$

K：室内の二酸化炭素発生量
P_0：外気の二酸化炭素濃度
P_1：室内の許容二酸化炭素濃度

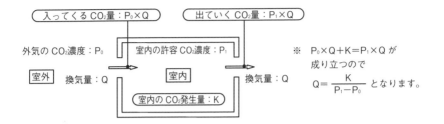

2．室内の**許容二酸化炭素濃度**は，一般に**1,000ppm（0.1%）**とします。
なお，**許容一酸化炭素濃度**は，10ppm（0.001%）です。

3．室内外の**温度差による自然換気量**は，他の条件が同じであれば，流入
口と流出口との**高低差の平方根に比例**し，高低差が大きいほど大きくな
ります。

換気の種類

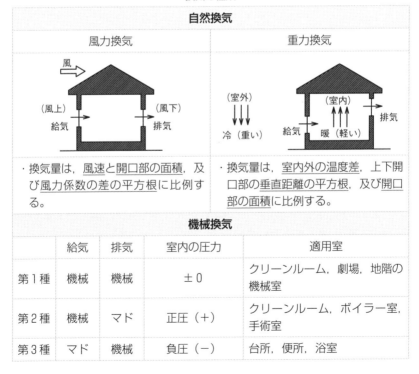

自然換気	
風力換気	重力換気
·換気量は，<u>風速と開口部の面積</u>，及び風力係数の差の平方根に比例する。	·換気量は，<u>室内外の温度差</u>，上下開口部の垂直距離の平方根，及び<u>開口部の面積</u>に比例する。

機械換気				
	給気	排気	室内の圧力	適用室
第1種	機械	機械	±0	クリーンルーム，劇場，地階の機械室
第2種	機械	マド	正圧（＋）	クリーンルーム，ボイラー室，手術室
第3種	マド	機械	負圧（－）	台所，便所，浴室

4．**風圧力による換気量**は，他の条件が同じであれば，風上側と風下側の**風圧係数の差の平方根に比例**します。

解答　2

問題12 

換気に関する記述として，最も不適当なものはどれか。

1．静穏時の呼気による成人1人当たりの必要換気量は，二酸化炭素濃度を基にして定めた場合30m^3/h 程度である。

2．換気量が一定の場合，室容積が大きいほど換気回数は少なくなる。

3．温度差による自然換気の場合，室内外の圧力差が0となる垂直方向の位置を中性帯といい，この部分に開口部を設けても換気はほとんど起こらない。

4．室内空気の一酸化炭素の濃度は，100ppm 以下となるようにする。

解　説

1．二酸化炭素濃度を基にして定めた場合，居室における**必要換気量**は，一般に成人**1人当たり30m^3/h 程度**です。なお，喫煙の多い場所では1人当たり45m^3/h 程度とします。

2．**換気回数N**は，1時間あたりの換気量Qを室容積Vで除した値で，

$$N\ [回/h] = \frac{Q}{V}$$

で求めることができます。換気量が一定の場合，**室容積が大きいほど換気回数は少なくなります**。

3．上部と下部では圧力の方向が反対となり，中間部のある点で**圧力差が0となる位置**があります。これを**中性帯**といい，この部分に開口部を設けても換気はほとんど起こりません。

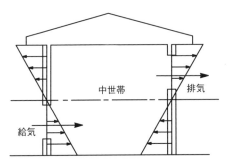

上部と下部が同じ大きさの場合   上部の開口部が下部より大きい場合
（上部の圧力＜下部の圧力）

4． 問題11 の   解　説   の2を参照してください。室内空気の**一酸化炭素の濃度は10ppm（0.001%）以下**とします。

解答　**4**

4 音

試験によく出る選択肢 📝

音

☐ 密で均一な材料でできている壁体の場合，音の透過損失は，一般に低周波数域より高周波数域の方が大きい。

☐ コンクリート間仕切壁の音の透過損失は，一般に高周波数域より低周波数域の方が小さい。

☐ 岩綿，グラスウールなど多孔質の吸音材は，一般に低音より高音をよく吸収する。

☐ 剛壁と多孔質材料との間に空気層を設けると，低音域の吸音率は上昇する。

☐ 壁の透過損失とは，透過率の逆数をデシベル（dB）表示したものである。

残響時間・騒音

☐ 残響時間は，室の容積が大きいほど長くなり，室内の平均吸音率が大きいほど短くなる。

☐ 劇場では空席時の方が，満席時より残響時間が長くなる。

☐ 劇場では，客席の後部の壁には音を吸音する材料を用いるのがよい。

☐ 室内の向かい合う平行な壁の吸音性が低いと，フラッターエコーが発生しやすい。

☐ 鳴き竜の現象は，反響現象を利用したものである。

☐ 聞こうとしている音が，それ以外の音の影響によって聞きにくくなることをマスキング効果という。

☐ 室内騒音の程度を評価するために NC 値が用いられるが，NC 値は小さいほど静かに感じる。

☐ 床衝撃音レベルの遮音等級を表す L 値は，値が小さいほど遮音性能が高い。

☐ 騒音レベルによる許容値は，図書室より住宅の寝室の方が小さい。

試験によく出る問題

問題13

音に関する記述として，最も不適当なものはどれか。

1．吸音率は，壁などの境界面に入射する音のエネルギーに対する反射されなかった音のエネルギーの比で表される。

2．剛壁と多孔質材料との間に空気層を設けると，低音域の吸音率は上昇する。

3．コンクリート間仕切壁の音の透過損失は，一般に高音域より低音域の方が大きい。

4．合板などの板状材料は，共振周波数に近い低音域の音をよく吸収する。

解　説

1．**吸音率**は，ある面に入射した音のエネルギーに対する，**反射音以外（吸収音と透過音）の音のエネルギー**の割合で表されます。

吸音と遮音

吸音	遮音
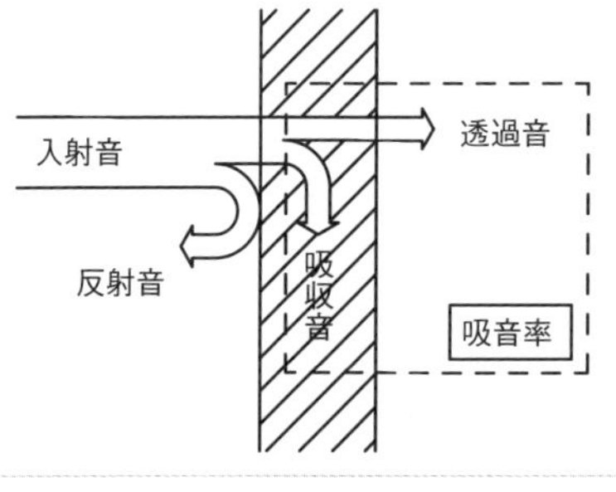	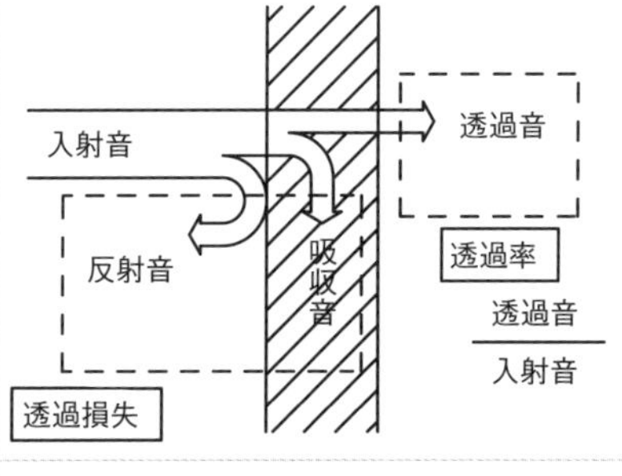
吸音率＝$\frac{\text{吸収音}+\text{透過音}}{\text{入射音}}$ 単位：音の強さ［W］	透過損失＝反射音＋吸収音 ＝$10\log_{10}\frac{1}{\text{透過率}}$ 単位：音の強さのレベル［dB］
柔らかくて軽い材料	硬くて重い材料

2．**多孔質材料**による吸音は，**低周波数域で低く，高周波数域で高い**です。
　剛壁と多孔質材料との間に**空気層が厚くなる**と，**低周波数域**の吸音率が
　高くなります。

壁の断面構成とその特性

	多孔質型吸音材料	板振動型吸音材料	共鳴器型吸音材料
断面構成			
吸音特性			
	高音の吸収に適する。	低音の吸収に適する。	特定の周波数での吸音に適する。

3．**透過損失 TL** は，次式のように，単位面積当たりの**質量 M　（面密度）**
　と入射する音の**周波数 f** の対数に**比例**します。

$$TL = 20\log_{10}(f \cdot M) - 42.5 \ [\text{dB}] \quad (単層壁の質量則)$$

　したがって，コンクリート間仕切壁の音の**透過損失**は，一般に**低音域**
より高音域（周波数が大きい）の方が大きくなります。
4．合板などの**板状材料**は，**低周波数域**に振動しやすい共振周波数ができ，
　その周辺で**吸音率は最大**となりますが，あまり大きくはなりません。

解答　**3**

音に関する記述として，最も不適当なものはどれか。

1．1つの点音源からの距離が2倍になると，音圧レベルは6dB低下する。

2．向かい合った平行な壁などで音が多重反射する現象を，ロングパスエコーという。

3．残響時間とは，音源が停止してから音圧レベルが60dB減衰するのに要する時間のことをいう。

4．人間が聞き取れる音の周波数は，一般的に20Hzから20kHzといわれている。

解　説

1．1つの点音源からの**距離が2倍**になった場合，音の拡散する**面積は4倍**となり，**音の強さは** $\frac{1}{4}$，**音圧レベルは** － 6 dB となります。

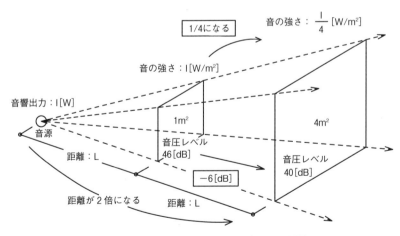

音源からの距離が2倍になった場合の音の拡散

2．向かい合った平行な壁などで**音が多重反射**する現象を，**フラッターエコー（鳴き竜）**といいます。なお，音源からの**直接音と反射音との時間差**$\left(\dfrac{1}{20}\text{秒以上の差}\right)$によって，1つの音が2つ以上の音に聞こえる現象が**反響（エコーまたはロングパスエコー）**です。

3．**残響時間**とは，音源が停止してから音の強さのレベルが**60dB低下**するまでの時間をいい，次式で表されます。

残響時間 $T=\dfrac{0.161V}{A}$ ［秒］　　V：室容積［m³］　　A：吸音力

吸音力 $A=\bar{\alpha}\times S$　　$\bar{\alpha}$：平均吸音率　　S：室内表面積［m²］

4．人間の耳に聞こえる**音の周波数の範囲**は，一般的に**20Hz**から**20kHz**といわれており，周波数の少ない音は低く，多い音は高く聞こえます。

解答　**2**

問題15

音に関する記述として，最も不適当なものはどれか。

1．単層壁の透過損失は，一般に壁の面密度が大きいほど大きくなる。
2．グラスウールなど多孔質の吸音材は，一般に高音域に比べて低音域の吸音率が大きい。
3．残響時間は，室の容積が大きいほど長くなり，室内の平均吸音率が大きいほど短くなる。
4．コインシデンス効果とは，入射音波と板材の共振により，遮音性能が低下する現象をいう。

1. 問題13 の 解　説 の3を参照して下さい。
　　単層壁の**透過損失**は，一般に壁の**面密度**や**周波数**が大きいほど大きく
なります。

2. 問題13 の 解　説 の2を参照して下さい。
　　グラスウールなど**多孔質の吸音材**は，一般に低音域に比べて**高音域の**
吸音率が大きいです。

3. 問題14 の 解　説 の3を参照して下さい。
　　残響時間は，**室の容積**が大きいほど長くなり，室内の**平均吸音率**が大
きいほど短くなります。

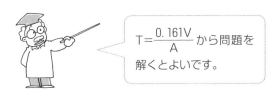

$T = \dfrac{0.161V}{A}$ から問題を
解くとよいです。

4. **コインシデンス効果**とは，入射音波と板材の**共振**により，単層壁の**遮**
音性能がある周波数で低下する現象をいいます。

解答　2

5 色彩

試験によく出る選択肢 📝

マンセル表色系

- □ マンセル記号で表示された「5RP3/8」のうち，数値「3」は明度を表す。
- □ マンセル表色系の明度は，完全な黒を0，完全な白を10としている。
- □ 「N10」は，理想的な白を表す。
- □ 補色とは，2つの色を混合すると無彩色になる場合の2つの色をいう。
- □ 各色相における最も彩度の高い色を，純色という。
- □ マンセル表色系では，すべての色相について彩度の最大値は同じでない。

色彩

- □ 同じ色でも暗い場所では波長が短い方にずれて感じられるため，青味がかかって見える。
- □ 色彩の重量感には明度が影響し，明度が低い色ほど重く感じる。
- □ 同じ色でも面積が小さいほど，彩度が低く見える。
- □ 実際の位置より遠くに見える色を後退色，近くに見える色を進出色という。

試験によく出る問題 📋

問題16

マンセル表色系に関する記述として，最も不適当なものはどれか。

1. マンセル記号で表示された「5RP3/8」のうち，数値「3」は彩度を表す。

2. マンセル色相環の相対する位置にある色相は，互いに補色の関係にある。

3. 明度は，理想的な白を10，理想的な黒を0として，10段階に分割している。

4. 彩度は，色の鮮やかさの程度を表し，マンセル色立体では，無彩色軸からの距離で示す。

1. 「5RP3/8」の記号のうち，「5RP」は**色相**を，「3」は**明度**を，「8」は**彩度**を表しています。

2. マンセル色相環において対角線上に位置する2つの色は**補色の関係**にあり，混ぜると**無彩色（灰色）**になります。

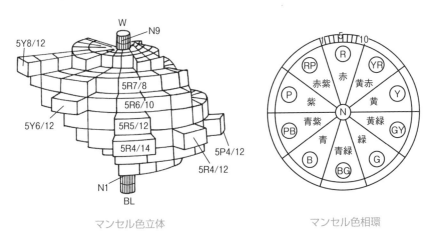

マンセル色立体　　　　　　　　マンセル色相環

3. **明度**は，色の明るさを表し，理想的な**白を10**，理想的な**黒を0**として，11段階に分割しています。

4. **彩度**は，色の鮮やかさの程度を表し，マンセル色立体において，**無彩色軸からの距離**で示しています。軸から離れるほど鮮やかさが増します。

円周上に色相，中心軸方向に明度，中心軸から放射状（半径方向）に彩度を示します。

問題17

マンセル表色系に関する記述として，最も不適当なものはどれか。

1．マンセル色相環において，対角線上にある2つの色は，補色の関係にある。
2．明度は，色の明るさを表し，理想的な黒を10，理想的な白を0として，11段階に分けている。
3．彩度は，色の鮮やかさの程度を表し，無彩色軸からの距離で示す。
4．マンセル記号「5Y8/10」のうち，数値「8」は明度を表す。

───── 解 説 ─────────────────────────────

1．**問題16** の ┃解 説┃ の2を参照してください。
2．**問題16** の ┃解 説┃ の3を参照してください。
　　明度は，色の明るさを表し，理想的な<u>黒を0</u>，理想的な<u>白を10</u>として，11段階に分割しています。
3．**問題16** の ┃解 説┃ の4を参照してください。
4．**問題16** の ┃解 説┃ の1を参照してください。

解答　**2**

問題18

マンセル表色系に関する記述として，不適当なものはどれか。

1．「5R6/10」の記号のうち，「5R」は色相を表す。
2．鮮やかさが増すにつれて，彩度を表す数は大きくなる。
3．「5Y8/10」の記号のうち，「8」は明度を表す。
4．「N10」は，理想的な黒を表す。

───── 解 説 ─────────────────────────────

「N10」は，<u>理想的な白</u>を表しています。

解答　**4**

1-2 一般構造

6 地盤・基礎

試験によく出る選択肢 📝

杭基礎
- □ 支持杭の許容支持力には，基礎スラブ底面における地盤の支持力は加算しない。
- □ 支持杭を用いた杭基礎の場合，杭周囲の地盤沈下によって杭周面に働く負の摩擦力を考慮する。
- □ 杭周囲の地盤に沈下が生じると，杭に作用する負の摩擦力は，一般に摩擦杭より支持杭の方が大きい。
- □ 杭と杭の中心間隔は，杭径が同じ場合，埋込み杭の方が打込み杭より小さくすることができる。
- □ 地震時に杭が曲げ破壊する場合には，破壊は杭上部に発生しやすい。
- □ 埋込み杭は，打込み杭に比べて極限支持力に達するまでの沈下量が大きい。
- □ 群杭の杭1本当たりの水平荷重は，同じ杭頭水平変位の下では，一般に単杭の場合に比べて小さくなる。
- □ 地盤から求める単杭の引抜き抵抗力には，杭の自重から地下水位以下の部分の浮力を減じた値を加えることができる。

地盤・直接基礎
- □ 地盤の液状化は，地下水面下の緩い砂地盤が地震時に繰り返しせん断を受けることにより間隙水圧が増加し，水中に砂粒子が浮遊状態となる現象である。
- □ 地盤の液状化は，地下水位面が地表面から近いほど起こりやすい。
- □ 地盤に不同沈下が予想される場合は，建物にエキスパンションジョイントを設ける。
- □ 基礎の面積が同じであっても，その形状が正方形と長方形とでは，地盤の許容応力度は異なる。
- □ 圧密沈下の許容値は，べた基礎の方が独立基礎に比べて大きい。

 # 試験によく出る問題 📋

問題19

杭基礎に関する記述として，最も不適当なものはどれか。

1. 鋼杭は，曲げや引張力に対する強度と変形性能に優れており，既製コンクリート杭のようにひび割れによる曲げ剛性の低下がない。
2. 杭の周辺地盤に沈下が生じたときに，杭に作用する負の摩擦力は，一般に支持杭の方が摩擦杭より大きい。
3. 基礎杭の先端の地盤の許容応力度は，セメントミルク工法による埋込み杭の方がアースドリル工法による場所打ちコンクリート杭より大きい。
4. 埋込み杭の場合，杭と杭との中心間隔の最小値は，杭径の1.5倍とする。

解　説

1. **鋼杭**は，鋼材本体の性質から曲げ強度，引張強度，及び変形性能に優れています。また，既製コンクリート杭のようなひび割れによる曲げ剛性の低下もありません。
2. 圧密沈下を生じるおそれのある地盤における杭には，杭に下向きに作用する力（**負の摩擦力：ネガティブフリクション**）が地盤の沈下によって生じます。この杭に作用する負の摩擦力は，一般に**支持杭の方が摩擦杭より大きい**です。

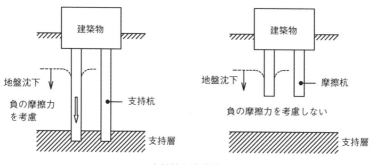

支持杭と摩擦杭

第1章

建築学

3．基礎杭の**先端の地盤の許容応力度**の大小関係は，**打込み杭＞埋込み杭＞場所打ち杭**です。

・先端支持力の大小関係	打込み杭＞埋込み杭＞場所打ち杭
・極限支持力に達するまでの沈下量 ・杭の極限周面摩擦力	場所打ち杭＞埋込み杭＞打込み杭

4．**埋込み杭**の場合，**杭と杭との中心間隔**は，**杭径の2.0倍以上**とします。

杭の種類と中心間隔

杭の種類			中心間隔
打込み杭	木杭		元口径の2.5倍以上，かつ，60cm 以上
	既製コンクリート杭		杭頭径の2.5倍以上，かつ，75cm 以上
	鋼杭	閉端	杭頭径の2.5倍以上，かつ，75cm 以上
		開橋	杭頭径の2.0倍以上，かつ，75cm 以上
埋込み杭			杭頭径の2.0倍以上
場所打ちコンクリート杭			杭頭径の2.0倍以上，かつ，杭径＋1m以上

解答　**4**

問題20

杭基礎に関する記述として，最も不適当なものはどれか。

1．支持杭を用いた杭基礎の許容支持力には，基礎スラブ底面における地盤の支持力を加算する。

2．埋込み杭は，打込み杭に比べて極限支持力に達するまでの沈下量が大きい。

3．地盤から求める杭の引抜き抵抗力に杭の自重を加える場合は，地下水位以下の部分の浮力を考慮する。

4．地震時に杭が曲げ破壊する場合には，破壊は一般に杭上部に発生しやすい。

解　説

1．**杭基礎の許容支持力**は，杭の支持力のみによるものとし，一般に，**基礎スラブ底面における地盤の支持力**を加算しません。

2．問題19 の 解　説 の3を参照してください。

　　極限支持力に達するまでの**沈下量**の大小関係は，**場所打ち杭＞埋込み杭＞打込み杭**です。

3．杭の**引抜き抵抗力**は，杭周面の**摩擦抵抗力**と杭の**自重**を考慮します。また，**杭の自重**は，地下水位以下の部分については浮力分を減らします。

4．杭が地震時に水平力を受ける場合，一般に**最大曲げモーメント**は地盤の浅い位置である**杭の上部**に生じやすいので，**杭の曲げ破壊は杭の上部に発生します。**

解答　1

問題21

杭基礎に関する記述として，最も不適当なものはどれか。

1．杭と杭の中心間隔は，杭径が同じ場合，打込み杭の方が埋込み杭より小さくすることができる。

2．杭の極限鉛直支持力は，極限先端支持力と極限周面摩擦力との和で表す。

3．既製コンクリート杭の継手の方法には，溶接継手のほか，接続金具による無溶接継手工法がある。

4．支持杭の場合，周囲地盤の沈下によって杭周面に働く負の摩擦力を考慮する。

解　説

1．問題19 の 解　説 の4を参照してください。

　　杭と杭の中心間隔は，杭径が同じ場合，**埋込み杭**の方が**打込み杭**より小さくすることができます。

打込み杭：2.5倍以上
埋込み杭，場所打ち杭：2.0倍以上

2．杭の支持力は，一般に**杭先端の抵抗力**と**杭周面の摩擦抵抗力**から成り立っています。支持杭の支持力は，**杭先端の抵抗力に杭周面の摩擦抵抗力を加算したもの**とし，摩擦杭の場合は摩擦抵抗力のみとします。

3．杭の継手は，**溶接継手または無溶接継手**とします。溶接継手は，原則として**アーク溶接工法**とし，無溶接継手は，接合部に**接続金具を用いた工法**とします。

4．**問題19**の　**解　説**　の2を参照してください。

　　支持杭の場合は，負の摩擦力を考慮し，摩擦杭の場合は沈下量が大きいので，周囲地盤の沈下による相対差が小さく，ほとんど考慮しません。

解答　**1**

問題22

直接基礎に関する記述として，最も不適当なものはどれか。

1．基礎底面の面積が同じであっても，その形状が正方形と長方形とでは，地盤の許容応力度は異なる。

2．基礎梁の剛性を大きくすることにより，基礎フーチングの沈下を平均化できる。

3．建物に水平力が作用する場合は，基礎の滑動抵抗の検討を行う。

4．圧密沈下の許容値は，独立基礎の方がべた基礎に比べて大きい。

解　説

　　圧密沈下の許容値は，**独立基礎の方がべた基礎に比べて小さい**です。

独立基礎　<　布基礎　<　べた基礎

解答　**4**　　　直接基礎の強さ

7 鉄筋コンクリート構造

試験によく出る選択肢 📝

柱の構造

- ☐ 柱の引張鉄筋比を大きくすると，付着割裂破壊が生じやすくなる。
- ☐ 腰壁や垂れ壁が付いた柱は，地震時にせん断破壊を起こしやすい。
- ☐ 柱の変形能力を高めるため，せん断強度が曲げ降伏強度を上回るように計画する。
- ☐ 柱は，地震時のぜい性破壊の危険を避けるため，軸方向応力度が小さくなるようにする。
- ☐ 柱の主筋の断面積の和はコンクリートの断面積の0.8%以上とする。
- ☐ 柱梁接合部内の帯筋間隔は，原則として15cm以下，かつ隣接する柱の帯筋間隔の1.5倍以下とする。

梁の構造

- ☐ 梁に貫通孔を設けた場合の構造耐力の低下は，曲げ耐力よりせん断耐力の方が著しい。
- ☐ 梁に2個以上の貫通孔を設ける場合，孔径は梁せいの1/3以下，中心間隔を両孔径の平均値の3倍以上とする。
- ☐ 一般に梁の圧縮鉄筋は，じん性の確保やクリープによるたわみの防止に有効である。
- ☐ 梁主筋の下端筋の端部は，柱内で曲げ上げ定着としてよい。

耐震壁の構造

- ☐ 耐震壁の剛性評価に当たっては，曲げ変形，せん断変形，回転変形を考慮する。
- ☐ 耐震壁は，地震時にねじれ変形が生じないよう，建物の重心と剛心との距離が小さくなるように配置する。
- ☐ 重心と剛心が一致しない建築物では，地震時にねじれ変形が生じ，剛心に近い構面ほど層間変形が小さくなる。

第1章 建築学

問題23

鉄筋コンクリート造の建築物の構造計画に関する記述として，最も不適当なものはどれか。

1. 柱は，地震時のぜい性破壊の危険を避けるため，軸方向圧縮応力度が大きくなるように計画する。
2. 腰壁，垂れ壁，そで壁等は，柱及び梁の剛性やじん性への影響を考慮して計画する。
3. 大梁は大地震に対してねばりで抵抗させるため，原則として梁の両端での曲げ降伏がせん断破壊に先行するよう設計される。
4. 建物間に設けるエキスパンションジョイント部のあき寸法は，建物相互の変形量を考慮する。

解　説

1. 柱の軸方向圧縮応力度が大きい場合，地震力に対して変形能力が小さくなり，**脆性破壊**の危険が高くなります。

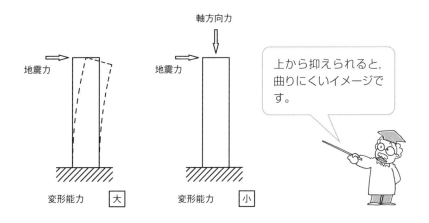

2. 腰壁や垂れ壁のついた柱は**短柱**となり，他の柱よりも早く，曲げ降伏の前に**せん断破壊**してしまう可能性があります。

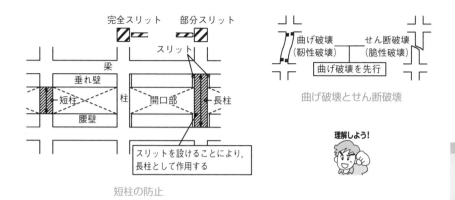

完全スリット　部分スリット

スリット

梁

垂れ壁

柱

開口部

長柱

短柱

腰壁

スリットを設けることにより，
長柱として作用する

短柱の防止

曲げ破壊
（靭性破壊）

せん断破壊
（脆性破壊）

曲げ破壊を先行

曲げ破壊とせん断破壊

理解しよう！

3．粘りで抵抗させ，変形能力を高めるためには，原則として**曲げ降伏が
せん断破壊に先行**（曲げ降伏強度＜せん断強度）するよう設計します。

4．**エキスパンションジョイント部のあき寸法**は，地震時等に衝突しない
ように，**建物相互の変形量の合計**より大きくします。

解答　1

問題24

鉄筋コンクリート構造に関する記述として，最も不適当なものはどれか。

1．梁のあばら筋に D10 の異形鉄筋を用いる場合，その間隔は梁せいの
$\frac{1}{2}$ 以下かつ，250mm 以下とする。

2．梁に 2 個以上の貫通孔を設ける場合，孔径は梁せいの $\frac{1}{2}$ 以下，中心
間隔を両孔径の平均値の2.5倍以上とする。

3．開口のある耐震壁では開口隅角部には斜め引張力が，開口周囲には縁
応力が生じるため，前者には斜め筋，後者には縦筋及び横筋を用いて補
強する。

4．柱のじん性を確保するためには，帯筋の間隔を密にすることや副帯筋
を用いることが有効である。

1. 梁のあばら筋に D10 の異形鉄筋を用いる場合，その間隔は**梁せいの $\frac{1}{2}$ 以下かつ，250mm 以下**とします。

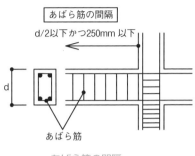

あばら筋の間隔

2. 梁に 2 個以上の貫通孔を設ける場合，**孔径は梁せいの $\frac{1}{3}$ 以下，中心間隔は，両孔径の平均値の 3 倍以上**とします。

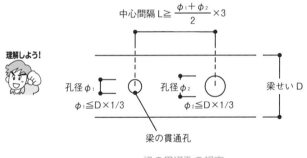

梁の貫通孔の規定

3. **開口周囲および壁端部の補強筋は，D13以上**（複配筋の場合：2-D13）かつ**壁筋と同径以上**の異形鉄筋を用います。

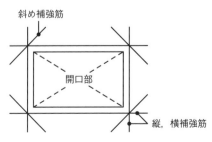

開口部周辺の補強

4．**帯筋の間隔を密にする**ことや**副帯筋を**
用いることは，柱の**じん性を確保する**た
めに有効です。

副帯筋

主筋

帯筋

解答　2　　　　　柱の断面

問題25

鉄筋コンクリート構造に関する記述として，最も**不適当なもの**はどれか。

1．柱の引張鉄筋比が小さくなると，付着割裂破壊が生じやすくなる。

2．一般に梁の圧縮鉄筋は，じん性の確保やクリープ変形によるたわみの
防止に有効である。

3．梁に貫通孔を設けた場合の構造耐力の低下は，曲げ耐力よりせん断耐
力の方が著しい。

4．耐震壁の剛性評価に当たっては，曲げ変形，せん断変形，回転変形を
考慮する。

解　説

1．**付着割裂破壊**は，**かぶりコンクリートが剥落**し耐力が低下する脆性的
な破壊です。柱断面の一辺に多数の鉄筋を配置したり，隅角部に太い鉄
筋を配置した場合に生じやすくなります。柱の引張鉄筋比を小さくした
場合，付着割裂破壊は生じにくくなります。

2．梁の**圧縮側鉄筋**は，じん性の確保やクリープによるコンクリートの変
形を軽減できます。

3．梁の**曲げ耐力**は**主筋**によって決まり，**せん断耐力**はコンクリートの断
面積やせん断補強筋（**あばら筋**）によって決まります。梁に貫通孔を設
けた場合，コンクリートの断面積が減少し，**せん断耐力が低下**します。

4．**耐震壁の剛性評価**に当たっては，曲げ変形，せん断変形，回転変形を
考慮する必要があります。

解答　1

問題26

鉄筋コンクリート構造に関する記述として，最も不適当なものはどれか。

1．壁板のせん断補強筋比は，直交する各方向に関して，それぞれ0.0025以上とする。

2．普通コンクリートを使用する場合の柱の小径は，原則としてその構造耐力上主要な支点間の距離の$\frac{1}{15}$以上とする。

3．床スラブの配筋は，各方向の全幅について，鉄筋全断面積のコンクリート全断面積に対する割合を0.1％以上とする。

4．柱梁接合部内の帯筋間隔は，原則として150mm以下とし，かつ，隣接する柱の帯筋間隔の1.5倍以下とする。

解　説

1．**壁板のせん断補強筋比**は，直交する各方向に関し，それぞれ**0.25％（0.0025）以上**とします。

2．**柱の小径**は，**普通コンクリート**を使用する場合，主要な支点間の距離の**1／15以上**，軽量コンクリートを使用する場合は1／10以上とします。

3．**床スラブの配筋**は，床スラブ各方向の全幅について，コンクリート全断面積に対する鉄筋全断面積の割合は，**0.2％以上**とします。

数値を覚えているだけで，点数にできます。

主な鉄筋比

鉄筋コンクリートの鉄筋比	
梁のあばら筋比 柱の帯筋比 床スラブ筋比	0.2％以上
壁のせん断補強筋比	0.25％以上
柱の主筋比	0.8％以上

4．柱梁接合部における
　帯筋間隔（x"）は150
　mm以下，かつ，隣接
　する柱の帯筋間隔（x）
　の1.5倍以下とします。

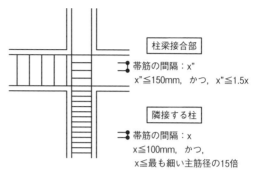

柱梁接合部
帯筋の間隔：x"
x"≦150mm，かつ，x"≦1.5x

隣接する柱
帯筋の間隔：x
x≦100mm，かつ，
x≦最も細い主筋径の15倍

解答　3

帯筋の間隔

問題27

　鉄筋コンクリート構造に関する記述として，最も不適当なものはどれか。
1．柱の主筋の断面積の和は，コンクリートの断面積の0.8％以上とする。
2．床スラブは，地震力に対し同一階の水平変位を等しく保つ役割をし，
　面内剛性が高いほどよい。
3．梁貫通孔は，梁端部への配置を避け，孔径を梁せいの $\frac{1}{2}$ 以下とする。
4．柱のじん性を確保するため，短期軸方向力を柱のコンクリート全断面
　積で除した値は，コンクリートの設計基準強度の $\frac{1}{3}$ 以下とする。

解　説

1．問題26 の　解　説　の3の表を参照してください。
2．地震力などの水平力に対して各階の柱や耐震壁が一体となって抵抗す
　るためには，各階の床スラブの面内剛性を十分確保する必要があります。
3．問題24 の　解　説　の2を参照してください。
　　梁貫通孔の孔径は，梁せいの $\frac{1}{3}$ 以下とします。

4．柱の靭性は，軸圧縮力が増大するほど低下します。地震時に曲げモー
　メントが増大するおそれがある場合には，短期軸圧縮力を柱の全断面積
　で除した値を $\frac{1}{3}$ Fc以下（Fc：コンクリートの設計基準強度）とする
　ことが望ましいです。

解答　3

8 鉄骨構造

試験によく出る選択肢 📝

鉄骨構造

- [ ] 溶接と高力ボルトを併用する継手で，溶接を後で行う場合は両方の許容耐力を加算してよい。
- [ ] 高層建築，大型工場など大規模な構造物で，圧縮と引張りに抵抗する筋かいには，一般にH形鋼や鋼管が用いられる。
- [ ] H形鋼は，フランジ及びウェブの幅厚比が大きくなると局部座屈を生じやすい。
- [ ] 圧縮材は，細長比が大きいほど許容圧縮応力度は小さく，座屈しやすい。
- [ ] 引張力を負担する筋かいの接合部の破断耐力は，筋かい軸部の降伏耐力以上になるように設計する。
- [ ] 梁の材質を，SS400からSM490Aに変えても，荷重条件が同一ならば，梁のたわみはほぼ同一である。

高力ボルト接合

- [ ] 高力ボルトの相互間の中心距離は，ボルト径の2.5倍以上とする。
- [ ] 部材の引張力によってボルト孔周辺に生じる応力集中の度合は，高力ボルト摩擦接合の場合より普通ボルト接合の方が多い。
- [ ] せん断応力のみを受ける高力ボルト摩擦接合の場合，繰返し応力によるボルトの疲労を考慮する必要はない。
- [ ] 高力ボルト摩擦接合における許容せん断力は，二面摩擦の場合は，一面摩擦の2倍である。

溶接接合

- [ ] 応力を負担させるT継手の隅肉溶接の場合，母材間の交角は，60度から120度の範囲とする。
- [ ] 部分溶込み溶接は，溶接線と直角方向に引張応力を生じる継目に用いない。

試験によく出る問題

問題28

鉄骨構造における接合に関する記述として，最も不適当なものはどれか。

1. 構造耐力上主要な部分に普通ボルト接合を用いる場合には，延べ床面積3,000m²以下，軒高9m以下，はり間13m以下の規模等の制限がある。

2. 完全溶込み溶接によるT継手の余盛は，溶接部近傍の応力集中を緩和する上で重要である。

3. 高力ボルト摩擦接合におけるボルト相互間の中心距離は，公称軸径の2.5倍以上とする。

4. 溶接と高力ボルトを併用する継手で，溶接を先に行う場合は両方の許容耐力を加算してよい。

解　説

1. **普通ボルト接合**は，ボルトが緩まないように**戻り止め**を行った上で，延べ床面積3,000m²以下，軒高9m以下，スパン13m以下の規模の建物の場合に使用できます。

2. 余盛は**母材表面から滑らかに連続した形状**とし，**必要以上に余盛を行ってはなりません**。

3. 高力ボルトの**相互の中心距離**は，**公称軸径の2.5倍以上**とします。

4. 溶接と高力ボルトを併用する継手で，**先に高力ボルトを締付け，溶接を後で行う場合**は，両方の許容耐力を加算することができます。

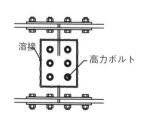

併用継手

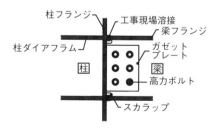

混用接合

解答　**4**

鉄骨構造に関する記述として，最も不適当なものはどれか。

1．溶接継目ののど断面に対する長期許容せん断応力度は，溶接継目の形式にかかわらず同じである。

2．片面溶接による部分溶込み溶接は，継目のルート部に，曲げ又は荷重の偏心による付加曲げによって生じる引張応力が作用する箇所に使用してはならない。

3．引張材の接合を高力ボルト摩擦接合とする場合は，母材のボルト孔による欠損を無視して引張応力度を計算する。

4．引張力を負担する筋かいの接合部の破断耐力は，筋かい軸部の降伏耐力以上になるように設計する。

解　説

1．溶接継目ののど断面に対する長期許容せん断応力度は，**せん断応力度を除き**，溶接の継目の形式に応じて異なる値を用います。

溶接継目の許容応力度 [N/mm²]

継目の形式	長期許容応力度		短期許容応力度	
	圧縮・引張・曲げ	せん断	圧縮・引張・曲げ	せん断
突合せ ・完全溶込み ・部分溶込み	$\dfrac{F}{1.5}$	$\dfrac{F}{1.5\sqrt{3}}$	F	$\dfrac{F}{\sqrt{3}}$
突合せ以外 ・隅肉	$\dfrac{F}{1.5\sqrt{3}}$	$\dfrac{F}{1.5\sqrt{3}}$	$\dfrac{F}{\sqrt{3}}$	$\dfrac{F}{\sqrt{3}}$

Fは，溶接される鋼材の種類及び品質に応じて国土交通大臣が定める溶接部の基準強度 [N/mm²] を表す。

2．片面溶接による**部分溶込み溶接**は，継目のルート部に**溶接線を軸とする曲げ**，又は荷重の**偏心による付加曲げ**によって生じる引張応力が作用する箇所には，使用することができません。

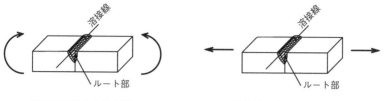

溶接線を軸とする曲げ | 溶接線と直角方向の引張力
（偏心による付加曲げが作用する）

3．引張材の接合を高力ボルト摩擦接合とする場合は，**母材のボルト孔に
よる欠損を考慮した有効断面積**を用いて，引張応力度を計算します。

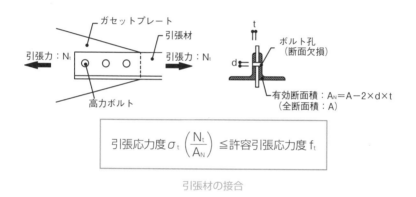

ガセットプレート

引張材

引張力：N_t

引張力：N_t

高力ボルト

ボルト孔
（断面欠損）

有効断面積：$A_N = A - 2 \times d \times t$
（全断面積：A）

$$\text{引張応力度}\,\sigma_t \left(\frac{N_t}{A_N} \right) \leqq \text{許容引張応力度}\,f_t$$

引張材の接合

4．一般的に，引張力を負担する筋かいの**接合部の破断耐力**は，**筋かい軸
部の降伏耐力の1.2倍以上**になるように設計します。

解答　3

問題30

鉄骨構造に関する記述として，最も不適当なものはどれか。

1．H形鋼は，フランジ及びウェブの幅厚比が大きくなると局部座屈を生じやすい。
2．角形鋼管柱とH形鋼梁の剛接合の仕口部には，ダイアフラムを設けて力が円滑に流れるようにする。
3．中間スチフナーは，梁の材軸と直角方向に配置し，主としてウェブプレートのせん断座屈補強として用いる。
4．部材の引張力によってボルト孔周辺に生じる応力集中の度合は，高力ボルト摩擦接合の場合より普通ボルト接合の方が少ない。

解　説

1．**幅厚比**とは，**板要素の薄さ**を表したもので，板要素の幅と厚さの比 $\left(\dfrac{\text{幅 [B]}}{\text{厚さ [t]}}\right)$ をいいます。幅厚比が大きくなると**局部座屈**が生じやすくなります。

2．角形鋼管柱とH形鋼梁の**剛接合の仕口部**には，局部破壊の防止や梁フランジの力を円滑に伝えるために**ダイアフラム**を設けます。

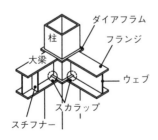

部材の名称	
・フランジ	——— 曲げモーメントを負担する。
・ウェブ	——— せん断力を負担する。
・ダイアフラム	—— 箱形断面材の局部破壊を防止する。
・スチフナー	—— ウェブの局部座屈を防止する。
・スカラップ	—— 溶接継目の交差を避ける。

3．**スチフナー**は板材が座屈しないように補強する材（補剛材）です。**ウェ
ブのせん断座屈の防止**には**中間スチフナー（直角方向）**が使用され，曲
げ圧縮座屈の防止には水平スチフナー（水平方向）が使用されます。

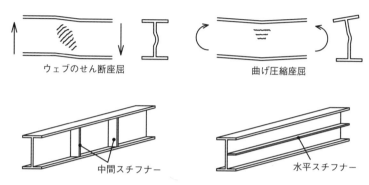

ウェブのせん断座屈　　　　　　　曲げ圧縮座屈

中間スチフナー　　　　　　　　　水平スチフナー

中間スチフナーと水平スチフナー

4．**高力ボルト摩擦接合**は，接合部を強い力で締め付けて，**接合材間に生
じる摩擦力**を利用する接合です。ボルト孔周辺に生じる応力集中がなく，
普通ボルト接合より，応力の伝達が円滑に行われます。

<u>解答　**4**</u>

9 構造計画

固定荷重・積載荷重・積雪荷重

- ☐ 固定荷重は，容易に取り外したり移動することのない建築物の構成部分の重さによる荷重であり，これには仕上材の荷重を含める。
- ☐ 事務室の積載荷重の値は，一般に大梁，柱又は基礎の構造計算用より，床の構造計算用の方を大きくする。
- ☐ 劇場，映画館等の客席の積載荷重は，固定席の方が固定されていない場合より小さい。
- ☐ 雪止めが無い屋根の積雪荷重は，屋根勾配が60度を超える場合には 0（ゼロ）とすることができる。

風圧力・地震力

- ☐ 風圧力を求めるために用いる風力係数は，建築物の外圧係数と内圧係数の差により算出する。
- ☐ 外装材用風荷重は，建築物の構造骨組用風荷重に比べ，単位面積当たりの値は大きくする。
- ☐ 風力係数は，建築物の断面及び平面の形状に応じて定められている。
- ☐ 地震層せん断力は，2階に生じる地震層せん断力より1階に生じる地震層せん断力の方が大きい。
- ☐ 地震層せん断力係数は，上階になるほど大きくなる。

免震構造

- ☐ 免震構造とした建物は，免震構造としない場合に比べて，固有周期が長くなる。
- ☐ 免震構造では，アイソレータにより，免震層の水平剛性に基づく建物固有周期を長くすることで，上部構造に作用する水平力を低減する。
- ☐ 地下部分に免震層を設ける場合は，上部構造と周囲の地盤との間にクリアランスが必要である。
- ☐ ダンパーは，上部構造の水平方向の変位を抑制する役割を持つ。

 試験によく出る問題

 問題31 出る 出る 出る

荷重及び外力に関する記述として，最も不適当なものはどれか。

1．教室に連絡する廊下と階段の床の構造計算用の積載荷重は，実況に応じて計算しない場合，教室と同じ積載荷重の2,300N/m²とすることができる。

2．多雪区域に指定されていない地域において，積雪荷重の計算に用いる積雪の単位荷重は，積雪量1cmごとに20N/m²以上としなければならない。

3．屋根葺き材に作用する風圧力は，平均速度圧にピーク風力係数を乗じて求める。

4．地震力の計算に用いる振動特性係数は，建築物の弾性域における固有周期と地盤種別に影響される。

解　説

1．**教室に連絡する廊下と階段の床の構造計算用の積載荷重**は，実況に応じて計算しない場合，**3,500N/m²**と定められています。

2．積雪の単位荷重は，一般区域で**積雪1cm当たり20N/m²以上**とします。

3．屋根葺き材や外装材用風荷重は，風速の最大値に対するものとして，風圧力は，（平均速度圧）×（ピーク風力係数）で求められます。**ピーク風力係数**は，構造骨組用風圧力を算定する場合の**平均の風力係数**よりも大きな値です。

積載荷重

構造計算の対象 室の種類		(い) 床の構造計算 をする場合 (単位 N/m²)	(ろ) 大ばり，柱又は 基礎の構造計算 をする場合 (単位 N/m²)	(は) 地震力を計算 する場合 (単位 N/m²)
(1)	住宅の居室，住宅以外の建築物における寝室又は病室	1,800	1,300	600
(2)	事務室	2,900	1,800	800
(3)	教室	2,300	2,100	1,100
(4)	百貨店又は店舗の売場	2,900	2,400	1,300
(5)	劇場，映画館，演芸場，観覧場，公会堂，集会場その他これらに類する用途に供する建築物の客席又は集会室　固定席の場合	2,900	2,600	1,600
	その他の場合	3,500	3,200	2,100
(6)	自動車車庫及び自動車通路	5,400	3,900	2,000
(7)	廊下，玄関又は階段	(3)～(5)までに掲げる室に連絡するものにあっては，(5)の「その他の場合」の数値による。		
(8)	屋上広場又はバルコニー	(1)の数値による。ただし，学校又は百貨店の用途に供する建築物にあっては，(4)の数値による。		

廊下や階段は，避難時に人が集中するので，一般に積載荷重は大きいです。

4．地震力の計算に用いる**振動特性係数**は，建築物の設計用一次固有周期と**地盤の種別**により算出した値です。設計用一次固有周期が**長い**ほど，**硬質な地盤**ほど**小さく**なります。

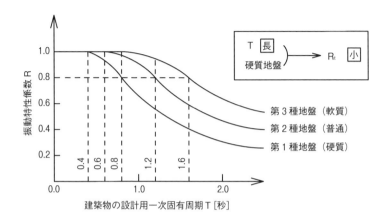

解答　1

問題32

建築物に作用する荷重及び外力に関する記述として，最も不適当なものはどれか。

1．積雪荷重は，積雪の単位荷重に屋根の水平投影面積及びその地方における垂直積雪量を乗じて計算する。

2．風圧力を求めるために用いる風力係数は，建築物の外圧係数と内圧係数の積により算出する。

3．地震層せん断力は，2階に生じる地震層せん断力より1階に生じる地震層せん断力の方が大きい。

4．劇場，映画館等の客席の積載荷重は，固定席の方が固定されていない場合より小さい。

1. **積雪荷重**は，（積雪の単位荷重）×（屋根の水平投影面積）×（垂直積雪量）で計算します。

2. 風圧力を求めるために用いる**風力係数 C_f** は，**建築物の外圧係数 C_{pe} と内圧係数 C_{pi} の差**，$C_f = C_{pe} - C_{pi}$ により計算します。

3. 建築物に作用する i 層の地震層せん断力 Q_i は，次式で計算します。

   $$Q_i = C_i \times W_i$$

   C_i：i 層の地震層せん断力係数

   W_i：求めようとする**i層が支えている**固定荷重と積載荷重の和

   （多雪区域では積雪荷重を加えます）

   　したがって，2 階に生じる地震層せん断力より 1 階に生じる地震層せん断力の方が大きいです。

地震層せん断力

支える荷重が大きいほど，地震層せん断力（地震力）は大きくなります。

4. **問題31** の 　解　説　 の 1 を参照してください。

　　劇場，映画館等の客席の積載荷重は，**固定席**の方は人数が限定されているので，**固定されていない場合**より小さく設定されています。

解答　**2**

 問題33

免震構造に関する記述として，最も不適当なものはどれか。

1. 免震構造とした建物は，免震構造としない場合に比べて，固有周期が長くなる。

2. アイソレータは，上部構造の重量を支持しつつ水平変形に追従し，適切な復元力を持つ。

3. ダンパーは，上部構造の垂直方向の変位を抑制する役割を持つ。

4. 地下部分に免震層を設ける場合は，上部構造と周囲の地盤との間にクリアランスが必要である。

解　説

1. 免震構造は，アイソレータにより，免震層の水平剛性に基づく**建物固有周期を長く**することで，上部構造に作用する**水平力を低減**します。

 理解しよう！

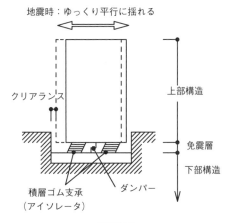

免震構造

2. 免震構造において地盤と建築物を**絶縁するための部材**が**アイソレータ**です。上部構造の**重量を支持**しつつ水平変形に追従し，適切な**復元力**を持っています。

3. **ダンパー**には，上部構造の**水平方向の変位を抑制**する役割があります。

4. 上部構造と下部構造との**相対変位が大きくなる**ため，十分な**クリアランスを確保**する必要があります。

解答　3

10 構造力学

問題34

　図に示す架構に等分布荷重が作用したときの支点 A 及び B に生じる水平反力（H_A, H_B）及び鉛直反力（V_A, V_B）の値として，正しいものはどれか。ただし，反力は右向き及び上向きを「＋」，左向き及び下向きを「－」とする。

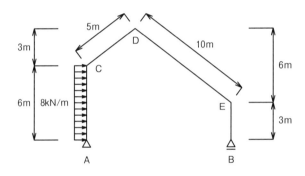

1. $H_A = -32\text{kN}$
2. $H_B = -16\text{kN}$
3. $V_A = -12\text{kN}$
4. $V_B = +48\text{kN}$

　　支点A及びBに生じる反力を図のように設定します。ただし，移動端である支点Bには，反力は生じません。（$H_B = 0$ kN）

$\boxed{H_A \text{ を求める}_\circ}$

・$\Sigma X = 0$ より，

　　$48 + H_A = 0$

　　∴　$H_A = -48$ ［kN］

$\boxed{V_B \text{ を求める}_\circ}$

・$\Sigma M_A = 0$ より，

　　$48 \times 3 - V_B \times 12 = 0$

　　　$144 - V_B \times 12 = 0$

　　∴　$V_B = 12$ ［kN］

$\boxed{V_A \text{ を求める}_\circ}$

・$\Sigma Y = 0$ より，

　　$V_A + V_B = 0$

　　$V_B = 12$ ［kN］から，

　　$V_A + 12 = 0$

　　∴　$V_A = -12$ ［kN］

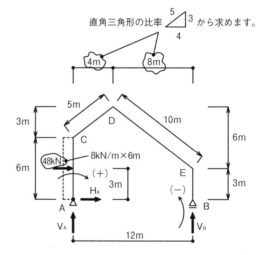

直角三角形の比率 から求めます。

　　したがって，正しいものは，$V_A = -12$ ［kN］である選択肢3です。

解答　3

　図のような荷重を受ける3ヒンジラーメンの支点A及びBに生じる垂直反力をそれぞれ V_A 及び V_B としたときの反力の組合せとして，正しいものはどれか。

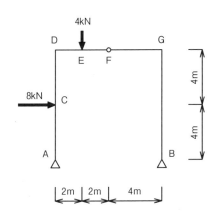

	V_A	V_B
1.	2 kN（下向き）	6 kN（上向き）
2.	1 kN（下向き）	5 kN（上向き）
3.	5 kN（上向き）	1 kN（下向き）
4.	6 kN（上向き）	2 kN（下向き）

解 説

支点 A 及び B に生じる反力を図のように設定します。

V_B を求める。

・$\Sigma M_A = 0$ より，

$$8 \times 4 + 4 \times 2 - V_B \times 8 = 0$$
$$32 + 8 - V_B \times 8 = 0$$
$$40 - V_B \times 8 = 0$$
$$\therefore \quad V_B = 5 \; [\text{kN}]$$

V_A を求める。

・$\Sigma Y = 0$ より，

$$V_A + V_B - 4 = 0$$
$V_B = 5 \; [\text{kN}]$ から，
$$V_A + 5 - 4 = 0$$
$$\therefore \quad V_A = -1 \; [\text{kN}]$$

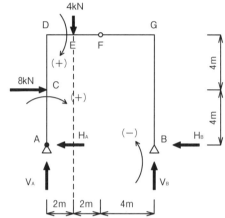

したがって，V_A は**下向きに 1 [kN]**，V_B は**上向きに 5 [kN]** となり，正しいものは選択肢 2 です。

解答　2

※参考（問題35の水平反力の求め方）

$\boxed{\text{H}_\text{B} \text{を求める。}}$

　3ヒンジラーメンの特徴である，F点にはモーメントが生じないことを利用して，F点の右側の部材で$\Sigma \text{M}_{Fti} = 0$を考えます。

・$\Sigma \text{M}_{Fti} = 0$より，

　　$\text{H}_\text{B} \times 8 - \text{V}_\text{B} \times 4 = 0$

　　$\text{V}_\text{B} = 5$［kN］から，

　　$\text{H}_\text{B} \times 8 - 5 \times 4 = 0$

　　　$\text{H}_\text{B} \times 8 - 20 = 0$

　$\therefore$　$\text{H}_\text{B} = 2.5$［kN］

$\boxed{\text{H}_\text{A} \text{を求める。}}$

・$\Sigma \text{X} = 0$より，

　　$8 - \text{H}_\text{A} - \text{H}_\text{B} = 0$

　　$\text{H}_\text{B} = 2.5$［kN］から，

　　$8 - \text{H}_\text{A} - 2.5 = 0$

　$\therefore$　$\text{H}_\text{A} = 5.5$［kN］

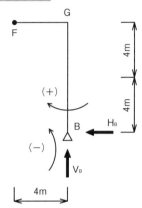

 問題36

　図のような集中荷重Pを受ける3ヒンジラーメンの支点A及びBに生じる鉛直反力をそれぞれV_A及びV_Bとしたとき，それらの反力の大きさの比$\text{V}_\text{A} : \text{V}_\text{B}$として，正しいものはどれか。

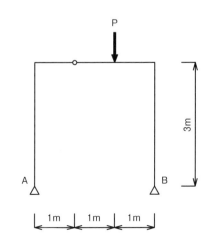

	V_A		V_B
1.	1	:	1
2.	1	:	2
3.	2	:	1
4.	2	:	3

支点 A 及び B に生じる反力を図のように設定します。

$\boxed{V_B \text{ を求める}}$

・$\Sigma M_A = 0$ より,

$P \times 2 - V_B \times 3 = 0$

∴ $V_B = \dfrac{2}{3} P$

$\boxed{V_A \text{ を求める}}$

・$\Sigma Y = 0$ より,

$V_A + V_B - P = 0$

$V_B = \dfrac{2}{3} P$ から,

$V_A + \dfrac{2}{3} P - P = 0$

∴ $V_A = \dfrac{1}{3} P$

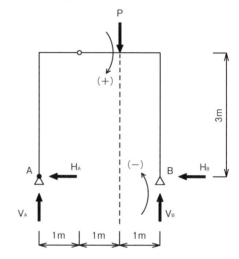

したがって, $V_A : V_B = \dfrac{1}{3} P : \dfrac{2}{3} P = \underline{1 : 2}$ となります。

解答　2

1－3　建築材料

11　セメント・コンクリート

試験によく出る選択肢 📝

セメント

- [ ] セメント粒子の細かさは，比表面積（ブレーン値）で示され，その値が大きいほど，凝結や強度発現は早くなる。
- [ ] 高炉セメントB種は，普通ポルトランドセメントに比べて，初期強度はやや小さいが，長期強度は大きい。
- [ ] セメントの粒子が小さくなるほど，質量に対する表面積が大となり，水和作用が早い。
- [ ] 低アルカリ型セメントは，アルカリ骨材反応対策のため，アルカリ量の最大値を0.6%以下としたものである。

コンクリート

- [ ] コンクリートの中性化速度は，他の条件が同じであれば水セメント比を大きくするほど早くなる。
- [ ] コンクリートのヤング係数は，圧縮強度や単位容積質量が大きくなるほど，大きくなる。
- [ ] コンクリートにAE剤を混入すると，凍結融解作用に対する抵抗性が改善される。
- [ ] コンクリートのアルカリ骨材反応を抑制するための対策として，高炉セメントを用いる場合，A種を使用しない。
- [ ] コンクリートの細骨材率は，所要の品質が得られる範囲内で，できるだけ小さくする。
- [ ] 形状が扁平なものや細長いものを骨材として使用すると，コンクリートの流動性が悪くなる。
- [ ] コンクリートのポアソン比は0.2程度である。
- [ ] 空気量が1%増加すると，コンクリートの圧縮強度は4～6%程度低下する。

問題37

セメントに関する記述として，最も不適当なものはどれか。

1．高炉セメントB種を用いたコンクリートは，普通ポルトランドセメントを用いたものに比べ，耐海水性や化学抵抗性が大きい。

2．早強ポルトランドセメントは，セメント粒子の細かさを示す比表面積（ブレーン値）を小さくして，早期強度を高めたセメントである。

3．エコセメントは，都市ごみ焼却灰を主とし，必要に応じて下水汚泥等を加えたものを主原料として製造される，資源リサイクル型のセメントである。

4．フライアッシュセメントB種を用いたコンクリートは，普通ポルトランドセメントを用いたものに比べ，水和熱が小さく，マスコンクリートに適している。

解 説

1．**高炉セメントB種**を用いたコンクリートは**耐海水性や化学抵抗性が大きく**，コンクリートの**アルカリ骨材反応の抑制**に効果的です。

2．セメント粒子の細かさは，**比表面積（ブレーン値）で示され，その値が大きいほど細かく，**強度の発現が早くなります。早強ポルトランドセメントは，その特性を生かしたコンクリートです。

 必ず覚えよう！

粒子：細かい　　　粒子：粗い

比表面積：大きい　　　比表面積：小さい

比表面積と粒子

3. **エコセメント**は，都市ごみを焼却した際に発生する灰を主原料とし，必要に応じて下水汚泥焼却灰なども用いて製造されます。**資源リサイクル型のセメント**で，普通エコセメントと速硬エコセメントがあります。

4. **フライアッシュセメントB種**は，普通ポルトランドセメントと比べて**水和熱が小さい**ので，硬化中にセメントの水和熱が蓄積されやすい**マスコンクリートに適しています**。

解答　2

理解しよう!

セメントの種類と特徴

種　類		特　徴	適　用
ポルトランドセメント ・セメントの粉末により，分類される。	普通	・最も一般的なセメント	・一般に使用
	早強	・粉末が普通ポルトランドセメントより細かい。 ・普通ポルトランドセメントより強度発現が早い。 ・水和熱が大きい。	・工期の短縮 ・冬期工事
	中庸熱	・水和熱が小さい。 ・乾燥収縮が少ない。	・マスコンクリート ・夏期工事 ・高強度コンクリート
混合セメント	高炉セメント ・ポルトランドセメントに高炉スラグ（製鉄の際にできる副産物を微細粉末にしたもの）を混ぜたもの。	・初期強度がやや小さい。 ・強度発現が遅いが，長期材齢強度が大きい。 ・水和熱が小さい。 ・化学抵抗性が大きい。 ・アルカリ骨材反応の抵抗性が大きい。	・マスコンクリート ・酸類・海水・下水などに接する工事
	シリカセメント ・ポルトランドセメントにシリカ質混合材を混ぜたもの。	・化学抵抗性が大きい。 ・水密性が大きい。	・高炉セメントと同等
	フライアッシュセメント ・ポルトランドセメントにフライアッシュ（火力発電の際に生じるススを集めたもの）を混ぜたもの。	・ワーカビリティー良好 ・水和熱が小さい。 ・乾燥収縮が少ない。 ・中性化速度が大きい。	・普通ポルトランドセメントと同等 ・マスコンクリートにも適
アルミナセメント ・アルミナの多いボーキサイト等と石灰を原料としたセメント		・超早強性 ・水和熱が大きい。 ・耐火性が大きい。	・煙道, ボイラーの内装 ・緊急工事 ・極低温工事

※　高炉セメントは高炉スラグ, シリカセメントはシリカ質混合材, フライアッシュセメントはフライアッシュの分量がそれぞれ少ないものからA, B, C種とする。

問題38

コンクリートに関する記述として，最も不適当なものはどれか。

1．コンクリートに AE 剤を混入すると，凍結融解作用に対する抵抗性が改善される。

2．コンクリートのポアソン比は0.2程度である。

3．空気量が1％増加すると，コンクリートの圧縮強度は4～6％低下する。

4．コンクリートのヤング係数は，単位容積質量が大きくなるほど，小さくなる。

1．**AE 剤を使用**すると，微細な独立した気泡（空気）がコンクリートの中に混入されます。この気泡の働きで**凍結融解作用に対する抵抗性**が改善されます。

2．**ポアソン比**とは，部材に引張力が作用するとき，伸びのひずみに対して，直角方向にどれだけ収縮するかを表す値です。一般に，**普通コンクリートで0.2程度**，鋼材で0.3程度です。

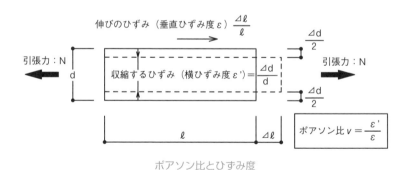

ポアソン比とひずみ度

3．**空気量が1％増加**すると，空隙によって強度が低下し，コンクリートの圧縮強度は4～6％低下します。

4．コンクリートの**ヤング係数 E_c** は次式で表され，**単位容積質量 γ が大きくなるほど，大きくなります。**

$$Ec = 3.35 \times 10^4 \times \left(\frac{\gamma}{24}\right)^2 \times \left(\frac{Fc}{60}\right)^{\frac{1}{3}}$$

γ：コンクリートの気乾単位体積重量［kN/m³］

Fc：コンクリートの設計基準強度 ［N/mm²］

コンクリートのヤング係数

コンクリートのヤング係数は，重量と強度に関連しています。

解答　4

 問題39

コンクリートに関する記述として，最も不適当なものはどれか。

1．圧縮強度の大きいコンクリートほど，アルカリ骨材反応の抑制効果が大きくなる。

2．単位水量の小さいコンクリートほど，乾燥収縮が小さくなる。

3．コンクリートの圧縮強度が大きくなるほど，ヤング係数は大きくなる。

4．単位セメント量が過大なコンクリートは，ひび割れが発生しやすい。

解　説

1．**アルカリ骨材反応**は，反応性シリカを含む骨材が，セメント等に含まれる**アルカリ金属イオン**と反応することによって生じます。**圧縮強度を大きくする**ことは，コンクリート中のアルカリ量を高めることとなり，**アルカリ骨材反応の抑制効果が小さい**です。

2．**単位水量の小さい**コンクリートは，**乾燥収縮が小さく，ひび割れしにくい**です。

3．問題38 の 解　説 の4を参照してください。

4．**単位セメント量が過大**なコンクリートは水和熱が大きなり，**ひび割れしやすい**です。

解答　1

12 鋼材・金属材料

試験によく出る選択肢 📝

鋼材

- [ ] 鋼材のヤング係数は，$2.05 \times 10^5 N/mm^2$で，引張強度に関係なくほぼ一定である。
- [ ] 降伏点と引張強度の比を降伏比と呼び，高張力鋼になるとその値は大きくなる。
- [ ] 炭素量が増加すると，引張強さは増加するが，伸びは減少する。
- [ ] 建築の構造用鋼材の炭素量が多いと，融点が下がり溶けやすい。
- [ ] 鋼材の引張応力とひずみは，上降伏点まで比例関係にある。
- [ ] 建築構造用圧延鋼材 SN400A の数値400は引張強さの下限値を示す。
- [ ] 建築構造用圧延鋼材のB種及びC種は，炭素当量の上限を規定して溶接性を改善した鋼材である。
- [ ] FR鋼は，モリブデン等の元素を添加することで耐火性を高めた鋼材である。
- [ ] TMCP鋼は，熱加工制御により製造された，高じん性で溶接性に優れた鋼材である。
- [ ] 低降伏点鋼は，添加元素を極力低減した純鉄に近い鋼で，強度を低くし，延性を高めた鋼材である。
- [ ] 鋼材の破断伸びは，引張試験において破断後の標点間長さと，力をかける前の標点間長さの差である。

金属材料

- [ ] ステンレス鋼は，炭素量の多いものほど耐食性に劣る。
- [ ] 鉛板は，酸に対し抵抗性が大きいが，耐アルカリ性に劣る。
- [ ] アルミニウムは，鋼材に比べ比重，ヤング係数とも約1/3である。
- [ ] アルミニウムにマグネシウムやケイ素を添加すると，耐食性と強度が増す。
- [ ] 青銅は，銅とすずを主体とする合金で鋳造しやすく，装飾金物などに用いられている。

問題40

鋼材に関する記述として，最も不適当なものはどれか。

1．SN490B や SN490C は，炭素当量の上限を規定して溶接性を改善した鋼材である。

2．TMCP 鋼は，熱加工制御により製造された，高じん性で溶接性に優れた鋼材である。

3．FR 鋼は，モリブデン等の元素を添加することで耐火性を高めた鋼材である。

4．SS 材は，添加元素を極力低減した純鉄に近い鋼で，強度を低くし，延性を高めた鋼材である。

解　説

1．**建築構造用圧延鋼材（SN 材）のB種，C種は，炭素当量の上限を規定**することによって**溶接性が確保**されています。なお，炭素当量が多いと溶接性が低下します。

建築構造用圧延鋼材（SN 材）の種類

種類	記号	塑性変形能力の確保	溶接性	板厚方向の特性
A 種	SN400A	×	×（小梁等：○）	×
B 種	SN400B, SN490B	○	○	×
C 種	SN400C, SN490C	○	○	○

○：規定あり，×：規定なし

2．建築構造用 **TMCP 鋼**は，水冷型熱加工制御（TMCP）により製造された厚さが40mm を超え，100mm 以下の**厚鋼板**です。従来の厚鋼板(SN材，SM 材）に比べて炭素当量が低減されているので，高じん性，溶接性に優れています。

3．モリブデン等の元素を添加することによって耐火性を高めた鋼材が
　　FR鋼（耐火鋼）です。
4．添加元素を極力低減した純鉄に近い鋼で，強度を低くして延性を高め
　　た鋼材は，低降伏点鋼（LY100，LY225）です。主に鋼材ダンパー等に
　　用いられます。

解答　4

問題41

鋼材に関する記述として，最も不適当なものはどれか。
1．銅を添加すると，耐候性が向上する。
2．炭素量が増加すると，引張強さと伸びが増加する。
3．クロムを添加すると，耐食性が向上する。
4．モリブデンを添加すると，高温時の強度低下が少なくなる。

───

| 解 説 |

1．鋼に，**銅・リン・クロム等を添加**することによって**耐候性が向上**し，
　　このような鋼を**耐候性鋼**といいます。
2．**炭素量が増加**すると，**引張強さは増加**するが，**伸びは減少**します。
3．一般に，**クロム**の量が約11％以上で錆びにくくなり，**耐食鋼（ステン
　　レス鋼）**と呼ばれています。
4．**問題40**の｜解　説｜の3を参照してください。

解答　2

問題42

金属材料に関する一般的な記述として，最も不適当なものはどれか。

1．アルミニウムの密度及びヤング係数は，それぞれ鋼の約$\frac{1}{3}$である。

2．ステンレス鋼のSUS430は，SUS304に比べ磁性が弱い。

3．青銅は銅と錫（すず）を主成分とする合金で，黄銅に比べ耐食性に優れている。

4．チタンは鋼に比べ密度が小さく，耐食性に優れている。

解　説

1．**アルミニウム**の密度及びヤング係数は，**鋼材の約1／3**です。

主な金属の物理的・機械的性質

金属	比重	溶融点 [℃]	線膨張係数 [1／℃]	熱伝導率 [W/m・K]	ヤング係数 [N/mm²]	引張強さ [N/mm²]
アルミニウム	2.69	660	2.46×10^{-5}	222	0.70×10^{5}	84〜191
普通鋼	7.85	1,530	1.12×10^{-5}	60	2.05×10^{5}	400〜540
銅	8.93	1,080	1.65×10^{-5}	293	1.29×10^{5}	240
鉛	11.3	327	2.90×10^{-5}	35	0.16×10^{5}	9〜23

アルミニウムは，鋼材に比べて，軽くて軟らかいイメージです。

2．ステンレス鋼の<u>SUS430</u>は，<u>**磁性があり**磁石に付く</u>性質があります。

3．**青銅（ブロンズ）**は銅と錫を主成分とする合金で，銅と**亜鉛**の合金である**黄銅（真ちゅう）**に比べ，耐食性に優れています。

4．**チタン**は比重（密度）が4.5で，**鋼材**（比重7.85）に比べて**軽く，耐食性**に優れています。

解答　**2**

88

13 建具・ガラス

試験によく出る選択肢 📝

建具

- ☐ スライディングドアセットの性能項目において，耐衝撃性，鉛直荷重強さは規定されていない。
- ☐ 耐震ドアセットは，普通ドアセットの性能に加えて，面内変形追随性を具備しなければならない。

ガラス

- ☐ 熱線吸収ガラスは，普通板ガラスの成分に微量の鉄などを加えたもので，比較的長波の光を吸収する性質を持っている。
- ☐ 熱線反射板ガラスは，板ガラスの表面に金属皮膜を形成したもので，冷房負荷の軽減に効果がある。
- ☐ 強化ガラスは，板ガラスを熱処理してガラス表面付近に強い圧縮応力層を形成したもので，耐衝撃強度が高い。
- ☐ 合わせガラスは，2枚以上のガラスをプラスチックフィルムで張り合わせたもので，防犯に効果がある。
- ☐ 複層ガラスは，2枚のガラスの間に乾燥空気層を設け，密封したもので，結露防止に効果がある。
- ☐ 普通板ガラスの反射率は，光がガラス面に直角に入射した場合が最も小さい。
- ☐ 板ガラスとして広く使用されているソーダ石灰けい酸ガラスは，一般に，アルカリに弱い。
- ☐ ガラスは，力学的にはフックの法則に従う弾性体である。
- ☐ 普通板ガラスの比重は，約2.5である。

試験によく出る問題 📋

問題43

外壁面に用いる金属製建具と性能項目の組合せとして，日本産業規格（JIS）に規定されていないものはどれか。

1．スイングドアセット ―――――― ねじり強さ

2．スライディングドアセット ─── 鉛直荷重強さ
3．スイングサッシ ─────── 耐風圧性
4．スライディングサッシ ──── 水密性

| 解　説 |

　スイングは主に枠の**面外**に戸が移動する開閉方式で，**スライディング**は主に枠の**面内**を戸が移動する開閉方式です。
　スライディングドアセットには，ねじり強さ，**鉛直荷重強さ**，耐衝撃性，面内変形追随性などは規定されていません。

解答　**2**

ドアセットの性能による種類及び記号

種類記号 / 性能項目	スイング				スライディング		
	普通	防音	断熱	耐震※2	普通	防音	断熱
	m	t	h	q	m	t	h
ねじり強さ	◎	◎	◎	◎	規定されていない		
鉛直荷重強さ	◎	◎	◎	◎			
開閉力	◎	◎	◎	◎	◎	◎	◎
開閉繰り返し	◎	◎	◎	◎	◎	◎	◎
耐衝撃性※1	◎	◎	◎	◎	規定されていない		
遮音性		◎				◎	
断熱性			◎				◎
面内変形追随性				◎	規定されていない		
耐風圧性	○	○	○	○	○	○	○
気密性	○	○	○	○	○	○	○
水密性	○	○	○	○	○	○	○

※1．戸の面積の50%以上をガラスが占めるものには，適用しない。
※2．耐震 q は面内変形時に開放できることをいう。
備考．◎は必須性能とし，○は選択性能とする。

サッシの性能による種類及び記号

性能項目＼種類記号	スイング 普通 m	スイング 防音 t	スイング 断熱 h	スライディング 普通 m	スライディング 防音 t	スライディング 断熱 h
開閉力※1	◎	◎	◎	◎	◎	◎
開閉繰り返し※1	◎	◎	◎	◎	◎	◎
耐風圧性※2	◎	◎	◎	◎	◎	◎
気密性	◎	◎	◎	◎	◎	◎
水密性	◎	◎	◎	◎	◎	◎
戸先かまち強さ※3	規定されていない			◎	◎	◎
遮音性		◎			◎	
断熱性			◎			◎

※1．スイングは，開き窓に適用し，スライディングは，引違窓及び片引き窓
に適用する。
※2．PVC製内窓には適用しない。
※3．耐風圧性の等級S－5以上のものだけに適用する。
備考．◎は必須性能とする。

問題44

ガラスに関する記述として，最も不適当なものはどれか。

1．強化ガラスは，板ガラスを熱処理してガラス表面付近に強い引張応力
層を形成したもので，耐衝撃強度が高い。

2．Low-E複層ガラスは，中空層側のガラス面に特殊金属をコーティング
することで，日射制御機能と高い断熱性を兼ね備えたガラスである。

3．熱線反射ガラスは，日射熱の遮蔽を主目的とし，ガラスの片側の表面
に熱線反射性の薄膜を形成したガラスである。

4．型板ガラスは，ロールアウト方式により，ロールに彫刻された型模様
をガラス面に熱間転写して製造された，片面に型模様のある板ガラスで
ある。

第1章

建築学

　強化ガラスは，板ガラスを**熱処理**してガラス表面付近に**強い圧縮応力層を形成**したもので，耐衝撃性・耐風圧性などに優れています。

理解しよう!　　　解答　1

ガラスの種類

名　称	製造方法・特徴
すり板ガラス	・透明なガラスの片面を珪砂・金剛砂と金属ブラシなどで不透明にすり加工したガラス。
フロート板ガラス	・最も一般的なガラスで，溶融金属の上にガラス素地を浮かべながら成形したガラス。 ・平滑度，透明度が高く，採光性に優れている。
型板ガラス	・2本の水冷ロールの間に溶融状態のガラスを通過させ，ロールで彫刻された型模様をガラス面に刻んで成形するロールアウト法によって製造される。 ・片側表面に型模様を付けたガラスで，光を拡散するとともに視野を遮る機能がある。
網入り板ガラス	・フロート板ガラスの中に，格子・亀甲・縞模様の金属網を封入したガラス。 ・割れても金網に支えられ，破片の散乱の危険が少なく，防火ガラスとして使用される。
線入り板ガラス	・フロート板ガラスの中に，金属線を平行に封入したガラスで，見た目がすっきりしているのでデザイン効果がある。 ・ガラスが割れても破片の飛散を防ぐことができるが，網入り板ガラスとは異なり，防火ガラスとしては使用できない。
熱線吸収板ガラス	・通常のガラスの原料に微量のコバルト，鉄，ニッケルなどの金属を添加して着色したガラス。 ・透明なガラスに比べ，日射エネルギーを20～60%程度吸収して，夏期の冷房負荷を軽減する。 ・可視光線を一部吸収し，眩しさを和らげる。
熱線反射板ガラス	・フロート板ガラスの表面に反射率の高い金属酸化物の薄膜をコーティングしたガラス。 ・冷房負荷の軽減。ミラー効果。

強化ガラス	・板ガラスを軟化点（約700℃）近くまで加熱した後，常温の空気を均一に吹付けて急冷してつくったガラス。 ・普通ガラスに比べ3〜5倍の強度がある。 ・割れたときは破片が粒状になり，安全性が高い。 ・急激な温度変化に対して強い。
倍強度ガラス	・フロート板ガラスの2倍以上の耐風圧強度，熱割れ強度を有する加工ガラスで，加工後の切断ができない。 ・フロート板ガラスと同等の割れ方をし，粒状にならないことから破片が落下しにくいので，高所で用いられる。
合わせガラス	・2枚（特殊な場合は3枚以上）の板ガラスでポリビニルブチラール（PVB）樹脂の中間膜をはさみ，加熱圧着したガラス。 ・中間膜により，割れにくく耐貫通性も高いうえに，割れても破片が飛散しない。 ・安全性，防犯性が高い。
複層ガラス （ペアガラス）	・通常，2枚（特殊な場合は3枚）の板ガラスを，専用のスペーサーを用いて一定間隔を保ち，周囲を封着材で密封し内部の空気を乾燥状態に保ったガラス。 ・断熱性が高く，結露しにくい。
Low-E ガラス	・ガラス表面に特殊な金属膜をコーティングした低放射ガラス。 ・複層ガラスとして使用すると，断熱性能をさらに向上させることができる。 ・複層ガラスの室内側にLow-Eガラスを使用すると，冬期の断熱性能を重視したものとなり，屋外側に使用すると，夏期の日射遮蔽性を重視したものとなる。

問題45

建築用ガラスに関する記述として，最も不適当なものはどれか。

1．複層ガラスは，2枚の板ガラスの間に乾燥空気層を設けて密封したもので，結露防止に効果のあるガラスである。

2．熱線吸収板ガラスは，板ガラスに鉄，ニッケル，コバルトなどを微量添加したもので，冷房負荷の軽減に効果のあるガラスである。

3．合わせガラスは，2枚以上の板ガラスに中間膜を挟み全面接着したもので，外力の作用によって破損しても，破片の大部分が飛び散らないようにしたガラスである。

4．倍強度ガラスは，板ガラスを熱処理してガラス表面に適切な大きさの

圧縮応力層をつくり，破壊強度を増大させ，かつ，破損したときに細片となるようにしたガラスである。

解　説

　倍強度ガラスは，フロート板ガラスを軟化点まで加熱後，両表面から空気を吹き付けて冷却し，耐風圧強度を約2倍程度に高めたガラスです。4．の記述内容は，**強化ガラス**の内容です。

解答　**4**

問題46

　建築用ガラスに関する記述として，最も不適当なものはどれか。
1．複層ガラスは，2枚のガラスの間に乾燥空気層を設けて密封したもので，結露防止に効果がある。
2．合わせガラスは，2枚以上のガラスをプラスチックフィルムを挟み接着したもので，防犯に効果がある。
3．熱線吸収板ガラスは，板ガラスの表面に金属皮膜を形成したもので，冷房負荷の軽減に効果がある。
4．強化ガラスは，板ガラスを熱処理してガラス表面に強い圧縮応力層を形成したもので，衝撃強度が高い。

解　説

　熱線吸収板ガラスは，板ガラスに鉄，ニッケル，コバルトなどを微量添加したもので，冷暖房負荷の軽減に効果のあるガラスです。3．の記述内容は，**熱線反射板ガラス**です。

解答　**3**

14 石材・左官材料

試験によく出る選択肢 ✏️

石材

- ☐ 砂岩は，汚れが付きやすいが，耐火性に優れている。
- ☐ 凝灰岩は，軟質で加工しやすく，耐火性に優れるが，耐久性に劣る。
- ☐ 安山岩は，耐久性，耐火性に優れているが，磨いても光沢がでない。
- ☐ 大理石は，耐酸性，耐火性に劣り，屋外に使用すると表面が劣化しやすい。

左官材料

- ☐ ドロマイトプラスターは，それ自体に粘りがあり，のりを必要としない。
- ☐ セルフレベリング材は，せっこう組成物やセメント組成物にドロマイトプラスターを添加した材料ではない。
- ☐ せっこうプラスターは水硬性であり，しっくいは気硬性である。
- ☐ せっこうプラスターは，ドロマイトプラスターに比べ，硬化に伴う乾燥収縮が小さい。

試験によく出る問題 📋

問題47

石材の一般的な特徴に関する記述として，最も不適当なものはどれか。

1．安山岩は，硬度が高く，耐久性に優れる。
2．粘板岩は，吸水が少なく，耐久性に優れる。
3．砂岩は，汚れが付きにくいが，耐火性に劣る。
4．石灰岩は，加工しやすいが，耐水性に劣る。

1. **安山岩**は強度，耐久性に優れ，建物の外装用としても用いられます。
2. **粘板岩**は，吸水が少なく，緻密で耐久性に優れています。スレート屋根などに使用されています。
3. **砂岩は耐火性に優れている**が，吸水率の大きなものは耐凍害性に劣ります。また，汚れが付きやすいです。
4. **石灰岩**は，一般的に軟らかく加工しやすいが，耐水性に劣ります。

理解しよう!

解答　**3**

石材の種類と特性

分類	種　類	石材名	特性
火成岩	花崗岩	・稲田石，北木石，万成石	・圧縮強さ，耐久性大。耐火性小。 ・質かたく，大材が得やすい。
	安山岩	・鉄平石，小松石，白川石	・細かい結晶でガラス質。 ・耐久性，耐火性大。
水成岩（堆積岩）	凝灰岩	・大谷石	・火山灰の凝固したもの。 ・軟質軽量。風化しやすい。 ・加工性，耐火性・吸水性大。
	砂岩	・多胡石 ・サンドストーン	・光沢は無く，吸水性が大きい。 ・摩耗しやすい。耐火性大。
	粘板岩	・雄勝スレート，玄昌石	・層状にはがれる。吸水性小。 ・質ち密，色調黒。天然スレート。
	石灰岩		・軟らかく加工しやすい。 ・耐水性に劣る。
変成岩	大理石	・寒水石 ・トラバーチン，オニックス	・質ち密，光沢あり。 ・酸，雨水に弱い。
	蛇紋岩	・蛇紋石	・大理石に似ている。 ・磨くと黒，濃緑，白の模様が美しい。
人造石	擬石	種石－花崗岩，安山岩	
	テラゾー	種石－大理石，蛇紋岩	

問題48

石材に関する記述として，最も不適当なものはどれか。

1．花崗岩は，耐摩耗性，耐久性に優れ，建物の外部，床，階段に用いられる。
2．砂岩は，耐火性に優れるが，吸水率の大きなものは耐凍害性に劣る。
3．大理石は，美観に優れるが，耐酸性，耐火性に劣り，屋外に使用すると表面が劣化しやすい。
4．凝灰岩は，軟質で加工しやすく，耐火性，耐久性に優れる。

──── 解 説 ────────────────────

1．**花崗岩**は，通称「御影石」といい，耐久性，強度は大きいが，耐火性に劣ります。
2．**問題47** の 解 説 の3を参照してください。
3．**大理石**は，炭酸ガスまたは酸を含んだ雨水に浸食されやすいです。
4．**凝灰岩**は，軟質で加工しやすく，**耐火性**に優れるが，**耐久性**に劣ります。**風化しやすい**ので，主に内装材として用いられます。

解答　**4**

問題49

左官材料に関する記述として，最も不適当なものはどれか。

1．せっこうプラスターは，乾燥が困難な場所や乾湿の繰返しを受ける部位では硬化不良となりやすい。
2．セルフレベリング材は，せっこう組成物やセメント組成物にドロマイトプラスターを添加した材料である。
3．セメントモルタルの混和材として消石灰を用いると，こて伸びがよく，平滑な面が得られる。
4．しっくい用ののり剤には，海草又はその加工品と，水溶性高分子がある。

第1章　建築学

第1章　建築学

1．**せっこうプラスター**は，主成分である焼せっこうが水和反応を起こして，余剰水が発散して硬化する**水硬性**の左官材料です。多湿で通風不良の場所などでは，硬化不良となりやすいです。

2．**セルフレベリング材**は，せっこう組成物やセメント組成物に骨材や流動化剤を添加した水硬性組成物です。これに水を加えて練り混ぜ，施工箇所に流し込んで平滑な床をつくることができます。

3．セメントモルタルの混和材としての**消石灰**は，こて伸びを良くし，平滑な面が得られます。また，収縮によるひび割れを少なくすることができます。

4．**しっくいは，消石灰に砂，のり，すさを混入して水で練ったものです。**のり剤には，海草又はその加工品と，水溶性高分子があります。

解答　**2**

主な左官材料

	種　類	塗り層	構成材料
水硬性	セメントモルタル塗り	下・中・上	普通セメント＋砂＋（混和材料）
	人造石塗り テラゾー現場塗り	下	普通セメント＋砂＋（混和材料）
		上	普通・白色またはカラーセメント＋種石
	せっこうプラスター塗り	下・むら直し・中	現場調合プラスター下塗り用＋砂または既調合プラスター下塗り用
		上	既調合プラスター上塗り用
気硬性	ドロマイトプラスター塗り	下・むら直し・中	ドロマイトプラスター下塗り用＋セメント＋砂＋すさ
		上	ドロマイトプラスター上塗り用＋すさ
	しっくい塗り	下・むら直し・中	消石灰下塗り用＋のり＋砂＋すさ
		上	消石灰上塗り用＋のり＋すさ

日本壁上塗り仕上げ ・こまい下地 　・下塗り＝荒壁 　・中塗り＝中塗土壁	しっくい壁　下 付け・上付け	消石灰上塗り用＋のり＋すさ
	大津壁(磨・並) 下付け・上付け	色土＋消石灰上塗り用＋すさ
	土物壁(水こね)	色土＋砂＋すさ
	土物壁（のりさ し・のりごね）	色土＋のり＋砂＋すさ
	砂壁	色砂＋のり
繊維壁塗り		繊維質材料＋のり
珪藻土塗り	下・上	珪藻土＋固化材(水硬性または気硬性)

問題50

左官材料に関する記述として，最も不適当なものはどれか。

1．メチルセルロースは，水溶性粉末でセメントモルタルに混入して，作業性の向上のために用いられる。

2．パーライトは，真珠岩や黒曜石を粉砕し，高温で急激に加熱し膨張させた軽量骨材である。

3．ドロマイトプラスターは，それ自体に粘りがないためのりを必要とする。

4．せっこうプラスターは，主成分である焼せっこうが水和反応を起こし，余剰水が発散して硬化する塗り壁材料である。

解　説

1．**メチルセルロース（MC）**は白色の水溶性粉末の混和剤で，主にセメントモルタルに混入して，まだ固まらない間の**保水性や作業性を改善**します。

2．**パーライト**は，真珠岩または黒曜石を粉砕・焼成して得られる極めて軽量の骨材をいいます。セメントやプラスターに混ぜて吸音性，断熱性に優れた軽量の仕上げ材として用いられます。

3．**ドロマイトプラスター**は，それ自体に粘りがあり，**のりは不要**です。

4． 問題49 の 解　説 の1を参照してください。

15 防水材料・シーリング材

試験によく出る選択肢

アスファルト防水材料

- [ ] ストレッチルーフィング1000の数値1000は, 製品の抗張積を表している。
- [ ] 有機溶剤タイプのアスファルトプライマーは, ブローンアスファルトなどを揮発性溶剤に溶融したものである。
- [ ] 改質アスファルトルーフィングシートには, Ⅰ類とⅡ類があり, Ⅱ類の方が低温時の耐折り曲げ性がよい。
- [ ] アスファルトルーフィング1500は, 製品の単位面積質量が1,500g/m²以上のものであり, 原紙に対するアスファルトの浸透率は150%以上とされている。
- [ ] ブローンアスファルトは, ストレートアスファルトに比べ軟化点が高く, 常温における伸度が小さい。

塗膜防水材料

- [ ] 2成分形ウレタンゴム系防水材は, 主剤と硬化剤が反応硬化して塗膜を形成する。
- [ ] 1成分形のウレタンゴム系防水材は, 湿気硬化によりゴム弾性のある塗膜を形成する。
- [ ] 通気緩衝シートは, 塗膜防水層の破断や, ふくれの発生を低減するために用いる。

シーリング材

- [ ] 2成分形シーリング材は, 基剤と硬化剤の2成分を施工直前に練り混ぜて使用するシーリング材である。
- [ ] ポリサルファイド系シーリング材は, 金属カーテンウォール等のムーブメントが大きい目地に適していない。
- [ ] シーリング材の引張応力による区分で, LMは低モジュラス, HMは高モジュラスを表す。

試験によく出る問題

問題51

アスファルト防水材料に関する記述として，最も不適当なものはどれか。

1. 砂付ストレッチルーフィング800の数値800は，製品の抗張積（引張強さと最大荷重時の伸び率との積）の呼びを表している。
2. 有機溶剤タイプのアスファルトプライマーは，ブローンアスファルトなどを揮発性溶剤に溶解したものである。
3. 改質アスファルトは，合成ゴム又はプラスチックを添加して性質を改良したアスファルトである。
4. 改質アスファルトルーフィングシートには，温度特性による区分でⅠ類とⅡ類があり，Ⅰ類の方が低温時の耐折り曲げ性がよい。

解　説

1. **ストレッチルーフィング800の数値800は，製品の抗張積（引張強さと最大荷重時の伸び率との積）**を表しています。
2. アスファルトと下地の接着性を良くするために用いる有機溶剤タイプの**アスファルトプライマーは，ブローンアスファルト**などを揮発性溶剤に溶解したものです。
3. **改質アスファルト**は，合成ゴム又はプラスチックを添加して性質を改良したアスファルトで，これを使用したものが改質アスファルトシートです。
4. 改質アスファルトルーフィングシートには，温度特性によるⅠ類とⅡ類の区分があり，__Ⅱ類の方が__**低温時**の耐折り曲げ性がよいです。

解答　**4**

塗膜防水材料に関する記述として，最も不適当なものはどれか。

1．屋根用ウレタンゴム系防水材は，引張強さ，伸び率，抗張積などの特性によって，高伸長形（旧1類）と高強度形に区分される。

2．1成分形のウレタンゴム系防水材は，乾燥硬化によりゴム弾性のある塗膜を形成する。

3．2成分形のウレタンゴム系防水材は，施工直前に主剤，硬化剤の2成分に，必要によって硬化促進剤，充填材などを混合して使用する。

4．塗付けタイプゴムアスファルト系防水材は，ゴムアスファルトエマルションだけで乾燥造膜するものと，硬化剤を用いて反応硬化させるものがある。

解　説

1．**ウレタンゴム系防水材**は，ウレタンゴムに充填材などを配合したもので，引張強さ，伸び率，抗張積などの特性により，**高伸長形**と**高強度形**に JIS で区分されています。

2．**1成分形**のウレタンゴム系防水材は，<u>湿気硬化（空気中の水分を硬化に利用）</u>によりゴム弾性のある塗膜を形成します。

3．**2成分形**のウレタンゴム系の塗膜防水材は，**主剤**と**硬化剤**が反応硬化してゴム弾性のある塗膜を形成します。

4．塗り工法用のゴムアスファルト系防水材は，ゴムアスファルトエマルションだけで乾燥造膜する**乾燥造膜型**と，硬化剤を用いて反応硬化させる**反応硬化型**があります。

解答　**2**

問題53

シーリング材に関する記述として，最も不適当なものはどれか。

1．1成分形高モジュラス形シリコーン系シーリング材は，耐熱性・耐寒性に優れ，防かび剤を添加したものは，浴槽や洗面化粧台などの水まわりの目地に用いられる。

2．2成分形低モジュラス形シリコーン系シーリング材は，耐光接着性に優れ，ガラス・マリオン方式のカーテンウォールの目地に用いられる。

3．2成分形ポリウレタン系シーリング材は，耐熱性・耐候性に優れ，金属パネルや金属笠木などの目地に用いられる。

4．2成分形変成シリコーン系シーリング材は，耐候性・耐久性が良好で，プレキャストコンクリートカーテンウォールの部材間の目地に用いられる。

第1章

建築学

解 説

1．防かびタイプの1成分形高モジュラス形**シリコーン系**シーリング材は，耐熱性・耐寒性に優れ，**水回りの目地**に使用されます。

2．2成分形低モジュラス形**シリコーン系**シーリング材は，**ガラス・マリオン方式のカーテンウォールの目地**に用いられます。

3．2成分形**ポリウレタン系**シーリング材は**耐候性に劣る**ので，ALC パネル，コンクリート打継目地などで塗装や吹付け仕上げがある場合に使用されます。一般に，**金属パネルや金属笠木などの目地**には，2成分形**変性シリコーン系**シーリング材が用いられます。

4．2成分形**変成シリコーン系**シーリング材は，耐候性・耐久性が良好で，コンクリートカーテンウォールや ALC パネルの部材間の目地，コンクリート打継目地など適用範囲が広いです。

解答　3

1－3　建築材料　103

用途	種類		シリコーン系	変性シリコーン系	ポリサルファイド系	ポリウレタン系	アクリルウレタン系	アクリル系
金属カーテンウォール			○	○				
コンクリートカーテンウォール				○	○			
ALC パネル				○		○	○	○
ガラス回り			○					
建具回り，金属製笠木			○	○				
コンクリートの打継ぎ目地，収縮目地，窓外枠回り	塗装あり					○	○	
	塗装なし		○	○				
石目地					○			
タイル張り	タイル目地				○			
	タイル下地目地					○		

問題54 出る 出る 出る

建築用シーリング材に関する記述として，最も不適当なものはどれか。

1．日本産業規格（JIS）によるタイプ F は，グレイジング以外の用途に使用するシーリング材である。

2．シリコーン系シーリング材は，耐候性，耐熱性，耐寒性に優れている。

3．不定形シーリング材とは，施工時に粘着性のあるペースト状のシーリング材のことである。

4．2 成分形シーリング材は，空気中の水分や酸素と反応して表面から硬化する。

1．シーリング材は，用途によって次の2つのタイプに区分されます。
  ・**タイプF：グレイジング以外**に使用するシーリング材
  ・タイプG：グレイジングに使用するシーリング材
2．**シリコーン系**シーリング材は，耐候性，耐熱性，耐寒性に優れ，金属カーテンウォール，ガラス回り，建具回りなどの目地に使用されます。
3．**不定形シーリング材**とは，油性コーキング材，弾性シーリング材など施工時に粘着性のある**ペースト状のシーリング材の総称**です。
4．**2成分形**シーリング材は，シーリング材の主成分である**シリコン（主剤，基剤）**が，**硬化剤**の触媒によって反応して硬化するものです。施工直前に**基剤と硬化剤**を調合し，練り混ぜて使用します。
　　なお，**1成分形**は，あらかじめ施工に供する状態に調整されているシーリング材で，湿気硬化や乾燥硬化があります。

解答　**4**

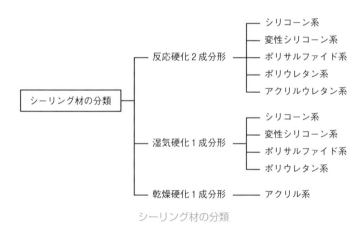

シーリング材の分類

第1章

建築学

16 屋根材・塗料

金属製折板屋根構成材

- [ ] 折板の耐力による区分には，1種，2種，3種，4種，5種の5種類があり，1種が最も耐力が小さい。
- [ ] 折板の結合の形式による区分には，重ね形，はぜ締め形，かん合形がある。

屋根材

- [ ] 繊維強化セメント板（スレート波板）について規定されている曲げ破壊荷重は，大波板より小波板の方が小さい。
- [ ] 粘土がわらの製法による区分は，ゆう薬がわら（塩焼がわらを含む），いぶしがわら，無ゆうがわらである。
- [ ] 住宅屋根用化粧スレートの吸水率の上限は，平形屋根用スレート，波形屋根用スレートとも同じである。

塗料

- [ ] アクリル樹脂系非水分散形塗料は，ガラス繊維補強セメント板面の塗装に適していない。
- [ ] 有機顔料は，耐光性が小さいが，色の鮮やかさは無機顔料より優れている。
- [ ] アクリル樹脂エナメルは，塩化ビニル樹脂エナメルと比較して耐薬品性に劣る。
- [ ] クリアラッカーは，自然乾燥で短時間に塗膜を形成する。

試験によく出る問題 📋

問題55

日本産業規格（JIS）に規定される金属製折板屋根構成材に関する記述として，最も不適当なものはどれか。

1．梁と折板との固定に使用するタイトフレームには，ボルト付きタイトフレーム，タイトフレームだけのもの及び端部用タイトフレームがある。

2. 折板の結合の形式による区分には，重ね形，はぜ締め形及びかん合形
   がある。
3. 折板の耐力による区分には，1種から5種の5種類があり，1種が最
   も耐力が大きい。
4. 折板の加工にはロール成形機を用い，折曲げ部分には適当な丸みを付
   ける。

解　説

1. **タイトフレームの種類**として，ボルト付きタイトフレーム，タイトフ
   レームだけのもの，端部用タイトフレームがあります。

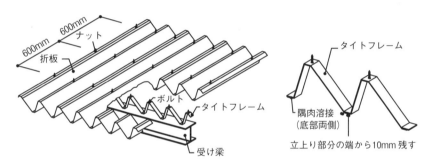

金属製折板屋根構成材

2. 折板の**結合の形式**による区分として，重ね形，はぜ締め形，かん合形
   があります。
3. 折板の耐力による区分には，1種から5種の5種類があり，<u>5種</u>が最
   も耐力が大きいです。

折板の耐力による区分 [N/m²]

区　分	1種	2種	3種	4種	5種
等分布荷重	980	1,960	2,940	3,920	4,900

4. **折板の加工**は，ロール成形機を用い，きず，ねじれ，反りなどがない

ように行います。また，折板及び構成部品の折曲げ部分は，適当な丸み
を付けなければなりません。

日本産業規格（JIS）に規定される屋根に用いられる材料に関する記述と
して，最も不適当なものはどれか。
1．粘土がわらの形状による区分は，J形粘土がわら，S形粘土がわら，F
　形粘土がわらである。
2．プレスセメントがわらの種類は，形状及び塗装の有無によって区分さ
　れている。
3．住宅屋根用化粧スレートの吸水率の上限は，平形屋根用スレート，波
　形屋根用スレートとも同じである。
4．繊維強化セメント板のスレート（波板）の曲げ破壊荷重の下限は，小
　波板より大波板の方が小さい。

解　説

1．**粘土瓦（桟瓦）の形状**による区分には，**J形（和形），S形，F形（平
　板）の3種類**があります。
2．**プレスセメント瓦**（セメントや骨材などを主原料として加圧成型した
　もの）の種類には，**形状による区分，塗装の有無による区分**があります。
3．**住宅屋根用化粧スレートの吸水率の上限**は，平形屋根用スレート，波
　形屋根用スレートとも**28%以下**と規定されています。
4．繊維強化セメント板の**スレート（波板）の曲げ破壊荷重の下限**は，小
　波板より大波板の方が大きいです。

繊維強化セメント板のスレート（波板）の一般性能

種類	曲げ破壊荷重（N）	吸水率（%）	透水性
小波	1,470以上	30以下	注水24時間後，裏面に水滴が生じてはならない。
大波	3,920以上		

問題57

塗料に関する記述として，最も不適当なものはどれか。

1．合成樹脂調合ペイントは，木部面の塗装に適している。
2．つや有合成樹脂エマルションペイントは，屋内の鉄鋼面の塗装に適している。
3．合成樹脂エマルションペイントは，せっこうボード面の塗装に適している。
4．アクリル樹脂系非水分散形塗料は，ガラス繊維補強セメント板(GRC板）面の塗装に適している。

解　説

1．**合成樹脂調合ペイント**は，鉄鋼面の塗装のほか，木部面の塗装に適しています。
2．**つや有合成樹脂エマルションペイント**は水系塗料で，建築基準法によるシックハウス対策の規定を受けません。内外の壁，天井などのセメント系素地面，屋内の木部面，鉄鋼面などに適しています。
3．**合成樹脂エマルションペイント**は，セメント系素地面やせっこうボード面の塗装に適しています。
4．**アクリル樹脂系非水分散形塗料**は，<u>屋内のコンクリート面，モルタル面の塗装</u>に適しています。

解答　4

主な塗料の種類と適応素地

塗料の種類		木部	鉄部	亜鉛メッキ面	コンクリート・モルタル面
オイルステイン塗	オイルステイン	○	×	×	×
ワニス塗	スーパーワニス	○	×	×	×
	ウレタン樹脂ワニス	○	×	×	×
	フタル酸ワニス	○	×	×	×
ラッカー塗	クリアラッカー	○	×	×	×
	ラッカーエナメル	○	×	×	×
合成樹脂調合ペイント		○	○	○	×
フタル酸樹脂エナメル		×	○	×	×
アクリルシリコン樹脂エナメル		×	○	○	○
アルミニウムペイント		×	○	○	×
合成樹脂エマルションペイント		○	×	×	○
合成樹脂エマルション模様塗料		×	×	×	○
アクリル樹脂系非水分散形塗料		×	×	×	○
マスチック塗料		×	×	×	○
塩化ビニル樹脂エナメル		×	×	×	○
多彩模様塗料		×	×	×	○
つや有り合成樹脂エマルションペイント		○	○	○	○
エポキシ樹脂エナメル		○	○	○	○

○：適合　×：不適合

17 内装材

試験によく出る選択肢 📝

内装材料（壁）

- [ ] VS ボードは，火山性ガラス質たい積物などの無機質原料及びセメントを原料として製造した板である。
- [ ] シージングせっこうボードは，両面のボード用原紙及び芯のせっこうに防水処理を施したものである。
- [ ] けい酸カルシウム板は，フレキシブル板に比べて，曲げ強度及び吸水による長さの変化が小さい。
- [ ] 吹付け硬質ウレタンフォーム断熱材は，JIS 規格においてホルムアルデヒド放出量の最大値が定められていない。
- [ ] 構造用せっこうボードは，強化せっこうボードの性能を満たした上で，くぎ側面抵抗を強化したもので，耐力壁用の面材に使用される。
- [ ] 特殊加工化粧合板は，普通合板の表面にオーバーレイ，プリント，塗装等の加工を施したものである。

内装材料（床）

- [ ] コンポジションビニル床タイルは，単層ビニル床タイルよりバインダー量を少なくした床タイルである。
- [ ] ゴム床タイルは，天然ゴムや合成ゴムを主原料とした床タイルで，独自の歩行感を有するが，耐油性に劣る。
- [ ] コルク床タイルは，天然コルク外皮を主原料として，必要に応じてウレタン樹脂等で加工した床タイルである。
- [ ] 日本農林規格（JAS）のフローリングブロックは，ひき板を 2 枚以上並べて接合したものを基材とした単層フローリングである。

試験によく出る問題 📋

問題58

日本産業規格（JIS）に規定されるボード類に関する記述として，最も不適当なものはどれか。

1. けい酸カルシウム板は，断熱性，耐火性に優れ，タイプ2は内装用として，タイプ3は耐火被覆用として使用される。
2. パーティクルボードは，木片などの木質原料及びセメントを用いて圧縮成形した板で，下地材，造作材などに使用される。
3. 構造用せっこうボードは，強化せっこうボードの性能を満たした上で，くぎ側面抵抗を強化したもので，耐力壁用の面材などに使用される。
4. インシュレーションボードは，主に木材などの植物繊維を成形した繊維板の一種で，用途による区分により畳床用，断熱用，外壁下地用として使用される。

解　説

1. **けい酸カルシウム板**は，石灰質原料，けい酸質原料，石綿以外の繊維，混和材料を主な原料として製造した板で，断熱性，耐火性に優れています。**タイプ2（内装用）**と**タイプ3（耐火被覆用）**の2種類があります。
2. **パーティクルボード**は，**木片**などの木質を原料として，**接着剤**を用いて圧縮成形した板です。
3. **構造用せっこうボード**は，強化せっこうボードの性能を保持したまま，**くぎ側面抵抗を強化**したもので，側面抵抗によって，A種（750N以上）及びB種（500N以上）があります。
4. **インシュレーションボード**は，主に木材などの**植物繊維**を成形した繊維板の一種です。用途による区分により**畳床用**（タタミボード），**断熱用**（A級インシュレーションボード），**外壁下地用**（シージングボード）として使用されます。

解答　**2**

石膏ボードの種類

種　類	概要・特徴
石膏ボード	主原料のせっこうと少量の軽量骨材などの混合物を芯とし，その両面を厚紙で被覆して板状に成形したもの。
シージング石膏ボード	両面の紙と芯の石膏に防水処理を施したもので，多湿な場所や水回りの下地に使用する。
強化石膏ボード	心材にガラス繊維を混入し，火災にあっても・ひび割れや脱落を生じにくくしたせっこうボード。
石膏ラスボード	石膏ボードの表面に凹みを付けたもの。
化粧石膏ボード	石膏ボードの表面に印刷や塗装加工をしたもの。

繊維板（ファイバーボード）の種類

種　類	概要・特徴
インシュレーションファイバーボード（インシュレーションボード）	・比重0.35未満（軟質繊維板） ・防音性・断熱性に優れている。
ミディアムデンシティファイバーボード（MDF）	・比重0.35以上〜0.8未満（中質繊維板） ・均質で表面が平滑である。
ハードファイバーボード（ハードボード）	・比重0.8以上（硬質繊維板）

問題59

ボード類に関する記述として，最も不適当なものはどれか。

1．フレキシブル板は，火山性ガラス質たい積物などの無機質原料及びセメントを原料として製造した板である。

2．けい酸カルシウム板は，石灰質原料，けい酸質原料，石綿以外の繊維，混和材料を原料として製造した板である。

3．シージングせっこうボードは，両面のボード用原紙及び芯のせっこうに防水処理を施したものである。

4．ロックウール化粧吸音板は，ロックウールのウールを主材料とし，結合材，混和材を用いて成形し，表面化粧をしたものである。

1．**フレキシブル板（繊維強化セメント板）**は，石綿をセメントに混ぜて水練りして板状に加圧成型した不燃材です。強度・防火・防湿性などに優れています。なお，設問の記述は，**火山性ガラス質複層板（VS ボード）**の内容です。

2．**問題58** の **解　説** の1を参照してください。

3．**シージングせっこうボード**は，両面の紙と芯の石膏に防水処理を施したもので，多湿な場所や水回りの下地に使用します。

4．**ロックウール化粧吸音板**は，ロックウールを主原料に，結合材，混和材を加えて板状に成形し，それを基材にして表面化粧をしたものです。

解答　1

問題60

床材料に関する記述として，最も不適当なものはどれか。

1．コンポジションビニル床タイルは，単層ビニル床タイルよりバインダー量を多くした床タイルである。

2．複層ビニル床タイルは，耐水性，耐薬品性，耐磨耗性に優れているが，反面，熱による伸縮性が大きい。

3．ウィルトンカーペットは，機械織りカーペットで，数色のパイル糸を使って模様を織り出すことができる。

4．リノリウムシートは，あまに油，松脂，コルク粉，木粉，炭酸カルシウム等を練り込んで，麻布を裏打ち材として成形した床シートである。

1．**コンポジションビニル床タイル（バインダー量30%未満）**は，単層ビニル床タイル（バインダー量30％以上）より，バインダー量を少なくした床タイルです。なお，バインダーは，ビニル樹脂，安定剤などからなる結合材です。

2．**複層ビニル床タイル**は，耐水性，耐薬品性，耐磨耗性に優れているが，熱に弱く伸縮性が大きいです。

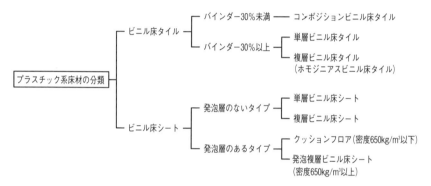

プラスチック系床材の分類

3．**ウィルトンカーペット**は，基布とパイルを同時に機械で織った高級カーペットで，数色のパイル糸を使って模様を織り出すことができます。

カーペットの種類と製法

種　類	カーペットの製法
緞通（だんつう）	手織りカーペット
ウィルトンカーペット	機械織りカーペット
タフテッドカーペット	刺繍カーペット
ニードルパンチカーペット	圧縮カーペット

4．**リノリウムシート**は，亜麻という植物の種を絞って採る**亜麻仁油**，松脂，コルク粉，木粉，炭酸カルシウム等を練り込んで，麻布を裏打ち材として成形した床シートです。

解答　**1**

第2章
建築設備・外構・契約関連

2－1　建築設備

18　給排水・空調・消火設備

試験によく出る選択肢

給水設備・排水設備

- [ ] 水道直結増圧方式は，水道本管から分岐した水道引込み管に増圧給水装置を直結し，各所に給水する方式である。
- [ ] ポンプ直送方式は，一度受水槽に貯留した水を，ポンプを介して直接各所に給水する方式である。
- [ ] 給水タンクの内部に入って保守点検を行うために設ける円形マンホールの最小内法直径は，60cm である。
- [ ] 雨水用ますの底部には，深さ150mm 以上の泥だめを設ける。
- [ ] 浸透トレンチの施工において，掘削後は浸透面を締め固めずに，砕石等の充填材を投入する。
- [ ] 通気管は，サイホン作用によるトラップの封水切れを防止するために設けられる。

空気調和設備

- [ ] ファンコイルユニット方式の4管式配管は，2管式に比べてゾーンごとに冷暖房同時運転が可能で，室内環境の制御性に優れている。
- [ ] 単一ダクト方式における VAV 方式は，負荷変動に応じて供給風量が制御される方式である。

消火設備

- [ ] スプリンクラー消火設備は，スプリンクラーヘッドの吐水口が熱を感知して自動的に開き，散水して消火する。
- [ ] 泡消火設備は，主として泡による冷却，窒息効果により消火するもので，電気室に適していない。
- [ ] 屋内消火栓設備は，消火活動上必要な消防隊専用の施設として設置されるものではない。
- [ ] 水噴霧消火設備は，スプリンクラー消火設備に比べ高水圧である。

試験によく出る問題 📋

問題1

給水設備の給水方式に関する記述として，最も不適当なものはどれか。

1. 水道直結直圧方式は，水道本管から分岐した水道引込み管から直接各所に給水する方式である。
2. 水道直結増圧方式は，水道本管から分岐した水道引込み管に増圧給水装置を直結し，各所に給水する方式である。
3. 圧力水槽方式は，一度受水槽に貯留した水を，ポンプを介して直接各所に給水する方式である。
4. 高置水槽方式は，一度受水槽に貯留した水をポンプで建物高所の高置水槽に揚水し，この水槽からは重力によって各所に給水する方式である。

解説

　給水設備の給水方式には，受水槽が不要な**水道直結方式**と，受水槽を必要とする**受水槽方式**があります。

水道直結方式

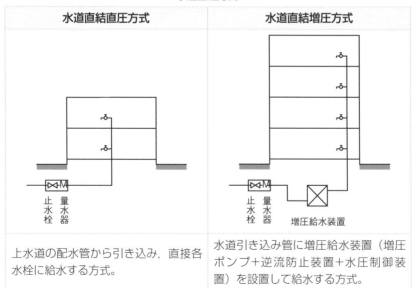

水道直結直圧方式	水道直結増圧方式
止水栓　量水器	止水栓　量水器　増圧給水装置
上水道の配水管から引き込み，直接各水栓に給水する方式。	水道引き込み管に増圧給水装置（増圧ポンプ＋逆流防止装置＋水圧制御装置）を設置して給水する方式。

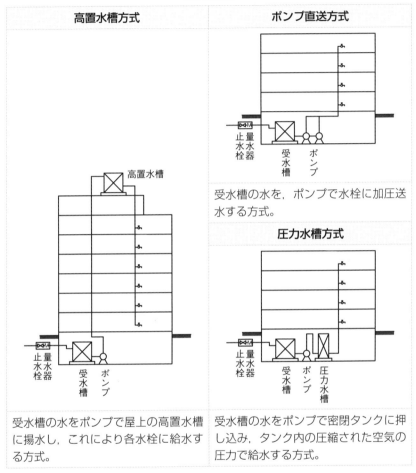

受水槽方式

高置水槽方式

高置水槽

止水栓　量水器　受水槽　ポンプ

受水槽の水をポンプで屋上の高置水槽に揚水し，これにより各水栓に給水する方式。

ポンプ直送方式

止水栓　量水器　受水槽　ポンプ

受水槽の水を，ポンプで水栓に加圧送水する方式。

圧力水槽方式

止水栓　量水器　受水槽　ポンプ　圧力水槽

受水槽の水をポンプで密閉タンクに押し込み，タンク内の圧縮された空気の圧力で給水する方式。

　選択肢 3 の**圧力水槽方式**は，受水槽の水をポンプで**圧力水槽に送水し，圧力水槽内の空気を圧縮・加圧して**，その圧力によって各所に給水する方式です。なお，記述は，**ポンプ直送方式**の内容です。

解答　**3**

問題2 出る 出る 出る

屋外排水設備に関する記述として，最も不適当なものはどれか。

1．排水管を給水管と平行にして埋設する場合は，原則として両配管の間隔を500mm以上とし，排水管は給水管の下方に埋設する。

2．遠心力鉄筋コンクリート管の排水管は，一般に，埋設は下流部より上流部に向けて行い，勾配は $\dfrac{1}{100}$ 以上とする。

3．管きょの排水方向や管径が変化する箇所及び管きょの合流箇所には，ます又はマンホールを設ける。

4．雨水用排水ます及びマンホールの底部には，排水管等に泥が詰まらないように深さ50mm以上の泥だめを設ける。

解　説

1．**排水管と給水管が平行して埋設される場合**には，両配管の**間隔を500mm以上**とし，かつ，**排水管は給水管の下方に埋設**します。両配管が交差する場合もこれに準じます。

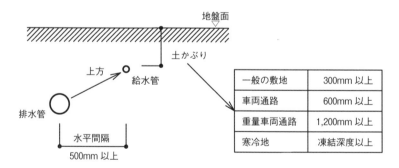

一般の敷地	300mm以上
車両通路	600mm以上
重量車両通路	1,200mm以上
寒冷地	凍結深度以上

排水管と給水管の位置

2．**遠心力鉄筋コンクリート管の排水管**はソケット管の**受口を上流部に**向け，**埋設は下流部より上流部に向けて行い，勾配は1/100以上**とします。

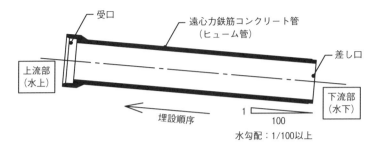

遠心力鉄筋コンクリート管

3. 管きょの排水方向や管径が変化する箇所，管きょの合流箇所には，管きょの清掃に支障がないように，ます又はマンホールを設けます。

4. **雨水用排水ます**の底部には，**深さ150mm 以上の泥だめ**を設けます。

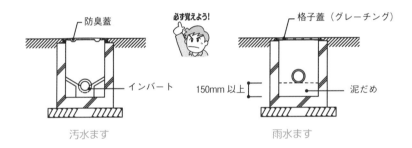

解答　**4**

空気調和設備に関する記述として，最も不適当なものはどれか。

1. 単一ダクト方式における CAV 方式は，インテリアゾーンやペリメータゾーンなど各ゾーンの負荷変動に応じて吹出し風量を変化させる方式である。

2. 二重ダクト方式は，2 系統のダクトで送風された温風と冷風を，混合ユニットにより熱負荷に応じて混合量を調整して吹き出す方式である。

3. ファンコイルユニット方式の 4 管式配管は，2 管式に比べてゾーンごとに冷暖房同時運転が可能で，室内環境の制御性に優れている。

4. 空気調和機は，一般にエアフィルタ，空気冷却器，空気加熱器，加湿器及び送風機で構成される。

解　説

1. **単一ダクト方式**において，各ゾーンの**負荷変動に応じて吹出し風量を変化させる方式**は **VAV 方式**です。
2. **二重ダクト方式**は，冷風と温風の**2 本のダクト**で給気し，各室には混合ボックスで調整して送風する方式です。
3. **ファンコイルユニット方式**の **4 管式配管**は，往き管。還り管とも独立して，冷水と温水を別々に配管する方式です。ゾーンごとに冷暖房同時運転が可能で，室内環境の制御性に優れています。

主な空気調和設備の方式

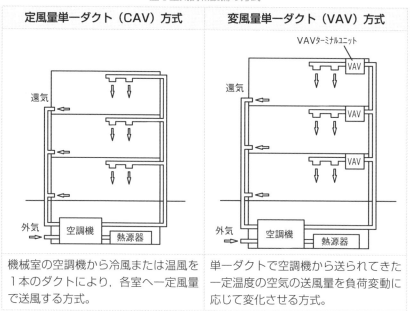

定風量単一ダクト（CAV）方式	変風量単一ダクト（VAV）方式
機械室の空調機から冷風または温風を1本のダクトにより，各室へ一定風量で送風する方式。	単一ダクトで空調機から送られてきた一定温度の空気の送風量を負荷変動に応じて変化させる方式。

二重ダクト方式	パッケージユニット方式

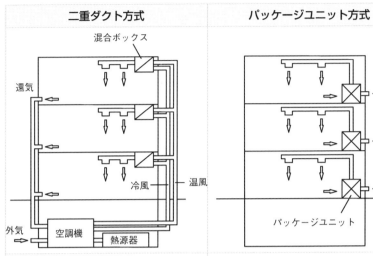

冷風と温風の2本のダクトで給気し,各室には混合ボックスで調整して送風する方式。	冷凍機・ファン・エアフィルター・加湿器・自動制御機器を1つのケーシングに組み込んだパッケージユニットによって空調する方式。

ファンコイルユニット方式

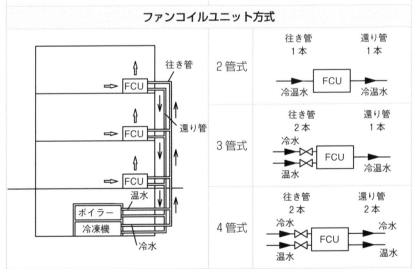

送風機・冷温水コイル・フィルターなどを内蔵したファンコイルユニットを各室に設け,中央機械室から冷水,温水を供給して所定の温湿度を保つ全水式の空気調和方式。

4. **空気調和機**は，室内から戻った還気と外気から取り入れた新鮮空気を浄化する**「エアフィルタ」**，空気を冷却，加熱，除湿する**「空気冷却器，空気加熱器，加湿器」**，及び冷風や温風を送り出す**「送風機」**で構成されています。

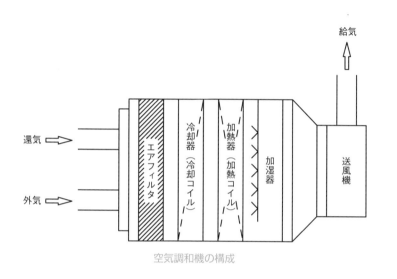

空気調和機の構成

解答　1

消火設備に関する記述として，最も不適当なものはどれか。

1．屋内消火栓設備は，消火活動上必要な施設として消防隊専用に設けられるもので，在住者による消火は期待していない。

2．閉鎖型ヘッドのスプリンクラー消火設備は，スプリンクラーヘッドの放水口が火災時の熱により開放し，流水検知装置が作動して放水し消火する。

3．不活性ガス消火設備は，二酸化炭素などの消火剤を放出することにより，酸素濃度の希釈作用や気化するときの熱吸収による冷却作用により消火する。

4．連結送水管は，火災の際にポンプ車から送水口を通じて送水し，消防隊が放水口にホースを接続して消火活動を行うための設備である。

　選択肢1の**屋内消火栓設備**は，<u>在住者が操作する</u>ことによって<u>火災を消火</u><u>する設備</u>で，<u>消防隊が到着するまでの初期消火に使用</u>されます。消防隊専用に設けられるものではありません。

解答　**1**

主な消火設備の種類

種類	内　容
屋内消火栓設備	・屋内に設置された消火栓箱の中に収納されたホース，ノズルなどを引き出して放水し，消火にあたる設備。 ・警戒区域半径：25m（1号消火栓），15m（2号消火栓）
スプリンクラー設備	・天井に設置した自動散水栓（スプリンクラーヘッド）が室温の上昇により自動的に作動し，散水して消火する設備。 ・ヘッドには閉鎖型と開放型があり，配管内が充水されている湿式と一部圧縮空気である乾式がある。
水噴霧消火設備	・水噴霧ヘッドを天井に設置し，水を微細な霧状に噴射し，おもに冷却作用と窒息作用により消火する設備。 ・スプリンクラーより高い水圧を必要とし，水量も多い。
泡消火設備	・泡消火薬剤を泡ヘッドなどから放射し，燃焼面を泡で覆い，窒息作用と冷却作用により消火する設備。 ・屋内駐車場などの油火災に適しているが，電気火災には適していない。
不活性ガス消火設備	・ボンベに加圧液化された不活性ガスを放出し，酸素濃度を下げ，主に窒息作用により消火する設備。 ・電気火災や油火災および水損を嫌う通信機器室や受電室，図書館の書庫等に用いられる。 ・消火剤には，二酸化炭素のほかイナートガス（窒素もしくは窒素と他の気体との混合物）などが用いられる。
粉末消火設備	・粉末消火剤を放射して火災を消火する設備で，主に油火災や電気火災に適用される。

連結送水管	・地下街や高層階において，消防隊による消火活動が容易に行えるように設けるもので，消防ポンプ車からの送水口と消防隊のホースを接続する放水口を備えた送水管。
連結散水設備	・地下街など，火災が発生すると煙が充満して消火活動が困難な場所に設置される設備で，外部の水を消防ポンプ車によって，あらかじめ天井に配管してある管を利用して放水し，散水ヘッドから一斉に放水して消火する。
ドレンチャー設備	・外部からの延焼を防止するために圧力水を送水して，ドレンチャーヘッドから放水し，水膜を張って消火する。 ・ドレンチャーヘッドは，建物の屋根，外壁，軒先，窓上などに設置する。

第2章

建築設備・外構・契約関連

19 電気・避雷・昇降設備

試験によく出る選択肢 📝

電気設備

- ☐ 合成樹脂製可とう電線管（PF管）は，自己消火性があり，屋内隠ぺい配管に用いられる。
- ☐ 大型の動力機器が多数使用される場合の電気供給方式に，単相3線式100/200V は用いられない。
- ☐ ケーブルラックの金属製部分には，接地工事を施す。
- ☐ 電圧の種別で低圧とは，直流にあっては750V 以下，交流にあっては600V 以下のものをいう。
- ☐ 電圧の種別のうち特別高圧は，7,000V を超えるものをいう。
- ☐ 電路に施設する機械器具が300V を超える低圧用の場合，その金属外箱にはC種接地工事を施す。
- ☐ 低圧ナトリウムランプは低輝度であり，道路やトンネルの照明に適している。
- ☐ ハロゲン電球は，光色や演色性が良く，店舗などのスポット照明に用いられる。

避雷設備

- ☐ 高さが20m を超える建築物には，原則として避雷設備を設ける。
- ☐ 指定数量の10倍以上の危険物を貯蔵する倉庫には，高さにかかわらず，原則として避雷設備を設ける。

昇降設備

- ☐ 地震時管制運転は，地震発生時に地震感知器の作動により，エレベーターを最寄り階に帰着させるものである。
- ☐ 勾配が8度を超え30度以下のエスカレーターの踏段の定格速度は，45m/分以下とする。

試験によく出る問題 📋

問題5 出る 出る 出る

電気設備の低圧配線に関する記述として，最も不適当なものはどれか。

1. ライティングダクトは，壁や天井などを貫通して設置してはならない。
2. 合成樹脂製可とう電線管（PF管）は，自己消火性がなく，屋内隠ぺい配管に用いてはならない。
3. 地中電線路では，ビニル電線（IV）を使用してはならない。
4. 合成樹脂管内，金属管内及び金属製可とう電線管内では，電線に接続点を設けてはならない。

解説

1. **ライティングダクト**とは，照明器具やコンセントなどを取り付けることができるダクトです。取り付けられる照明器具などは自由な位置に配置することができるが，ライティングダクトは，壁や天井などを貫通して設置してはなりません。

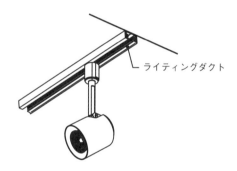

ライティングダクト

2. **合成樹脂製可とう電線管の PF 管**は，**CD 管**に耐熱性（自己消火性）を持たせたもので，簡易間仕切内の隠ぺい配管に用いることができます。また，CD 管や PF 管は，コンクリートにも埋設できます。

3. 地中電線路は**電線にケーブルを使用**して，管路式，暗渠式，直接埋設式のいずれかにより施設するように規定されています。なお，**IV 電線**は屋内配線用のビニル絶縁電線で，接地用の電線や，スイッチ・コンセントなどの渡り線として使用されます。

4. フロアダクト内，セルラダクト内，合成樹脂管内，金属管内及び可とう電線管内等では，**電線に接続点を設けず**，接続する場合は，アウトレットボックス，プルボックス等の内部で行います。

第2章

建築設備・外構・契約関連

電気設備に関する記述として，最も不適当なものはどれか。

1．電圧の種別で低圧とは，直流にあっては750V以下，交流にあっては 600V以下のものをいう。

2．大型の動力機器が多数使用される場合の電気供給方式には，単相3線 式100/200Vが多く用いられる。

3．特別高圧受電を行うような大規模なビルや工場などの電気供給方式に は，三相4線式400V級が多く用いられる。

4．バスダクトは，電流の容量の大きい幹線に用いられる。

解 説

1．電圧の種別で**低圧**とは，**直流**にあっては**750V以下**，**交流**にあっては **600V以下**のものをいいます。

契約電力と供給電圧

契約電力	供給電圧
50kW未満	低圧(100V, 200V)
50kW以上	高圧 （6kV）
2,000kW以上	特別高圧

電圧区分

	直 流	交 流
低圧	750V以下	600V以下
高圧	750Vを超え 7,000V以下	600Vを超え 7,000V以下
特別高圧	7,000Vを超えるもの	

電圧区分は，「直流750V， 交流600V」をポイントに覚 えましょう

2．**大型の動力機器が多数使用される場合の電気方式には，三相3線式 200V又は三相4線式が用いられます。**なお，**100V/200V単相3線式**

は，単相2線式100Vと単相2線式200Vを1つにしたもので，それぞれの機器が接続でき，住宅など小規模の建物に使用されます。

3．電気供給方式において，特別高圧受電を行うような**大規模なビルや工場**などには，**三相4線式400V級**が用いられます。

主な電気供給方式の種類

電気方式（相線数）		定格電圧[V]	特徴・用途
単相交流	単相2線式	100及び200	100Vは住宅や小規模ビルなどの電灯・コンセントに使用される。200Vは，職業用電熱器・電動機に使用される。
	単相3線式	100/200	100Vは電灯・コンセントの幹線，200Vは40W以上の蛍光灯等に使用される。
三相交流	三相3線式	200	動力用及び中規模以上の建物の40W以上の蛍光灯等主に一般低圧電動機の幹線と分岐回路，もしくは単相200V分岐回路等に使用される。
	三相4線式	240/415（50Hz地区）	40W以上の蛍光灯に200V級，動力用に400V級など大規模な建物で負荷が大きい場合に使用される。

4．**バスダクト**は，**大容量の幹線に使用**され，鋼板又はアルミニウムの外箱内に絶縁物を介して銅帯又はアルミニウム帯を収めたものです。

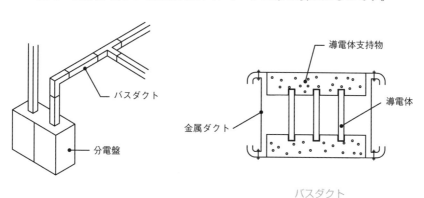

バスダクト

解答　2

避雷設備に関する記述として，最も不適当なものはどれか。

1．高さが15mを超える建築物には，原則として避雷設備を設ける。
2．指定数量の10倍以上の危険物を貯蔵する倉庫には，高さにかかわらず，原則として避雷設備を設ける。
3．受雷部は，保護しようとする建築物等の種類，重要度等に対応した段階の保護レベルに応じて配置する。
4．鉄筋コンクリート造の鉄筋は，構造体利用の引下げ導線の構成部材として利用することができる。

解　説

1．**高さが20mを超える建築物**には，原則として，建築基準法で**避雷設備の設置**が義務付けられています。
2．**指定数量の10倍以上の危険物を貯蔵する倉庫**は，高さにかかわらず，原則として避雷設備を設ける必要があります。
3．保護レベルは，雷保護システムが，雷の影響から被保護物を保護する確率をⅠ，Ⅱ，Ⅲ，Ⅳの4段階で表します。**一般建築物ではレベルⅣ，危険物ではレベルⅡを最低基準**とし，立地条件，建築物等の種類・重要度によってさらに高いレベルを適用します。
4．鉄筋コンクリート造の**鉄筋**，鉄骨造の**鉄骨**は，構造体利用の**引下げ導線の構成部材として利用**することができます。

解答　**1**

エレベーターの管制運転に関する記述として，最も不適当なものはどれか。

1．地震時管制運転は，地震発生時に地震感知器の作動により，エレベーターを避難階に帰着させるものである。
2．火災時管制運転は，火災発生時にエレベーターを避難階に帰着させる

ものである。

3．自家発時管制運転は，停電時に自家発電源でエレベーターを各グループ単位に順次避難階又は最寄り階に帰着させるものである。

4．浸水時管制運転は，地盤面より下に着床階がある場合で，洪水等により浸水するおそれがあるときに，エレベーターを避難階に帰着させるものである。

解　説

選択肢1の**地震時管制運転**は，地震感知器との連動によって地震時にエレベーターを<u>最寄りの階に停止</u>させるものです。

必ず覚えよう！　　　解答　**1**

エレベーターの管制運転等

火災時管制運転	火災時にエレベーターを避難階に呼び戻す機能で，この装置は防災センターなどに設けた切換スイッチ等により，全エレベーターを一斉に<u>避難階に呼び戻す</u>機能。
地震時管制運転	地震感知器との連動によってエレベーターをできるだけ早く<u>最寄りの階に停止させる</u>機能。
浸水時管制運転	地盤面より下に着床階がある場合で，洪水等により浸水する恐れあるときに，エレベーターを最下階以外の<u>避難階に呼び戻す</u>機能。
自家発時管制運転 （非常用発電時管制運転）	自家発電源によりエレベーターを各グループ単位に順次避難階又は<u>最寄りの階に呼び戻す</u>機能。
非常用エレベーター	非常用エレベーターは，平常時用と非常用時用としての機能を有しており，火災の際には消防隊等の専任者のみが使用できる消防運転の機能を有している。

エレベーターをどの階に呼び戻す機能かを，ポイントに覚えましょう。

2－2　外構・植栽・測量

20　外構・植栽・測量

試験によく出る選択肢 📝

アスファルト舗装

- [ ] シールコートは，アスファルト表層の耐水性の向上及び劣化防止を目的として，アスファルト表層の上に散布される。
- [ ] タックコートは，アスファルト混合物からなる基層と表層の接着をよくするために施す。
- [ ] プライムコートは，路盤の仕上がり面を保護し，その上のアスファルト混合物層との接着性を向上させる。
- [ ] 路床土の安定処理に用いられる安定材は，一般に砂質土にはセメントを，シルト質土及び粘性土には石灰を用いる。
- [ ] アスファルト混合物等の敷均し時の温度は，110℃以上とする。
- [ ] 舗装終了後の交通開放は，舗装表面の温度が50℃以下になってから行う。
- [ ] CBR は，路床や路盤の支持力を表し，修正 CBR は，砕石などの粒状路盤材料の強さを表すものである。
- [ ] 遮断層は，路床が軟弱な場合，軟弱な路床土が路盤用材料と混ざることを防止するため，路盤の下に設ける砂等の層である。

植栽

- [ ] 移植後の樹木の枯れを防止するため，樹木の掘取りに先立ち，枝葉を適度に切詰め又は切透かし，摘葉等を行う。
- [ ] 幹周は樹木の幹の周長をいい，根鉢の上端より1.2m の位置を測定する。
- [ ] 根巻きを行う場合は，樹木の根元直径の 3 ～ 5 倍程度の鉢土を付ける。
- [ ] 法面の芝張りは，目地なしのべた張りとする。

測量

- [ ] スタジア測量は，2 点間の距離と高低差をトランシットと標尺により測定する方法である。
- [ ] トラバース測量は，測点を結んでできた多角形の各辺の長さと角度を，順次測定していく方法である。

問題9

アスファルト舗装に関する記述として，最も不適当なものはどれか。

1. プライムコートは，路盤の仕上がり面を保護し，その上のアスファルト混合物層との接着性を向上させる。
2. 粒度調整砕石は，所要の粒度範囲に入るように調整された砕石で，路盤の支持力を向上させる。
3. フィラーは，アスファルトと一体となって，混合物の安定性，耐久性を向上させる。
4. シールコートは，路床の仕上がり面を保護し，その上の路盤との接着性を向上させる。

解説

1. **プライムコート**は，**路盤の上に散布**されるもので，路盤の耐久性を高めるとともに，アスファルト混合物との接着をよくするために行います。

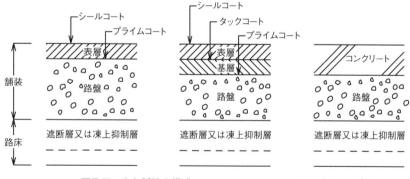

アスファルト舗装の構成　　コンクリート舗装の構成

2. **粒度調整砕石**とは，粒度が異なる砕石などを2種以上混合して，所要の粒度範囲を持つように調整した砕石です。

3．フィラーは，アスファルトと一体となって，**混合物の安定性，耐久性を向上させる役割**をもち，一般に**石灰岩を粉砕した石粉**が用いられます。

4．**シールコート**は，**アスファルト表層の上に散布**され，アスファルト表層の**耐水性の向上及び劣化防止**を目的として行います。

アスファルト乳剤は，施工する順序で，「プライム，タック，シール」と覚えましょう。

解答　**4**

問題10

構内アスファルト舗装に関する記述として，最も不適当なものはどれか。

1．アスファルト混合物の敷均し時の温度の下限値は，90℃である。

2．舗装に用いるストレートアスファルトは，一般地域では主として針入度が60〜80の範囲のものを使用する。

3．アスファルト混合物の締固め作業は，一般に継目転圧，初転圧，2次転圧，仕上げ転圧の順に行う。

4．アスファルト舗装終了後の交通開放は，舗装表面の温度が50℃以下になってから行う。

解　説

1．アスファルト混合物等の**敷均し時の温度**は，**110℃以上**とします。

2．舗装用ストレートアスファルトは，積雪**寒冷地域**では**針入度80〜100**，**一般地域**では**針入度60〜80**の範囲のものを使用します。

3．舗装の締固め作業は，継目転圧 → 初転圧 → 2次転圧 → 仕上げ転圧の順序で行います。

4．**交通開放**は，舗装表面の温度が概ね**50℃以下**になってから行います。

敷き均し：110℃以上
交通解放：50℃以下

問題11

植栽工事に関する記述として，最も不適当なものはどれか。

1．樹木は工事現場搬入後，仮植えや保護養生してから植え付けるよりも，速やかに植え付ける方がよい。
2．幹周は，樹木の幹の周長をいい，根鉢の上端より1.2mの位置を測定する。
3．断根式根回しは，キンモクセイ，サザンカなどの比較的浅根性又は非直根性の樹種に用いる。
4．根巻きを行う場合，掘り取る際の根鉢の鉢径は，樹木の根元幹径の1.5倍とする。

解　説

1．樹木は工事現場搬入後，**速やかに植栽**します。
2．**幹周**は，樹木の幹の周長をいい，根鉢の上端より**1.2m上がりの位置**を測定します。また，幹が2本以上の樹木においては，**各周長の総和の70%**をもって周長とします。
3．主な**根回し**の方法として，次の方法があります。

根回しの方法

溝掘り式	幹の根元径の3～5倍程度の鉢径を定め，支持根となる太根を残して掘り下げる方法。
断根式	溝掘り式と同様に鉢径を定め，鉢回りを掘り回して側根だけを切断し切り離すだけの方法で，モッコク，サザンカなどの比較的浅根性又は非直根性の樹種の幼木に用いる方法。

4．根巻きを行う場合，掘り取る際の**根鉢の鉢径**は，樹木の根元幹径の**3～5倍程度**とします。

 問題12

測量に関する記述として，最も不適当なものはどれか。

1．スタジア測量は，レベルと標尺によって2点間の距離を正確に測定する方法である。
2．トラバース測量は，測点を結んでできた多角形の各辺の長さと角度を，順次測定していく方法である。
3．直接水準測量は，レベルと標尺によって高低を測定する方法である。
4．平板測量は，アリダードと巻尺で測量した結果を，平板上で直接作図していく方法である。

解　説

選択肢1の**スタジア測量**は，__トランシット__と標尺によって2点間の**距離と高低差**を測定する方法です。

測量の種類

種　類	概　　要
平板測量	・平板，アリダード，巻尺，ポール，その他の測量器を使い，現場で距離や方向を測り，一定の縮尺の地形を用紙上に作図する測量方法。 ・高い精度は期待できないが，測量と製図とを同時に行うため，手落ちや大きな誤りは少ない。
トラバース測量	・既知点から順に次の点への方向角と距離を測定して，各点の位置を測定する測量方法。
直接水準測量	・レベルや標尺（箱尺）等を用いて，地盤の起伏や高低差の測定，又は建物の基準高を測定するための測量方法。
スタジア測量	・計測器具であるトランシットの鏡管内の十字横線の上下に刻まれた2本の線（スタジア線）を用いて，2点間の距離と高低差を間接的に測る測量方法。

解答　1

138

2－3 契約・積算関連

21 契約・積算

試験によく出る選択肢

請負契約
- ☐ 工事目的物の引渡し前に生じた損害については，受注者がその費用を負担する。
- ☐ 受注者は，工期内で請負契約締結の日から12月を経過した後に，賃金水準又は物価水準の変動により請負代金額が不適当となったと認めたときは，発注者に対して請負代金額の変更を請求することができる。
- ☐ 現場代理人は，請負代金額の変更及び契約の解除に係る権限は行使できない。
- ☐ 受注者は，発注者が設計図書を変更したために請負代金額が2/3以上減少したときは，契約を解除することができる。
- ☐ 発注者は，引渡し前においても，工事目的物の全部又は一部を受注者の承諾を得て使用することができる。
- ☐ 受注者は，工事の全部若しくはその主たる部分の工事を一括して第三者に委任し，又は請け負わせてはならない。
- ☐ 受注者は，設計図書に工事材料の品質が明示されていない場合，工事材料の中等の品質を有するものとする。

数量積算
- ☐ スタラップ（あばら筋）の長さの算出では，梁のコンクリート断面の設計寸法による周長を鉄筋の長さとし，フックはないものとする。
- ☐ 鉄骨鉄筋コンクリート造におけるコンクリートの数量は，コンクリート中の鉄骨の体積分を差し引いたものとする。
- ☐ 溶接の数量は，原則として，種類に区分し，溶接断面形状ごとに長さを求め，すみ肉溶接脚長6 mmに換算した延べ長さとする。
- ☐ 開口部の内法の見付面積が1か所当たり0.5㎡以下の場合は，原則として型枠の欠除はないものとする。

試験によく出る問題

 問題13

　請負契約に関する記述として，「公共工事標準請負契約約款」上，誤っているものはどれか。

1. 発注者は，工事用地その他設計図書において定められた工事の施工上必要な用地を，受注者が必要とする日までに確保しなければならない。
2. 工事目的物の引渡し前に，工事目的物又は工事材料について生じた損害その他工事の施工に関して生じた損害については，すべて発注者がその費用を負担する。
3. 発注者は，引き渡された工事目的物が契約不適合であるときは，受注者に対し，目的物の修補又は代替物の引渡しによる履行の追完を請求することができる。ただし，その履行の追完に過分の費用を要するときは，発注者は履行の追完を請求することができない。
4. 工期の変更については，発注者と受注者が協議して定める。ただし，予め定めた期間内に協議が整わない場合には，発注者が定め，受注者に通知する。

解　説

1. ［約款第16条］（工事用地の確保等）
2. ［約款第28条］（一般的損害）

　　工事目的物の引渡し前に，工事目的物又は工事材料について生じた損害その他工事の施工に関して生じた**損害**については，**受注者**がその費用を負担します。ただし，その損害のうち**発注者の責めに帰すべき事由**により生じたものについては，**発注者**が負担します。
3. ［約款第45条］（契約不適合責任）
4. ［約款第24条］（工期の変更方法）

解答　**2**

問題14

請負契約に関する記述として，「公共工事標準請負契約約款」上，誤っているものはどれか。

1．受注者は，工期内で請負契約締結の日から6月を経過した後に，賃金水準又は物価水準の変動により請負代金額が不適当となったと認めたときは，発注者に対して請負代金額の変更を請求することができる。

2．発注者は，受注者が契約図書に定める主任技術者若しくは監理技術者又は監理技術者補佐を設置しなかったときは，相当の期間を定めてその履行の催告をし，その期間内に履行がないときは契約を解除することができる。

3．受注者は，発注者が設計図書を変更したために請負代金額が $\dfrac{2}{3}$ 以上減少したときは，直ちにこの契約を解除することができる。

4．発注者は，工事の完成を確認するために必要があると認められるときは，その理由を受注者に通知して，工事目的物を最小限度破壊して検査することができる。

【解　説】

1．〔約款第26条〕（賃金又は物価の変動に基づく請負代金額の変更）

　発注者又は受注者は，工期内で請負契約締結の日から**12月を経過した**後に，日本国内における賃金水準又は物価水準の変動により**請負代金額が不適当となったと認めたとき**は，相手方に対して請負代金額の変更を**請求**することができます。

2．〔約款第47条〕（発注者の催告による解除権）

3．〔約款第52条〕（受注者の催告によらない解除権）

4．〔約款第32条〕（検査及び引渡し）

解答　**1**

問題15

　請負契約に関する記述として、「公共工事標準請負契約約款」上、誤っているものはどれか。

　　1．設計図書において監督員の検査を受けて使用すべきものと指定された工事材料の当該検査に直接要する費用は、受注者の負担とする。

　　2．工事の施工に伴い通常避けることができない騒音、振動、地盤沈下、地下水の断絶等の理由により第三者に損害を及ぼしたときは、原則として、発注者がその損害を負担しなければならない。

　　3．受注者は、その責めに帰すことができない事由により工期内に工事を完成することができないときは、その理由を明示した書面により、発注者に工期の延長変更を請求することができる。

　　4．現場代理人は、契約の履行に関し、工事現場に原則として常駐し、その運営、取締りを行うほか、請負代金額の変更及び契約の解除に係る権限を行使することができる。

　解　説

1．〔約款第13条〕（工事材料の品質及び検査等）

2．〔約款第29条〕（第三者に及ぼした損害）

3．〔約款第22条〕（受注者の請求による工期の延長）

4．〔約款第10条〕（現場代理人及び主任技術者等）

　　現場代理人は、この契約の履行に関し、工事現場に常駐し、その運営、取締りを行うほか、**請負代金額の変更、請負代金の請求及び受領**、第12条第1項の**請求の受理**、同条第3項の**決定及び通知**並びにこの**契約の解除に係る権限を除き**、この契約に基づく**受注者の一切の権限**を行使することができます

金額に関する内容は、現場代理人には権限がありません。

問題16

数量積算に関する記述として，「公共建築数量積算基準(国土交通省制定)」上，誤っているものはどれか。

1. 根切りの数量の算出では，杭の余長による根切り量の減少はないものとする。
2. コンクリートの数量の算出では，鉄筋及び小口径管類によるコンクリートの欠除はないものとする。
3. スタラップ（あばら筋）の長さの算出では，梁のコンクリート断面の設計寸法による周長にフック相当部分を加えた長さとする。
4. 平場の防水層の数量の算出では，原則として躯体又は準躯体の設計寸法による面積とする。

解　説

3. **鉄筋の数量**の算出において，フープ，スタラップの長さは，それぞれ柱，基礎梁，梁，壁梁のコンクリートの<u>断面の設計寸法による周長を鉄筋の長さとし，フックはないもの</u>とします。

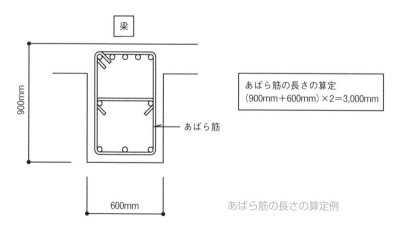

あばら筋の長さの算定例

4. **防水材の算出**において，防水層等の数量は，原則として躯体又は準躯体の**設計寸法による面積**とします。

解答　**3**

第2章

建築設備・外構・契約関連

2-3　契約・積算関連　　143

問題17

数量積算に関する記述として,「公共建築数量積算基準(国土交通省制定)」上,誤っているものはどれか。

1. 根切り又は埋戻しの土砂量は地山数量とし,掘削による増加,締固めによる減少は考慮しない。
2. 鉄骨鉄筋コンクリート造におけるコンクリートの数量は,コンクリート中の鉄骨と鉄筋の体積分を差し引いたものとする。
3. 圧接継手による鉄筋の長さの変化はないものとする。
4. ボルト類のための孔明け,開先加工,スカラップ等による鋼材の欠除は,原則としてないものとする。

解 説

2. **鉄骨鉄筋コンクリート造**における**コンクリートの数量**において,<u>鉄筋によるコンクリートの欠除はないものとします</u>。また,<u>鉄骨によるコンクリートの欠除</u>は,鉄骨の設計数量について**7.85t を1.0㎥として換算**した体積とします。

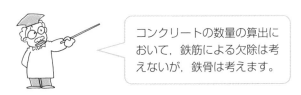

コンクリートの数量の算出において,鉄筋による欠除は考えないが,鉄骨は考えます。

3. **鉄筋の数量**の算出において,**圧接継手**の加工のための鉄筋の長さの変化はないものとします。
4. **鋼材の数量**の算出において,ボルト類のための孔明け,開先加工,スカラップ及び柱,梁等の接続部のクリアランス等による**鋼材の欠除**は,原則としてないものとします。また,1か所当たり面積0.1㎡以下のダクト孔等による欠除もこれに準じます。

解答 **2**

第 3 章
施工共通（躯体）

令和 3 年度より施工管理法の応用能力問題として，五肢二択形式の出題問題（必須問題）があります。

難易度に変わりはありませんが，解答する際，他の問題と違って 5 つの選択肢の中から 2 つ解答を選ぶことに注意してください。

3－1 試験・調査・仮設工事

22 試験・調査

地盤調査

- □ ハンドオーガーボーリングは，比較的軟らかい土の浅い層の調査に適する。
- □ 圧密試験により，粘性土の沈下特性を求めることができる。
- □ 一軸圧縮試験により，砂質土の強度と剛性を求めることはできない。
- □ 被圧地下水位の測定は，ボーリング孔内において自由地下水及び上部にある帯水層を遮断した状態で行う。
- □ 粒度試験により，地盤の変形係数を求めることはできない。
- □ ボーリング孔を利用した透水係数は，地下水面下の砂質土地盤の透水係数を求めるために行う。
- □ 標準貫入試験は，試験と併せて乱した土の試料の採取に用いられる。
- □ 粒度試験において，沈降分布は粘性土を対象として行う。

問題1

地盤調査に関する記述として，最も不適当なものはどれか。

1．孔内水平載荷試験は，地盤の強度及び変形特性を求めることができる。
2．ハンドオーガーボーリングは，礫層で深度10m位まで調査することができる。
3．電気検層（比抵抗検層）は，ボーリング孔近傍の地層の変化を調査することができる。
4．常時微動測定は，地盤の卓越周期と増幅特性を推定することができる。

1．**孔内水平載荷試験**は，**地盤の強さ，及び変形特性（変形係数）**を求めるための試験です。なお，変形係数は，地震時の杭の水平抵抗や基礎の即時沈下を検討する場合などに用います。

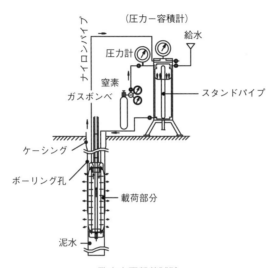

孔内水平載荷試験

2．**オーガー式ボーリング**は，最も簡単な方法で，オーガーを人力又は動力によって地中にもみ込んで試料を採取します。**比較的軟らかい土の浅い層の調査**に適しています。人力で 5 m 程度，動力で10m 程度が限度です。

3．**電気検層**は，ボーリング孔内に電極を下げて，周辺の地盤の電気抵抗（比抵抗）を測定する調査で，**比抵抗検層**とも呼ばれています。

4．**常時微動測定**は，工場機械や交通機関等の人工的な振動源で引き起こされる**微振動を測定**し，地盤の固有振動特性を解析するもので，地震時の地盤の振動特性を調べることができます。これによって，地盤の卓越周期や増幅特性を把握することができます。

解答　**2**

問題2

土質試験に関する記述として，最も不適当なものはどれか。

1. 粒度試験の結果で求められる粒径から，透水係数の概略値を推定できる。
2. 液性限界・塑性限界試験の結果は，土の物理的性質の推定や塑性図を用いた土の分類に利用される。
3. 圧密試験により，砂質土の沈下特性を求めることができる。
4. 三軸圧縮試験により，粘性土のせん断強度を求めることができる。

解 説

1. **粒度試験**は，土の粒度分布を求める試験です。土の粒度と透水係数には密接な関係があり，**粒径加積曲線（土の粒度分布）**から透水係数を推定することができます。一般的に，**粒度の大きいもの**ほど水を通しやすく，**透水係数が大きくなります。**

2. 土は含水量によって，液体状態と固体状態の間で変化し，この状態を表す指標として液性限界と塑性限界があります。

   液状と塑性状の境界の含水比を**液性限界**，塑性状と半固体状の境界の含水比を**塑性限界**といい，その試験の結果は，土の物理的性質の推定や塑性図を用いた土の分類に用いられます。

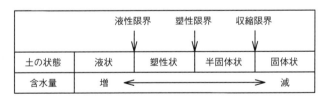

含水量による土の状態

3．**圧密試験**は，供試体に荷重を加え，その圧縮状態から**粘性土の沈下特性**を求める試験です。

4．**三軸圧縮試験**は，拘束圧を併用させた状態で圧縮強さを調べる試験で，**粘性土のせん断強度**を求めることができます。

<u>解答　3</u>

土質試験の方法

	支持力の算定（せん断強さ）	沈下量の推定（圧縮性）	試験場所
粘性土	・一軸圧縮試験 ・三軸圧縮試験	・圧密試験	室内試験
	・オランダ式二重管コーン貫入試験 ・平板載荷試験 ・ベーン試験		原位置試験
砂質土	・三軸圧縮試験		室内試験
	・オランダ式二重管コーン貫入試験 ・平板載荷試験 ・標準貫入試験		原位置試験

第3章

施工共通（躯体）

23 仮設工事

乗入れ構台

☐ 乗入れ構台は，車の通行を2車線とするため，幅を6mとした。

☐ 地震力を震度法により静的水平力として構造計算する場合，水平震度は0.2とする。

☐ 荷受け構台の作業荷重は，自重と積載荷重の合計の10%とする。

☐ 構台の支柱の位置は，使用する施工機械，車両の配置によって決めない。

☐ 乗入れ構台の各段の水平つなぎとブレースは，各段階の根切りにおいて，可能となった段階で設置し，なるべく早く安全な状態にする。

墨出し

☐ 仕上げ部材を取り付けるための墨は，近接する既に出された他の部材の仕上げ墨を基準として墨出しを行わない。

☐ 建物四隅の基準墨の交点を上階に移す場合，間違いや誤差を避けるために4点とも下げ振りで移す。

試験によく出る問題 📋

問題3

乗入れ構台の計画に関する記述として，最も不適当なものはどれか。

1. 構台の大引材や根太材の構造計算は，強度検討のほかに，たわみ量についても検討した。

2. 乗入れ構台は，車の通行を2車線とするため，幅を5mとした。

3. 乗入れ構台の支柱と山留めの切梁支柱は，荷重に対する安全性を確認したうえで兼用する計画とした。

4. 乗込みスロープは，構台への車両の出入りに支障がないようにするため，勾配を $\frac{1}{8}$ とした。

解　説

1．**構台の水平材（大引材や根太材など）**の構造計算は，強度検討のほか
  に，**たわみ量**についても検討する必要があります。

2．構台の幅は，施工機械，車両の使用状況に応じて決めます。一般的に
  計画される**車両の幅員は 6 〜 8 m** で，最小 1 車線で 4 m，**2 車線で 6 m
  程度必要**です。

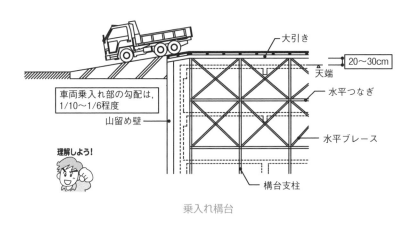

乗入れ構台

3．**山留めの切梁支柱**は，十分な安全性を確保した上で，**乗入れ構台の支
  柱と兼用**することができます。

4．乗込み**スロープの勾配**は $\dfrac{1}{10} \sim \dfrac{1}{6}$ 程度とします。

解答　**2**

第3章

施工共通（躯体）

問題4

乗入れ構台の計画に関する記述として，最も不適当なものはどれか。

1．構台の高さは，大引下端を1階スラブ上端より30cm上になるようにした。

2．地震力を震度法により静的水平力として構造計算する場合，水平震度を0.1とした。

3．構台に曲がりがある場合，車両の回転半径を検討し，コーナー部の所要寸法を考慮して構台の幅員を決定した。

4．地下立上り部の躯体にブレースが当たるので，支柱が貫通する部分の床開口部にくさびを設けて支柱を拘束し，ブレースを撤去した。

解 説

1．**構台の高さ**は，躯体コンクリート打設時に，乗入れ構台の大引下の均し作業ができるように，**大引下端を1階スラブ上端より20〜30cm上**に設定します。

2．構造計算で**地震力**を震度法により静的水平力として計算する場合，**水平震度は0.2**とします。

3．構台の幅が狭い場合や構台に曲がりがある場合は，**車両の回転半径を検討**して，交差部に車両が曲るための**隅切り**を設けます。

4．地下立上り部の**躯体にブレースが当たる場合**，支柱が貫通する部分の床開口部をくさび等で補強して支柱を拘束できれば，ブレースを撤去することができます。

解答　2

3 - 2 　土工事・地業工事

24 　土工事

試験によく出る選択肢 📝

土工事・根切り工事

- [ ] パイピングとは，水位差のある砂地盤中にパイプ状の水みちができて，砂混じりの水が噴出する現象をいう。
- [ ] ボイリングの発生防止のため，ウェルポイントで掘削場内外の地下水位を低下させた。
- [ ] 軟弱地盤のヒービング対策として，根切り土を山留め壁に近接した背面上部の荷重を減らした。
- [ ] ディープウェル工法は，透水性の低い粘性土地盤の地下水位を低下させる場合に用いられない。
- [ ] 掘削深さが5mの砂からなる地山を手掘りとしたので，法面の勾配は35度とした。
- [ ] 静的な締固めは，ロードローラー，タイヤローラー等の重量のある締固め機械を用いて，締め固めるものである。
- [ ] 帯水層が砂礫層である場合の地下水処理工法には，ディープウェル工法が適している。

山留め工事

- [ ] ソイルセメント柱列山留め壁工法において，掘削土が粘性土の場合は，砂質土と比較して掘削かくはん速度を遅くする。
- [ ] ソイルセメント柱列山留め壁は，泥水処理が不要で，排出泥土も鉄筋コンクリート山留め壁に比べて少ない。
- [ ] 山留め壁周辺の地盤の沈下を計測するための基準点は，山留め壁に近接した地盤面に設けない。
- [ ] 水平切梁工法において，切梁に導入するプレロードは，設計切梁軸力の50～80%に相当する荷重とする。
- [ ] 切梁にプレロードを導入するときは，切梁交差部の締付けボルトを緩めた状態で行う。

試験によく出る問題 📋

問題5

土工事に関する記述として，最も不適当なものはどれか。

1. ボイリングとは，掘削底面付近の砂地盤に上向きの水流が生じ，砂が持ち上げられ，掘削底面が破壊される現象をいう。
2. パイピングとは，粘性土中の弱い所が地下水流によって局部的に浸食されて孔や水みちが生じる現象をいう。
3. ヒービングとは，軟弱な粘性土地盤を掘削する際に，山留め壁の背面土のまわり込みにより掘削底面の土が盛り上がってくる現象をいう。
4. 盤ぶくれとは，掘削底面やその直下に難透水層があり，その下にある被圧地下水により掘削底面が持ち上がる現象をいう。

解　説

　選択肢2の**パイピング**とは，水位差のある**砂地盤中**にパイプ状の水みちができて，砂混じりの水が噴出する現象です。

解答　2

根切り工事に伴う地盤の現象

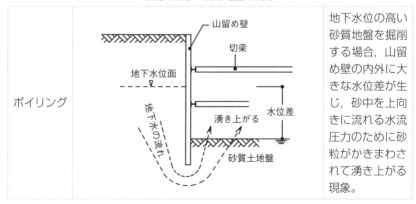

| ボイリング | 地下水位の高い砂質地盤を掘削する場合，山留め壁の内外に大きな水位差が生じ，砂中を上向きに流れる水流圧力のために砂粒がかきまわされて湧き上がる現象。 |

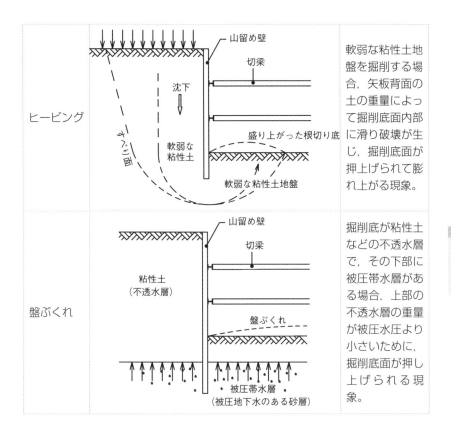

ヒービング		軟弱な粘性土地盤を掘削する場合，矢板背面の土の重量によって掘削底面内部に滑り破壊が生じ，掘削底面が押上げられて膨れ上がる現象。
盤ぶくれ		掘削底が粘性土などの不透水層で，その下部に被圧帯水層がある場合，上部の不透水層の重量が被圧水圧より小さいために，掘削底面が押し上げられる現象。

問題6 出る 出る

根切り工事に関する記述として，最も不適当なものはどれか。

1．粘性土地盤を法付けオープンカット工法で掘削するので，円弧すべりに対する安定を検討した。

2．法付けオープンカットの法面保護をモルタル吹付けで行ったので，水抜き孔を設けた。

3．掘削深さが1.5m以上であり，法付けができなかったので，山留めを設けた。

4．掘削深さが5mの砂からなる地山を手掘りとしたので，法面の勾配は45度とした。

1. **法付けオープンカット工法**を採用した場合，**法面地盤の安定性の検討**は，すべり面の形状が円形に近いことから，**円弧すべり面を仮定**します。

掘削法面

円弧すべり面

円弧すべり面

2. 法付けオープンカットの法面保護としてモルタルを吹付けた場合，法面に**水抜き孔**を設けます。

3. 掘削深さが**1.5m 以上**の場合は，原則として，**山留め**を設けなければなりません。

4. 手掘りによる掘削の場合は，掘削高さと法面の勾配が規定されています。**砂からなる地山**については，　5 m 以上は35度以下とします。

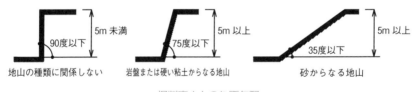

5m 未満
90度以下
地山の種類に関係しない

5m 以上
75度以下
岩盤または硬い粘土からなる地山

5m 以上
35度以下
砂からなる地山

掘削高さとのり面勾配

解答　4

 問題7

地下水処理に関する記述として，最も不適当なものはどれか。

1. ウェルポイント工法は，透水性の高い粗砂層から低いシルト質細砂層程度の地盤に用いられる。

2. ディープウェル工法は，透水性の低い粘性土地盤の地下水位を低下させる場合に用いられる。

3. リチャージ工法は，排水に伴う周辺の井戸枯れの防止に有効であるが，水質が問題になることがある。

4．釜場工法は，根切り部への浸透水や雨水を，根切り底面に設けた釜場に集め，ポンプで排水する重力排水工法の1つである。

| 解　説 |

ディープウェル工法は，**透水性の高い砂層や砂礫層の場合**に適しています。

解答　**2**

排水工法の種類

種　類	特　徴
釜場排水工法	根切り底に浸透・流入してきた水を，根切り底より深い集水場所（釜場）に集め，ポンプで排水する工法。
ディープウェル工法 （深井戸排水工法）	深い井戸（径25〜40cmのストレーナーを有する管）を設置し，揚程のある排水ポンプを直接入れて排水する工法。
ウェルポイント工法	ライザーパイプの先端にウェルポイントと称する集水管を取り付けた揚水管を，地下水面下に多数打込み，真空ポンプを用いて地下水を強制的に吸い上げて排水する工法。

問題 8

　山留め工事における水平切梁工法に関する記述として，最も不適当なものはどれか。

1．集中切梁とする方法は，根切り及び躯体の施工能率の向上に効果がある。
2．井形に組む格子状切梁方式は，一般に掘削平面が整形な場合に適している。
3．鋼製切梁では，温度応力による軸力変化について検討する必要がある。
4．切梁にプレロードを導入するときは，切梁交差部の締付けボルトを締め付けた状態で行う。

解　説

1．**集中切梁とする方法は**，切梁を2本以上組み合わせて切梁の間隔を広くする方法で，根切り及び躯体の施工能率の向上に効果的です。

3．鋼製切梁では，**鋼材の膨張による応力変化を考慮する必要があり**，概ね1.0～4.0t/℃です。

4．切梁にプレロードを導入するときは，切梁交差部の締付けボルトを緩めた状態で行います。

解答　**4**

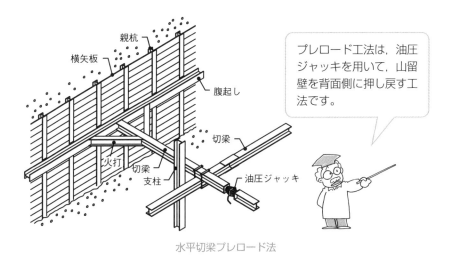

親杭

横矢板

腹起し

切梁

火打　切梁

支柱

油圧ジャッキ

プレロード工法は，油圧ジャッキを用いて，山留壁を背面側に押し戻す工法です。

水平切梁プレロード法

プレロード工法の留意点

・ジャッキによる加圧は，設計切梁軸力の50～80％程度の荷重で行い，その状態でセットする。

・ジャッキによる加圧は，切梁交差部のボルトを緩めた状態で行うので，切梁が蛇行しないようにずれ止めを設ける。なお，ずれ止めを設ける場合は，長辺方向・短辺方向の2度に分けて取り付ける。

・ジャッキによる加圧完了後は，切梁・腹起し・火打ちなどの接合部のボルトが緩んでいることがあるので，再点検を行い締め直す必要がある。

問題 9

山留めの管理に関する記述として，最も不適当なものはどれか。

1．山留め壁の頭部の変位を把握するために，トランシットやピアノ線を用いて計測を行った。

2．油圧式荷重計は，切梁の中央部を避け，火打梁との交点に近い位置に設置した。

3．山留め壁周辺の地盤の沈下を計測するための基準点は，山留め壁に近接した地盤面に設けた。

4．H形鋼を用いた切梁の軸力を計測するためのひずみ計は，2台を1組としてウェブに設置した。

解　説

1．山留め壁の**頭部の変位を把握**する場合，一般にトランシットやピアノ線，下げ振り，スケールなどを用いて計測を行います。

2．油圧式荷重計（盤圧計）は，切梁の中央部を避け，**火打梁の基部**又は**腹起しと切梁の接合部**に設置するのが望ましいです。

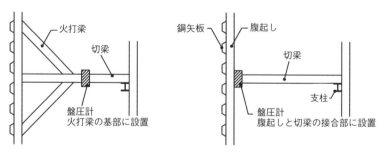

盤圧計の設置

3．山留め壁周辺の**地盤の沈下を計測**するための**基準点**は，**工事の影響を受けない付近の構造物**に設けます。

4．切梁の軸力を計測するための**ひずみ計**は，X方向，Y方向に各1箇所ずつ**2台を1組としてウェブに設置**します。

解答　**3**

25 地業工事

試験によく出る選択肢 📝

既製コンクリート杭

- [ ] 中掘り工法では，砂質地盤の場合，緩みがはげしいので，先掘り長さを少なくする。
- [ ] 下杭が傾斜している場合，継手部分で修正して上杭を鉛直に建て込まない。
- [ ] 埋込み工法において，プレボーリングによる掘削径は，杭径より10cm程度大きくする。
- [ ] セメントミルク工法において，オーガーは，掘削時及び引上げ時とも正回転とする。
- [ ] 継手部の開先の食い違いは 2 mm 以下，許容できるルート間隔は 4 mm 以下とする。

場所打ちコンクリート杭

- [ ] 鉄筋かごの主筋と帯筋は，原則として鉄線結束で結合する。
- [ ] 鉄筋かごの長さと掘削孔の深さに差がある場合，最下段の鉄筋かごの長さを調整する。
- [ ] プランジャー方式を用いて，水中でコンクリートを打込む場合，トレミー管の上端に前もってプランジャーを装着する。
- [ ] 杭頭部の余盛りの高さは，孔内水が多い場合には800〜1,000mm 程度とする。
- [ ] アースドリル工法における鉄筋かごのスペーサーに鉄筋を用いない。
- [ ] アースドリル工法における安定液は，必要な造壁性があり，できるだけ低粘性・低比重のものを用いる。
- [ ] アースドリル工法において，安定液を使用する場合の 2 次スライム処理は，底ざらいバケットにより行わない。
- [ ] リバース工法では，孔内水位を地下水位より 2 m 以上高く保つ。
- [ ] リバース工法における 1 次スライム処理は，底ざらいバケットにより行わない。

問題10

　既製コンクリート杭の施工に関する記述として，最も不適当なものはどれか。

　1．セメントミルク工法において杭の自重だけでは埋設が困難な場合，杭の中空部に水を入れて重量を増し，安定させる。

　2．中掘り工法では，砂質地盤の場合，先掘り長さを大きくする。

　3．下杭が傾斜している場合，継手部分で修正して上杭を鉛直に建て込まない。

　4．杭の施工精度として，傾斜は $\dfrac{1}{100}$ 以内，杭心ずれ量は杭径の $\dfrac{1}{4}$ かつ100mm 以下を目標とする。

　解　説

　1．**セメントミルク工法**は**先端閉塞杭**を用いるので，杭の自重だけでは埋設が困難な場合があります。その場合，杭の中空部に水を入れ，重量を増して安定させます。

　2．**中掘り工法**では，<u>支持層に近づいたら，**オーガーの先堀を少なくして**，地盤の乱れを防止します。</u>

第3章

施工共通（躯体）

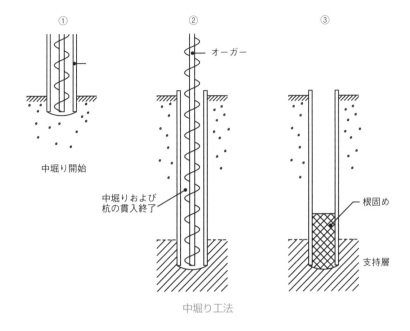

①
中堀り開始

②
オーガー
中堀りおよび
杭の貫入終了

③
根固め
支持層

中堀り工法

3．杭の**施工精度**は，主に**下杭を設置した段階で決まります**。特に，下杭
　が傾斜している場合に，継手部分で修正して上杭を鉛直に建て込まない
　ようにします。

4．杭頭の設計位置と**水平方向のずれ**は D／4 （D：杭径），かつ100mm
　以下で，**杭の傾斜**は 1／100以下を目標とします。

解答　2

問題11

　既製コンクリート杭の施工に関する記述として，最も不適当なものはどれか。

　1．荷降ろしで杭を吊り上げる際には，安定するよう杭の両端の2点で支持して吊り上げるようにする。

　2．セメントミルク工法における杭の設置は，根固め液注入の後に，圧入又は軽打によって杭を根固め液中に貫入させる。

　3．セメントミルク工法において，オーガーは，掘削時及び引上げ時とも正回転とする。

　4．打込み工法における一群の杭の打込みは，なるべく群の中心から外側へ向かって打ち進める。

解　説

　1．既製コンクリート杭を吊り上げる際には，安定するよう**杭の支持点（杭の両端から杭長の1/5の点）近くの2点で支持**します。

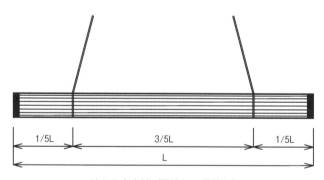

1/5L　　　3/5L　　　1/5L

L

杭の2点支持（積込み・荷降し）

　2．セメントミルク工法における杭の設置は，**根固め液注入の後に貫入**させます。

　3．オーガーの引き上げにあたっては，吸引現象により支持層を緩めたり，孔壁が崩壊したりしないように，**正回転でゆっくり行います**。

　4．**一群の杭の打込みは，群の中心から外側に向かって打ち進めます**。逆

に進めると地盤が閉まってしまい, 中心部での打込みが困難になります。

解答　1

問題12

　場所打ちコンクリート杭の施工に関する記述として, 最も不適当なものは
どれか。
1. 鉄筋かごの主筋と帯筋は, 原則として溶接により接合する。
2. オールケーシング工法における孔底処理は, 孔内水がない場合やわず
   かな場合にはハンマーグラブにより掘りくずを除去する。
3. アースドリル工法の掘削深さの確認は, 検測器具を用いて孔底の2箇
   所以上で検測する。
4. リバース工法における2次スライム処理は, 一般にトレミー管とサク
   ションポンプを連結し, スライムを吸い上げる。

解　説

1. **鉄筋かごの組立ては, 原則として, 鉄線で結束**します。ただし, **帯筋
   の継手**は, **片面10以上の溶接**により接合します。
2. **オールケーシング工法**における**孔底処理は, 孔内水位が低い場合**には
   ハンマーグラブで孔底処理を行います。
3. 杭の先端は支持地盤に **1 m 以上根入れする計画**とし, 掘削深さの確
   認は, 検測器具を用いて孔底の**2箇所以上**で行います。
4. **リバース工法**における**2次スライム処理**の方法として, トレミー管と
   サクションポンプを連結してスライムを吸い上げる方法や, エアーリフ
   トによる方法があります。

解答　1

工法による孔底処理（スライム処理）

	1次孔底処理	2次孔底処理
	・掘削直後に行う。	・鉄筋かご挿入後，コンクリート打設直前に行う。
オールケーシング工法	・孔内水位が低い場合ハンマーグラブで孔底処理する。 ・孔内水位が高い場合ハンマーグラブで孔底処理後，スライムバケットで処理する。	・水中ポンプ方式など。
アースドリル工法	・底ざらいバケットで孔底処理する。	・エアーリフト方式など。
リバース工法	・回転ビットを孔底より若干引き上げて，空回しして吸い上げる。	・サンクションポンプ方式など。

問題13

　場所打ちコンクリート杭の施工に関する記述として，最も不適当なものはどれか。

　1．リバース工法では，孔内水位を地下水位より2m以上高く保つ。

　2．アースドリル工法における安定液は，必要な造壁性があり，できるだけ低粘性・低比重のものを用いる。

　3．オールケーシング工法では，コンクリート打設中にケーシングチューブの先端を常にコンクリート上面より2m以深に保持する。

　4．杭頭部の余盛りの高さは，孔内水が多い場合には500mm程度とする。

───　解　説　───

　1．**リバース工法**による掘削は，**孔内水位を地下水位より2m以上高く保つ**ように十分注意して掘削します。

　2．アースドリル工法における安定液は，安定液がコンクリート中に混入

されることなく，孔壁の崩壊を防止する必要があります。したがって，必要な造壁性があり，できるだけ**低粘性・低比重の安定液**が良いです。

3．オールケーシング工法では，コンクリート打設中のケーシングの引抜きは，その**先端がコンクリート内に2m以上入った状態を保持**しながら行います。

4．杭頭部の余盛りの高さは，**孔内水が多い場合には800～1,000mm程度**とします。なお，オールケーシング工法など**孔内水が少ない場合は，500mm以上**とします。

解答　4

場所打ちコンクリート杭の主な工法

	オールケーシング工法	アースドリル工法	リバース工法
掘削方式	ハンマーグラブ	回転バケット	回転ビット
掘削	掘削にあたり特殊なケーシングチューブを地中に揺動圧入しつつ，ハンマーグラブをケーシング内に落下させ，内部の土砂の掘削・排出を行う。 ケーシング／ハンマーグラブ	回転バケットにより掘削し，バケットに詰まった土を吊り上げて地上に排出する。 注水／表層ケーシング／安定液／ケリーバー／回転バケット	回転ビットを回転させて掘削し，土砂は中空ドリルパイプで水とともに吸い上げて排土する。吸い上げた泥水は，泥を除き，再度孔中へ戻す。 スタンドパイプ／地下水位／2m以上水頭圧0.02N/mm²以上／回転ビット
孔壁保護	ケーシングチューブ	ベントナイト溶液	水頭圧

場所打ちコンクリート杭の工法は，掘削方法（つかむ，さらう，吸い上げる）をポイントに覚えると良いです。

3 － 3　鉄筋コンクリート工事

26　鉄筋工事

試験によく出る選択肢 📝

鉄筋の加工・組立
- [ ] SD345, D25の異形鉄筋を90°折曲げ加工する場合の内法直径は，4d 以上とする。
- [ ] SD345, D19の鉄筋末端部の折曲げ内法直径は，4d 以上とする。
- [ ] 末端部の折曲げ角度が135°の帯筋のフックの余長は，6d 以上とする。
- [ ] SD390, D32の異形鉄筋を90°曲げとする際は，折曲げ内法直径を5d 以上とする。
- [ ] 異形鉄筋相互のあきは，呼び名の数値の1.5倍，粗骨材最大寸法の1.25倍，25mm のうち，最も大きい数値とする。

鉄筋の継手・定着
- [ ] 梁の主筋を重ね継手とする場合，隣り合う鉄筋の継手中心位置は，重ね継手長さの約0.5倍ずらすか，1.5倍以上ずらす。
- [ ] 種類と径が同じ大梁主筋の直線定着の長さは，コンクリートの設計基準強度が21N/mm²の場合の方が，30N/mm²の場合より長い。
- [ ] 柱に用いるスパイラル筋の重ね継手の長さは，50d 以上，かつ，300mm 以上とする。
- [ ] 重ね継手をフック付きとする場合，継手の長さはフックの角度に関係しない。

鉄筋のガス圧接
- [ ] 隣り合う鉄筋のガス圧接継手の位置は，400mm 以上ずらす。
- [ ] 径の異なる鉄筋のガス圧接部のふくらみの直径は，細い方の径の1.4倍以上とする。
- [ ] SD490の圧接は，第4種の技量資格者が行う場合でも施工前試験を省略することはできない。

問題14

鉄筋の加工及び組立てに関する記述として，最も不適当なものはどれか。
ただし，d は異形鉄筋の呼び名の数値又は丸鋼の径とする。

1．D35の異形鉄筋を用いる梁主筋を L 形に加工する際に，一辺の加工寸法の許容差を±20mm とした。

2．SD345，D25の異形鉄筋を90°折曲げ加工する場合の内法直径は，3 d とした。

3．梁の片側がスラブと一体となる L 形梁において，U 字形のあばら筋とともに用いるキャップタイは，スラブ付き側の末端部を90°曲げとし，余長を8 d とした。

4．梁せいが2 m の基礎梁を梁断面内でコンクリートの水平打継ぎとするので，上下に分割したあばら筋の継手は，180°フック付きの重ね継手とした。

解 説

1．**D29以上 D41以下**の**主筋**の加工寸法の許容差は**±20mm** です。

加工寸法の許容差

項　　目		符号	許容差（mm）
各加工寸法	主 筋　D25以下	a，b	±15
	主 筋　D29以上 D41以下	a，b	±20
	あばら筋・帯筋・スパイラル筋	a，b	±5
加 工 後 の 全 長		L	±20

2．SD345，D25の異形鉄筋を90°折曲げ加工する場合，**内法直径は4d**
以上とします。

鉄筋の曲げ形状・寸法

図	折曲げ角度	鉄筋の種類	鉄筋の径による区分	鉄筋の折曲げ内法直径(D)
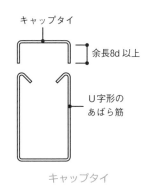	180° 135° 90°	SD295A SD295B SD345 SD390	D16以下	3 d 以上
			D19〜D41	4 d 以上
			D41以下	5 d 以上
	90°	SD490	D25以下	
			D29〜D41	6 d 以上

※　dは異形鉄筋の呼び名に用いた数値とする。

3．T形梁やL形梁の**あばら筋をU字形とす**
る場合，あばら筋とともに用いる**キャップタ**
イは，末端部を**90°曲げ**とし，余長を**8 d 以**
上とします。

4．梁せいが大きい基礎梁など，**梁断面内でコ**
ンクリートの水平打継ぎとする場合，上下に
分割した**あばら筋の継手**は，所定の長さを確
保した**180°フック付きの重ね継手**とします。

キャップタイ

余長8d 以上

U字形の
あばら筋

キャップタイ

解答　2

問題15

鉄筋の加工及び組立てに関する記述として，最も不適当なものはどれか。
ただし，dは異形鉄筋の呼び名の数値又は鉄筋径とする。

1．梁の腹筋は，末端部が柱際に配置する第1あばら筋と結束できる長さ
とした。

2．末端部の折曲げ角度が135°の帯筋のフックの余長を 4 d とした。

3．杭基礎のベース筋は，両端を曲げ上げて，末端部に90°フックを設けた。

4．床開口部補強のための斜め補強筋は，上端筋及び下端筋の内側にそれぞれ配筋した。

解　説

1．**腹筋の末端部**は，柱に定着させる必要はありませんが，柱際に配置する**第 1 あばら筋と結束できる長さ**にする必要があります。

2．**問題14** の 2 の図を参照して下さい。末端部の**折曲げ角度が135°の**帯筋のフックの余長は **6 d 以上**とします。

3．杭基礎のベース筋は**両端を曲げ上げ**，**末端部は90°フック**とします。

4．床開口部補強のための**斜め補強筋**は，かぶり厚さが確保できるように，**上端筋及び下端筋の内側**にそれぞれ配筋します。

解答　2

問題16

異形鉄筋の継手及び定着に関する記述として，最も不適当なものはどれか。ただし，d は異形鉄筋の呼び名の数値とする。

1．梁の主筋を重ね継手とする場合，水平重ね，上下重ねのいずれでもよい。

2．一般階における四辺固定スラブの下端筋の直線定着長さは，10d 以上，かつ，150mm 以上とする。

3．梁の主筋を重ね継手とする場合，隣り合う鉄筋の継手中心位置は，重ね継手長さの1.0倍ずらす。

4．柱頭及び柱脚のスパイラル筋の末端の定着は，1.5巻以上の添巻きとする。

1．鉄筋を**重ね継手**とする場合は，**水平重ね，上下重ね**のいずれでも良いです。

2．鉄筋の直線定着の長さおよびフック付き定着の長さは，次のとおりです。**スラブの下端筋**の直線定着長さは，**10d以上，かつ，150mm以上**です。

異形鉄筋の定着の長さ

コンクリートの設計基準強度 (N/mm²)	L_2 (L_2 h)				L_3 (L_3 h)	
	SD295A SD295B	SD345	SD390	SD490	下端筋	
					小梁	スラブ
18	40d (30d)	40d (30d)	−	−	20d (10d)	10d かつ 150mm 以上
21	35d (25d)	35d (25d)	40d (30d)	−		
24〜27	30d (20d)	35d (25d)	40d (30d)	45d (35d)		
30〜36	30d (20d)	30d (20d)	35d (25d)	40d (30d)		
39〜45	25d (15d)	30d (20d)	35d (25d)	40d (30d)		
48〜60	25d (15d)	25d (15d)	30d (20d)	35d (25d)		

注（1）dは，異形鉄筋の呼び名の数値を表す。

　（2）フック付き鉄筋の定着長さ L_2 hは，定着起点から鉄筋の折曲げ開始点までの距離とし，折り曲げ開始点以降のフック部は定着長さに含まない。

直線定着　　　　90°フック付き定着　　　135°フック付き定着　　　180°フック付き定着

3．重ね継手とする場合，隣り合う鉄筋の**継手中心位置**は，重ね継手長さ L の**約0.5倍**ずらすか，または**1.5倍以上**ずらします。

第3章　施工共通（躯体）

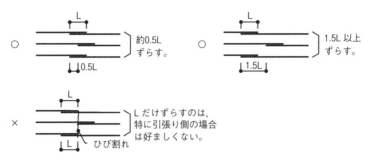

重ね継手のずらし方

4．スパイラル筋の末端部の鉄筋は，1.5巻以上の添巻き（1.5周以上2重
に巻いて），フックを設けます。また，中間部に重ね継手を設ける場合
は，継手長さ50d以上，かつ，300mm以上とします。

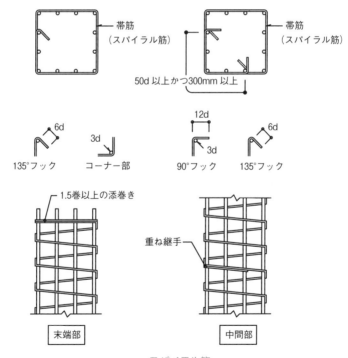

スパイラル筋

異形鉄筋の継手及び定着に関する記述として，不適当なものを2つ選べ。
ただし，dは，異形鉄筋の呼び名の数値とする。

1. 壁縦筋の配筋間隔が上下階で異なるため，重ね継手は鉄筋を折り曲げ
   ずにあき重ね継手とした。
2. 180°フック付き重ね継手としたため，重ね継手の長さはフックの折曲
   げ開始点間の距離とした。
3. 梁主筋を柱にフック付き定着としたため，定着長さは鉄筋末端のフッ
   クの全長を含めた長さとした。
4. 梁の主筋を重ね継手としたため，隣り合う鉄筋の継手中心位置は，重
   ね継手長さの1.0倍ずらした。
5. 一般階における四辺固定スラブの下端筋を直線定着としたため，直線
   定着長さは，10d以上，かつ，150mm以上とした。

第3章

施工共通（躯体）

───── 解　説 ─────────────────────────────────

1. 鉄筋のあきが**0.2Lかつ150mm
   以下**の場合，結束しなくても重ね
   継手と同等とみなされます。（あ
   き重ね継手）

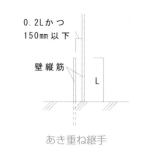

あき重ね継手

2. フック付き重ね継手の長さは，
   鉄筋の折曲げ開始点間の距離と
   し，折曲げ開始点以降の**フック部
   分は継手長さに含みません。**

180°フック付き重ね継手

3. 問題16 の 解 説 の2を参照してください。
   定着長さは，鉄筋末端の**フックの全長を含めない**長さとします。
4. 問題16 の 解 説 の3を参照してください。
   重ね継手長さの約**0.5倍**ずらすか，**1.5倍以上**ずらします。
5. 問題16 の 解 説 の2の表を参照してください。
   スラブの下端筋の定着長さは，**10d**かつ**150mm以上**です。

解答　3，4

問題18

異形鉄筋のガス圧接に関する記述として，最も不適当なものはどれか。
ただし，径は，呼び名の数値とする。
1. 同一製造所の同径の鉄筋で，種類が異なるSD390とSD345を圧接した。
2. 鉄筋に圧接器を取り付けて突き合せたときの圧接端面間のすき間
   は，2mm以下とした。
3. 同径の鉄筋をガス圧接する場合の鉄筋中心軸の偏心量は，その径の
   $\frac{1}{5}$以下とした。
4. 径の異なる鉄筋のガス圧接部のふくらみの直径は，細い方の径の1.2
   倍以上とした。

解 説

1. **種類および径の異なる鉄筋**のガス圧接可能な範囲は，次に示すとおり
   です。同一製造所の**同径の鉄筋**で，**SD390**と**SD345**の圧接は可能です。

┌─── ガス圧接可能な範囲 ───┐
│   │
│ ・種類の違い：1ランクの上下 │
│   │
│ ・径の差：7mm以下   │
│   │
└────────────────────────────┘

2. 鉄筋を圧接器に取付ける場合，鉄筋の圧接端面間の**すき間は2mm**

以下とし，なるべく密着させます。

3．および4．良好な圧接部の形状は，次に示すとおりです。

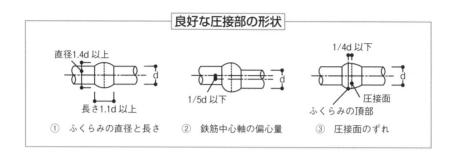

良好な圧接部の形状

① ふくらみの直径と長さ　② 鉄筋中心軸の偏心量　③ 圧接面のずれ

覚え方のポイント（規定値→修正）
・ふくらみ：小数（1.1，1.4）以上→再加熱
・ずれ：分数（1／5，1／4）以下→再圧接

鉄筋**中心軸の偏心量**は，その**径の1／5以下**とします。また，ガス圧接部の**ふくらみの直径**は，**細い方の径の1.4倍以上**とします。

解答　**4**

  問題19

鉄筋のガス圧接に関する記述として，最も不適当なものはどれか。

1．SD345，D29の鉄筋を手動ガス圧接で接合するので，日本産業規格（JIS）に基づく1種の技量を有する者によって行った。

2．同一種類のD29とD25の鉄筋は，手動ガス圧接により接合した。

3．圧接端面は平滑に仕上げ，ばり等を除去するため，その周辺を軽く面取りした。

4．圧接部の加熱は，圧接端面が密着するまでは還元炎で行い，その後は中性炎で加熱した。

解　説

1. SD345，**D29**の鉄筋を手動ガス圧接で接合する場合は，日本産業規格（JIS）に基づく**2種以上**の技量を有する者が行います。

圧接技量資格と作業可能範囲

技量資格種別	作業可能な鉄筋径
1種	径　　　25以下 呼び名 D25以下
2種	径　　　32以下 呼び名 D32以下
3種	径　　　38以下 呼び名 D38以下
4種	径　　　50以下 呼び名 D51以下

・D25以下→ 1種
・D29以上→ 2種以上

2. 問題18 の 解　説 の1を参照してください。鉄筋径または呼び名の**差が7mm以下**の場合は，手動ガス圧接により接合することができます。

3. 圧接端面は平滑に仕上げ，その周辺を軽く面取りします。なお，**鉄筋冷間直角切断器**による切断を行う場合は，グラインダー研削を必要としません。

4. **圧接部の加熱**は，圧接端面が密着するまでは**還元炎**で行い，その後は**中性炎**で加熱します。

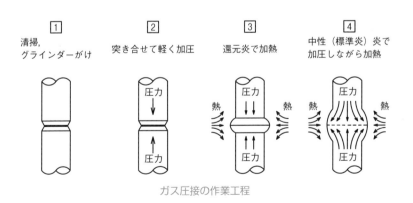

ガス圧接の作業工程

解答　1

176

27 型枠工事

型枠の支保工

- ☐ 支柱として用いるパイプサポートの高さが3.5m を超える場合，水平つなぎを設ける位置は，高さ2.0m 以内ごととする。
- ☐ 支柱として用いる組立て鋼柱の高さが 4 m を超えるので，水平つなぎを設ける位置は高さ 4 m ごとにした。
- ☐ パイプサポート以外の鋼管を支柱として使用するので，高さ2.0m 以内ごと水平つなぎを 2 方向に設けた。

型枠の設計・型枠工事

- ☐ コンクリートの側圧や鉛直荷重に対する型枠の各部材それぞれの許容変形量は， 3 mm 以下とする。
- ☐ 型枠の構造計算において，支保工以外の材料の許容応力度は，長期と短期の許容応力度の平均値とする。
- ☐ パイプサポートを支保工とするスラブ型枠の場合，打込み時に支保工の上端に作用する水平荷重は，鉛直荷重の 5 ％とする。
- ☐ スラブ型枠の支保工に用いる鋼製仮設梁のトラス下弦材の中央部を，パイプサポートで支持してはならない。

試験によく出る問題 📋

問題20

型枠支保工に関する記述として，不適当なものを 2 つ選べ。

1．パイプサポート以外の鋼管を支柱として用いる場合，高さ2.5m以内ごとに水平つなぎを 2 方向に設けなければならない。
2．支柱として用いる鋼管枠は，最上層及び 5 層以内ごとに水平つなぎを設けなければならない。
3．パイプサポートを 2 本継いで支柱として用いる場合，継手部は 4 本以上のボルト又は専用の金具を用いて固定しなければならない。
4．支柱として用いる組立て鋼柱の高さが 5 m を超える場合，高さ 5 m 以内ごとに水平つなぎを 2 方向に設けなければならない。

5．支柱として用いる鋼材の許容曲げ応力の値は，その鋼材の降伏強さの値又は引張強さの値の３／４の値のうち，いずれか小さい値の２／３の値以下としなければならない。

1．**パイプサポート以外の鋼管を用いる場合**は，高さに関係なく，<u>2 m以内</u>ごとに直角２方向に**水平つなぎを設けます。**

支保工の種類と水平つなぎ

支保工の種類	水平つなぎ
パイプサポート	高さ3.5m を超える場合，2m以内ごとに直角２方向
組立て鋼柱	高さ4.0m を超える場合，4m以内ごとに直角２方向
パイプサポート以外の鋼管	高さに関係なく，2m以内ごとに直角２方向

2．**鋼管枠を支柱として用いた場合**は，**最上層及び５層以内**ごとの箇所において，**水平つなぎを設け**，かつ，水平つなぎの変位を防止します。

3．パイプサポートを継いで用いるときは，**4本以上のボルト**又は専用金具を用いて継ぎます。

4．上記１．の表を参照してください。支柱に**組立て鋼柱**を用いる場合，<u>支柱の高さが4 m を超える</u>場合は，高さ**4 m 以内**ごとに**水平つなぎを2方向**に設け，かつ，水平つなぎの変位を防止します。

5．鋼材の許容曲げ応力の値は，「降伏強さの値」又は「引張強さの値の $\frac{3}{4}$ の値」のうち，「いずれか小さい値」の $\frac{2}{3}$ の値以下とします。

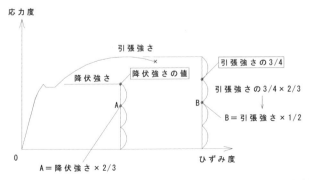

[鋼材の許容応力度]

<u>解答　1，4</u>

 **問題21**

型枠の設計に関する記述として，最も不適当なものはどれか。

1．コンクリート打込み時の側圧に対するせき板の許容たわみ量は，5mm とする。

2．大引のたわみは，単純支持と両端固定の支持条件で計算した値の平均値とする。

3．コンクリート打込み高さが1.5m 以下の型枠の側圧は，フレッシュコンクリートの単位容積質量に重力加速度とフレッシュコンクリートのヘッドを乗じた値とする。

4．パイプサポートを支保工とするスラブ型枠の場合，打込み時に支保工の上端に作用する水平荷重は，作業荷重を含む鉛直荷重の5％とする。

第3章

施工共通（躯体）

解説

1．コンクリートの側圧や鉛直荷重に対する<u>型枠の各部材それぞれの**許容変形量は3mm以下**</u>とします。

2．**合板せき板**の構造計算は，**単純支持**として計算しますが，**合板以外のせき板・根太・大引き**などの計算は，**単純支持と両端固定の支持条件で**計算した値の**平均値**とします。

3．型枠設計用のコンクリートの側圧は，次の表に基づいた値とします。コンクリート打込み高さ **H** が **1.5m 以下の場合**，打込み速さに関係なく **$W_0 \times H$** となります。

型枠設計用コンクリートの側圧（kN/m³）

打込み速さ (m/h)	10以下の場合		10を超え20以下の場合		20を超える場合
部位 H(m)	1.5以下	1.5超え4.0以下	2.0以下	2.0超え4.0以下	4.0以下
柱	$W_0 \times H$	$1.5W_0 + 0.6W_0 \times (H-1.5)$	$W_0 \times H$	$2.0W_0 + 0.8W_0 \times (H-2.0)$	$W_0 \times H$
壁		$1.5W_0 + 0.2W_0 \times (H-1.5)$		$2.0W_0 + 0.4W_0 \times (H-2.0)$	

（注）・H：フレッシュコンクリートのヘッド（m）
（側圧を求める位置から上のコンクリートの打込み高さ）
・W_0：フレッシュコンクリートの単位容積質量（t/m³）に重力加速度を乗じたもの（kN/m³）

4．支保工の上端に作用する**水平荷重**は，作業荷重を含む**鉛直荷重**から算定します。パイプサポートなど**鋼管枠以外**のものを用いる場合は，鉛直荷重の**5％**（5/100）とし，**鋼管枠**を用いる場合は，2.5%（2.5/100）とします。

覚え方のイメージ
・鋼管枠以外（線で支える）：5％
・鋼管枠（面で支える）：2.5%

解答 1

 問題22

型枠工事に関する記述として，不適当なものを2つ選べ。

1．支保工以外の材料の許容応力度は，長期許容応力度と短期許容応力度の平均値とした。

2．コンクリート打込み時に型枠に作用する鉛直荷重は，コンクリートと型枠による固定荷重とした。

3．支柱を立てる場所が沈下するおそれがなかったため，脚部の固定と根がらみの取付けは行わなかった。

4．型枠の組立ては，下部のコンクリートが有害な影響を受けない材齢に達してから開始した。

5．柱型枠の組立て時に足元を桟木で固定し，型枠の精度を保持した。

解　説

1．型枠の構造計算において，**支保工以外の材料の許容応力度**は，長期と短期の許容応力度の**平均値**とします。

2．コンクリート打込み時に型枠に作用する鉛直荷重（トータルロードT.L）は，コンクリートと型枠等による固定荷重（デットロードD.L）に，作業や衝撃等の荷重**L.L（ライフロード）を加えて計算**します。この荷重は，「労働安全衛生規則」で1.5kN/m²（1,500N/m²）と定められています。

参考　［**スラブ厚200mm（0.20m）の場合**の計算（ポンプ工法）］

　固定荷重（デットロードD.L）

　　普通コンクリートの場合は，23.5kN/m³×d（スラブ厚m）に，型枠の荷重として0.4kN/m²（400N/m²）を加えます。

　作業や衝撃等の荷重（ライフロードL.L）

　　1.5kN/m²（1,500N/m²）を用います。

　　厚さ20㎝の鉄筋コンクリートスラブを通常のポンプ工法で打込む場合の型枠の設計に用いる鉛直荷重は，

　　T.L＝23.5×0.20＋0.4＋1.5＝6.6kN/m²＝6,600N/m²となります。

3．支柱を立てる場所が沈下するおそれがなかった場合でも，**脚部の滑動を防止するための措置**として，支柱の脚部の固定，根がらみの取付けは必要です。

4．型枠を組立てる場合は，下部のコンクリートが**有害な影響を受けない材齢**に達してから開始します。

5．柱型枠の組立てにおいて，型枠の精度の保持を目的のひとつとして，**足元を桟木で固定**します。

解答　**2，3**

28 コンクリート工事

試験によく出る選択肢 📝

コンクリートの調合
- [ ] 調合管理強度が21N/mm²の普通コンクリートの場合のスランプは，18 cm を標準とする。
- [ ] 高強度コンクリートに含まれる塩化物量は，塩化物イオン量として0.30 kg/m³以下とする。
- [ ] 細骨材率が大きくなると，所定のスランプを得るのに必要な単位セメント量及び単位水量は多くなる。
- [ ] コンクリートの単位セメント量の最小値は一般に270kg/m³とする。
- [ ] 単位セメント量が過少のコンクリートは，ワーカビリティーが悪くなり，水密性や耐久性が低下する。

コンクリートの打込み・締固め
- [ ] 梁及びスラブの鉛直打継ぎ部は，梁及びスラブの中央部に設けた。
- [ ] コンクリートの圧送負荷の算定におけるベント管の水平換算長さは，ベント管の実長の3倍とする。
- [ ] 暑中コンクリートの荷卸し時のコンクリート温度は，原則として，35℃以下となるようにする。
- [ ] コンクリート内部振動機（棒形振動機）による締固めにおいて，加振時間を1箇所10秒程度とする。
- [ ] 軽量コンクリートは，普通コンクリートに比べてスランプの低下や輸送管の閉そくが起こりやすい。
- [ ] 外気温が25℃以上であったので，練混ぜから打込み終了までの時間を90分以内となるようにした。

コンクリートの養生
- [ ] コンクリートの圧縮強度による場合，柱のせき板の最小存置期間は，圧縮強度が5N/mm²に達するまでとした。
- [ ] コンクリート打込み後5日間は，コンクリートの温度が2℃を下らないように養生しなければならないと定められている。

 問題23

コンクリートの調合に関する記述として，最も不適当なものはどれか。

1．調合管理強度が21N/mm²の普通コンクリートの場合のスランプ
　　は，21cm を標準とする。

2．計画供用期間の級が標準供用級において，普通ポルトランドセメント
　　を用いる場合の水セメント比の最大値は65％とする。

3．単位水量の最大値は，185kg/m³とし，コンクリートの品質が得られ
　　る範囲内で，できるだけ小さくする。

4．構造体強度補正値は，セメントの種類及びコンクリートの打込みから
　　材齢28日までの期間の予想平均気温の範囲に応じて定める。

第3章

施工共通（躯体）

解　説

1．調合管理強度が21N/mm²の普通コンクリートの場合の**スランプ**
　　は，**18cm 以下**を標準とします。

普通コンクリートのスランプ

調合管理強度	スランプ
33N/mm²以上	21cm 以下
33N/mm²未満	18cm 以下

調合管理強度が大きい
と，スランプも大きい。

2．**水セメント比の最大値**は，次に示すとおりです。

水セメント比の最大値

セメントの種類		水セメント比の最大値（%）	
		短期・標準・長期	超長期
ポルトランドセメント	早強・普通・中庸熱	65	55
	低熱	60	
混合セメント(高炉・フライアッシュ・シリカ)	A 種	65	使用不可
	B 種	60	

　普通ポルトランドセメントを用いる場合の**水セメント比**は，計画供用期間の級が**標準供用級**の場合，**65%以下**とします。

3．**単位水量は185kg/m³以下**とし，コンクリートの品質が得られる範囲内で，できるだけ小さくします。

> ［コンクリートの調合に関する数値］
> ・水セメント比：65%以下
> ・単位水量：185kg/m³以下
> ・単位セメント量：270kg/m³以上
> ・塩化物イオン量：0.3kg/m³以下

4．**構造体強度補正値**は，特記のない場合，セメントの種類及びコンクリートの打込みから**材齢28日**までの期間の**予想平均気温の範囲**に応じて定めます。

解答　1

 問題24

コンクリートの調合に関する記述として，最も不適当なものはどれか。

1．アルカリシリカ反応性試験で無害でないものと判定された骨材は，コンクリート中のアルカリ総量を3kg/m³以下とすれば使用することができる。

2．水セメント比を低減すると，コンクリート表面からの塩化物イオンの浸透に対する抵抗性を高めることができる。

3．高強度コンクリートに含まれる塩化物量は，塩化物イオン量として0.35kg/m³以下とする。

4．コンクリートの調合管理強度は，品質基準強度に構造体強度補正値を加えたものである。

解　説

1．**アルカリ骨材反応の抑制対策**として，コンクリート1m³中に含まれる**アルカリ総量を3kg以下**とします。

2．**水セメント比**を低減すると緻密なコンクリートとなるので，塩化物イオンの浸透に対する抵抗性を高めることができます。

「水セメント比は，小さい方が良い。」と覚えましょう。

3．高強度コンクリートに含まれる**塩化物量**は，<u>**塩化物イオン量**として0.30kg/m³以下</u>とします。

4．コンクリートの**調合管理強度**は，**品質基準強度**に**構造体強度補正値**を加えたものです。

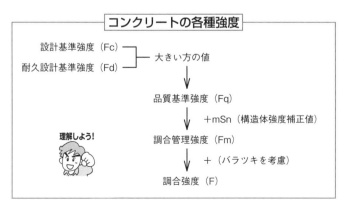

コンクリートの各種強度

設計基準強度（Fc）┐
耐久設計基準強度（Fd）┘→ 大きい方の値
↓
品質基準強度（Fq）
↓ ＋mSn（構造体強度補正値）
調合管理強度（Fm）
↓ ＋（バラツキを考慮）
調合強度（F）

理解しよう！

第3章

施工共通（躯体）

問題25

コンクリートの打込み及び締固めに関する記述として，最も不適当なもの
はどれか。

1. 同一区画のコンクリート打込み時における打重ね時間は，先に打ち込ま
   れたコンクリートの再振動可能時間以内とした。
2. 打継ぎ面のレイタンスを高圧水洗により取り除き，健全なコンクリー
   トを露出させてから打ち継いだ。
3. 梁及びスラブの鉛直打継ぎ部は，梁及びスラブの端部に設けた。
4. コンクリート内部振動機（棒形振動機）による締固めにおいて，加振
   時間を1箇所10秒程度とした。

解　説

1. コンクリート**打込み時における打重ね時間**は，先に打ち込まれたコン
   クリートの**再振動可能時間**（外気温が25℃未満で150分，25℃以上で120
   分）以内とします。

コンクリートの時間管理

必ず覚えよう！

	外気温	
	25℃未満	25℃以上
打込み継続中における打重ね時間間隔 （コールドジョイントの対策）	150分以内	120分以内
練混ぜから打込み終了までの時間 （品質管理上の必要な時間）	120分以内	90分以内

・高強度コンクリート，高流動コンクリートの練混ぜから打込み終了までの時
　間については，外気温にかかわらず120分以内とする。

2. **打継ぎ面**においては，**レイタンス**を高圧水洗により取り除き，健全な
   コンクリートを露出させてから打ち継ぎます。

コンクリート打込み後に，表面に
沈積する薄層のレイタンスは除去
します。

3．梁，床スラブの**鉛直打継ぎ部**は，**スパンの中央**または端から1／4付
近に設けます。また，柱，壁の水平打継ぎ部は，床スラブ・梁の下端，
または床スラブ・梁・基礎梁の上端に設けます。

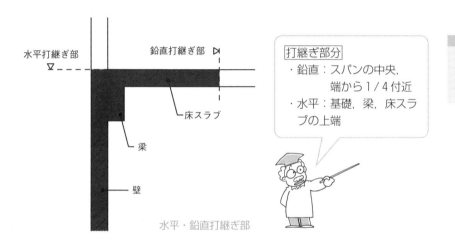

水平打継ぎ部

鉛直打継ぎ部

打継ぎ部分
・鉛直：スパンの中央，
　　　　端から1／4付近
・水平：基礎，梁，床スラ
　　　　ブの上端

床スラブ

梁

壁

水平・鉛直打継ぎ部

4．コンクリート内部振動機（棒形振動機）による**加振時間**は，セメント
ペーストが浮き上がるまでとし，1箇所**5～15秒**の範囲とします。

解答　**3**

 問題26

コンクリートポンプ工法によるコンクリートの打込みに関する記述として，最も不適当なものはどれか。

1．粗骨材の最大寸法が25mm の普通コンクリートを圧送する場合の輸送管の呼び寸法は，100A 以上とする。

2．コンクリートの圧送負荷の算定におけるベント管の水平換算長さは，ベント管の実長の2倍とする。

3．コンクリートの圧送に先立ち圧送される先送りモルタルは，品質を低下させるおそれがあるので，型枠内には打ち込まない。

4．輸送管の水平配管は，型枠，配筋及び打ち込んだコンクリートに振動による有害な影響を与えないように，支持台や緩衝材を用いて支持する。

解 説

1．輸送管の呼び寸法は，粗骨材の最大寸法が20mm 又は25mm の**普通コンクリート**を圧送する場合で**100A 以上**とします。なお，**軽量コンクリート**は，普通コンクリートに比べて圧送性が悪いので**125A 以上**とします。

2．コンクリートの**圧送負荷の算定**では，**フレキシブルホース・テーパー管**はその長さの**2倍**，ベント管はその長さの**3倍**として計算します。

3．コンクリートの圧送に先立ち，**冨調合のモルタル**を圧送して配管内面の潤滑性を付与し，コンクリートの品質変化を防止します。**先送りモルタル**によって品質が変改した部分は，**型枠内に打ち込まない**ようにします。

4．**輸送管の水平配管**は，コンクリートの圧送中に前後左右に動くので，型枠，配筋及び打ち込んだコンクリートに**有害な影響を与えないように**，**支持台や緩衝材を用いて支持**します。

解答 2

コンクリートの養生に関する記述として，不適当なものを2つ選べ。
ただし，計画供用期間の級は標準とする。

1. 打込み後のコンクリートが透水性の小さいせき板で保護されている場合は，湿潤養生と考えてもよい。

2. コンクリートの圧縮強度による場合，柱のせき板の最小存置期間は，圧縮強度が3N/mm²以上に達するまでとする。

3. 普通ポルトランドセメントを用いた厚さ18cm以上のコンクリート部材においては，コンクリートの圧縮強度が10N/mm²以上になれば，以降の湿潤養生を打ち切ることができる。

4. コンクリート温度が2℃を下回らないように養生しなければならない期間は，コンクリート打込み後2日間である。

5. 打込み後のコンクリート面が露出している部分に散水や水密シートによる被覆を行うことは，初期養生として有効である。

解　説

1. **打込み後**のコンクリートは，**透水性の小さいせき板による被覆**，養生マット又は水密シートによる被覆，散水又は噴霧，膜養生剤の塗布等により**湿潤養生**を行います。

2. 計画供用期間の級が**短期及び標準**のコンクリートの場合，圧縮強度による基礎・梁側・柱・壁などの**垂直せき板の最小存置期間**は，**圧縮強度が5N/mm²以上に達するまで**とします。なお，長期及び超長期の場合は10N/mm²以上です。

3. 問題28 の 解　説 の2の表を参照してください。

4. コンクリートを寒気から保護し，**打込み後5日間以上**は，コンクリート温度を2℃以上に保ちます。ただし，早強ポルトランドセメントの場合は**3日間以上**です。

5. **初期養生**として，コンクリート面が露出している部分に**散水や噴霧，水密シートによる被覆**などが有効です。

解答　**2，4**

問題27

第3章

施工共通（躯体）

コンクリートの養生に関する記述として，最も不適当なものはどれか。

1．寒中コンクリートで加熱養生を行う場合は，コンクリートに散水をしてはならない。
2．湿潤養生を打ち切ることができる圧縮強度は，早強ポルトランドセメントと普通ポルトランドセメントでは同じである。
3．暑中コンクリートの湿潤養生の開始時期は，コンクリート上面においてはブリーディング水が消失した時点とする。
4．寒中コンクリートの初期養生の期間は，圧縮強度が5 N/mm²に達するまでとする。

解 説

1．**寒中コンクリート**で加熱養生を行う場合は，<u>コンクリートが乾燥しないように**散水など**によって保温に努めます。</u>
2．早強ポルトランドセメントと普通ポルトランドセメントにおいて，**湿潤養生を打ち切ることができる圧縮強度**は同じです。

湿潤養生を打ち切ることができるコンクリートの圧縮強度

	短期・標準	長期・超長期
早強ポルトランドセメント 普通ポルトランドセメント 中庸熱ポルトランドセメント	10N/mm²以上	15N/mm²以上

3．**暑中コンクリートの湿潤養生の開始時期**は，コンクリート上面においてはブリーディング水が消失した時点，せき板に接する面では脱型直後とします。
4．**寒中コンクリートの初期養生の期間**は，打込まれたコンクリートの圧縮強度5 N/mm²が得られるまでとします。

解答　**1**

3 - 4 鉄骨工事・施工機械・耐震改修工事

29 鉄骨工事

試験によく出る選択肢 📝

鉄骨の工作

- ☐ 高力ボルト用の孔あけ加工は，板厚が13mm 以下の場合でも，せん断孔あけとすることができない。
- ☐ 公称軸径が24mm の高力ボルトの孔径を26mm とした。
- ☐ 高力ボルト接合の摩擦面は，ショットブラストにて処理し，表面あらさは50μmRz 以上を確保した。

鉄骨の溶接

- ☐ 溶接を手溶接とするので，エンドタブの長さは自動溶接より短くした。
- ☐ 溶接作業場所の気温が－5 ℃を下回っていたので，溶接作業を中止した。
- ☐ 裏当て金を用いる柱梁接合部のエンドタブの取付けは，母材に直接溶接しない。
- ☐ 溶接部の表面割れは，割れの範囲を確認したうえで，その両端から50mm以上溶接部を，はつり取って補修溶接した。

高力ボルト接合

- ☐ 呼び径が M20のトルシア形高力ボルトの長さは，締付け長さに30mmを加えた値を標準とした。
- ☐ ナット回転法による締付け完了後の検査は，1 次締付け後の本締めによるナット回転量が120°±30°の範囲にあるものを合格とする。
- ☐ 1 mm を超える肌すきが生じたために入れたフィラープレートは，スプライスプレートに溶接しない。

鉄骨の建方

- ☐ 柱の溶接継手のエレクションピースに使用する仮ボルトは，高力ボルトを使用して全数締め付ける。
- ☐ 梁のフランジを溶接接合，ウェブをボルトの配列が 1 列の高力ボルト接合とする混用接合の仮ボルトは，ボルト 1 群に対して 1／2 程度かつ 2本以上締め付ける。

問題29

鉄骨の工作に関する記述として，最も不適当なものはどれか。

1．高力ボルト用の孔あけ加工は，板厚が13mm の場合，せん断孔あけとすることができる。

2．490N/mm²級以上の高張力鋼に·け·が·きをする場合，孔あけにより除去される箇所であれば，ポンチにより·け·が·きを行ってもよい。

3．工事現場で使用する鋼製巻尺は，JIS の 1 級品とし，巻尺に表記された張力で鉄骨製作工場の基準巻尺とテープ合わせを行う。

4．厚さ 6 mm の鋼板に外側曲げ半径が厚さの10倍以上となる曲げ加工を行う場合，加工後の機械的性質等が加工前の機械的性質等と同等以上であることを確かめなくてもよい。

解　説

1．**高力ボルト用孔の孔あけ加工**は，板厚に関係なく**ドリルあけ**とします。

必ず覚えよう！

鋼材の加工

切断	・せん断切断する場合の鋼材の板厚は，原則として13mm 以下とする。
孔あけ加工	・高力ボルト用孔の孔あけ加工はドリルあけとする。なお，接合面をブラスト処理する場合は，ブラスト前に孔あけ加工する。 ・その他の孔あけ（ボルト，アンカーボルト，鉄筋貫通孔等）はドリルあけを原則とするが，板厚が13mm 以下のときはせん断孔あけとすることができる。
曲げ加工	・常温加工又は加熱加工で行う。 ・加熱加工の場合は赤熱状態（850〜900℃）で行い，青熱ぜい性域（200〜400℃）で行わない。

2．490N/mm²級以上の高張力鋼および曲げ加工される400N/mm²級鋼などの軟鋼の外面には，ポンチ・たがねなどによる打こんを残してはなりません。ただし，切断，孔あけ，溶接などにより除去される場合はこの限りではありません。

3．工事現場で使用する鋼製巻尺は，JISの1級品とし，巻尺に表記された張力（一般的には50N）で鉄骨製作工場の基準巻尺とテープ合わせを行います。

4．鋼材の曲げ加工は，機械的性質等を損なわない方法で行う必要があります。厚さ6mm以上の鋼板に，外側曲げ半径が厚さの10倍以上となる曲げ加工を行う場合は，加工前後で同じ強度とすることができます。

解答　1

問題30

鉄骨の加工に関する記述として，最も不適当なものはどれか。

1．公称軸径が24mmの高力ボルト用の孔あけ加工は，ドリルあけとし，径を26mmとした。

2．鋼材の曲げ加工は，青熱ぜい性域を避け，約900℃の赤熱状態で行った。

3．自動ガス切断機で開先を加工し，著しい凹凸が生じた部分は修正した。

4．高力ボルト接合の摩擦面は，ショットブラストにて処理し，表面あらさは30μmRz以上を確保した。

解　説

1．公称軸径24mmの高力ボルト用の孔径は，24mm＋2mm＝26mmとします。

ボルトの孔径（単位：mm）

種　類	孔径 D	公称軸径 d
高力ボルト	d+2.0	d<27
溶融亜鉛めっき高力ボルト	d+3.0	d≧27
ボルト（普通ボルト）	d+0.5	－
アンカーボルト	d+5.0	－

2．**問題29** の **解　説** の1の表を参照してください。鋼材の曲げ加工は，**青熱ぜい性域**を避け，**赤熱状態（850〜900℃）**で行います。

3．自動ガス切断機での**開先加工**において，著しい凹凸が生じた部分など開先面の精度が確保できない場合はグラインダー等で修正します。

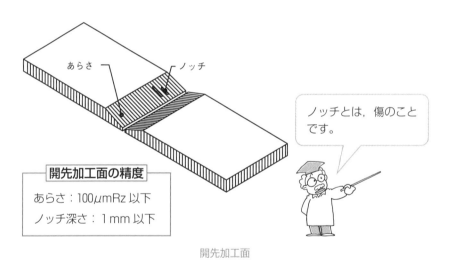

あらさ　　　　ノッチ

ノッチとは，傷のことです。

開先加工面の精度

あらさ：100μmRz 以下

ノッチ深さ：1mm 以下

開先加工面

4．**高力ボルト接合の摩擦面は，ショットブラストまたはグリットブラストにて処理し，表面あらさは50μmRz 以上を確保します。**なお，溶融亜鉛めっき鋼の場合は，上記のブラスト処理の他に，**サンドブラスト**による処理が可能です。

解答　**4**

問題31

鉄骨の溶接に関する記述として，最も不適当なものはどれか。

1．完全溶込み溶接で両面から溶接する場合，裏側の初層を溶接する前に，裏はつりを行う。

2．溶接割れを防止するため，溶接部及びその周辺を予熱することにより，溶接部の冷却速度を遅くする。

3．溶接を自動溶接とする場合，エンドタブの長さは，手溶接より短くできる。

4．柱梁接合部に取り付けるエンドタブは，本溶接によって再溶融される場合，開先内の母材に組立て溶接してもよい。

解　説

1．完全溶込み溶接で，**片面**から溶接する場合は**裏あて金**を使用します。**両面**から溶接する場合は裏あて金を使用せず，**裏側の初層を溶接する前に裏はつり**します。

両面から溶接する場合

2．**溶接割れの防止対策**として，溶接部及びその周辺を**予熱**することによって**冷却速度を遅く**します。

溶接割れの防止対策
・予熱を行い溶接部の冷却速度を遅くする。 　（予熱温度：50〜100℃程度） ・低水素系の溶接棒を使用する。 ・溶接部の拘束を小さくする。 ・炭素量の少ない鋼材を使用する。

3．溶接を**自動溶接**とする場合のエンドタブの長さは**70mm**で，**手溶接**の場合は**35mm**です。したがって，**エンドタブの長さは，手溶接**とする場合の方が**自動溶接**より短くできます。

4．**柱梁接合部に取り付けるエンドタブ**は，裏あて金に取付け，直接，母材に組立て溶接してはなりません。ただし，本溶接によって再溶融される場合は，開先内の母材に組立て溶接してもよいです。

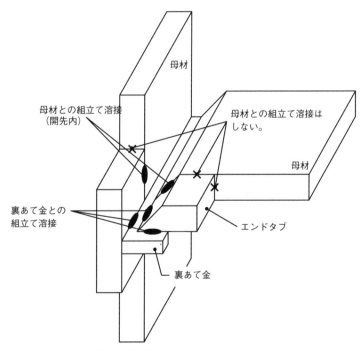

柱梁接合部に取付けるエンドタブ

問題32

高力ボルト接合に関する記述として，最も不適当なものはどれか。

1．呼び径がM22のトルシア形高力ボルトの長さは，締付け長さに25mm
を加えた値を標準とした。

2．高力ボルトの締付け後の余長の検査において，ナット面から突き出た
ねじ山が，1～6山の範囲にあるものを合格とした。

3．呼び径がM24の高力ボルトの1次締付けトルク値は，約200N·mとし
た。

4．ボルト頭部又はナットと接合部材の面が $\dfrac{1}{20}$ を超えて傾斜している箇
所には，勾配座金を使用した。

解 説

1．**呼び径がM22のトルシア形高力ボルト**の長さは，締付け長さに**35mm**
を加えた値を標準とします。

ボルト長さの選定

ボルトの呼び径	締付け長さに加える長さ（mm）	
	高力六角ボルト	トルシア形高力ボルト
M12	25	−
M16	30	25
M20	35	30
M22	40	35
M24	45	40
M27	50	45
M30	55	50

第3章

施工共通（躯体）

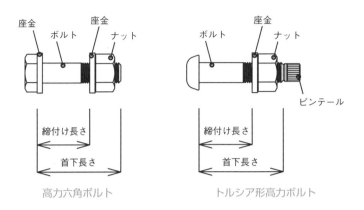

座金　ボルト　座金　ナット

座金　ボルト　ナット

ピンテール

締付け長さ

首下長さ

締付け長さ

首下長さ

高力六角ボルト　　　　　トルシア形高力ボルト

2．**高力ボルトの余長は**，ナット面から突き出た**ねじ山が1〜6山の範囲**で残るものとします。

3．1次締めはプレセット型トルクレンチ，電動レンチなどを用いて，次表に示すトルク値でナットを回転させて行います。

1次締付けトルク値（単位：N・m）

呼び径	M12	M16	M20	M22	M24	M27	M30
トルク値	約50	約100	約150		約200	約300	約400

4．ボルト頭部又はナットと接合部材の面が**1/20を超えて傾斜**している場合，偏心応力が生じる恐れがあるので，**勾配座金を使用**します。

解答　1

 問題33

鉄骨の建方に関する記述として，最も不適当なものはどれか。

1．梁の高力ボルト接合では，梁の上フランジのスプライスプレートをあらかじめはね出しておき，建方を容易にする。

2．ウェブを高力ボルト工事現場接合，フランジを工事現場溶接接合とする混用接合は，原則として高力ボルトを先に締め付け，その後溶接を行う。

3．建方時の予期しない外力に備えて，1日の建方終了ごとに所定の補強
　ワイヤを張る。

4．柱の溶接継手のエレクションピースに使用する仮ボルトは，普通ボル
　トを使用して全数締め付ける。

解　説

1．建方を容易にするため，梁の高力ボルト接合においては，**梁の上フラ**
　ンジのスプライスプレートをあらかじめ，はね出しておきます。

2．ウェブを**高力ボルト接合**，フランジを工事現場**溶接接合**とするなどの
　混用接合は，原則として，**高力ボルトを先**に締め付けて，その後に**溶接**
　を行います。

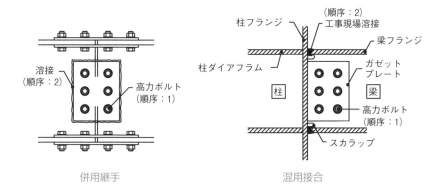

併用継手　　　　　　　　　　混用接合

3．建方時の予期しない外力に備えて，**1日の建方終了ごとに所定の転倒**
　防止用ワイヤロープを張ります。また，このワイヤロープは建入れ直し
　用に兼用してよいです。

4．柱の溶接継手の**エレクションピース**に使用する仮ボルトは，**高力ボル**
　トを使用して**全数**締め付けます。

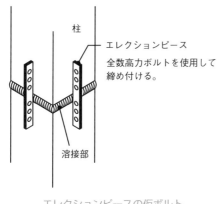

柱

エレクションピース
全数高力ボルトを使用して
締め付ける。

溶接部

エレクションピースの仮ボルト

・高力ボルト継手→1／3以上
・混用，併用→1／2以上
・エレクションピース→全数
がポイントです。

仮ボルトの本数

継　手	仮ボルトの本数
高力ボルト継手	中ボルトなどを用いて，1／3程度かつ2本以上
混用接合・併用継手	中ボルトなどを用いて，1／2程度かつ2本以上
エレクションピース	高力ボルトを用いて，全数

解答　4

30 施工機械

試験によく出る選択肢 📝

建設機械

- [ ] ブルドーザーの平均接地圧は，全装備質量が同程度の場合，普通ブルドーザーより湿地ブルドーザーの方が小さい。
- [ ] リバース掘削機は，アースドリル掘削機に比べ，一般により深い掘削能力がある。
- [ ] パワーショベルは，機械の位置より高い場所の掘削に適し，山の切取りなどに用いるが，基礎の掘削には適さない。
- [ ] クラムシェルは，掘削深さが40m程度までの軟弱地盤の掘削に用いられる。
- [ ] オールケーシング工法における土砂の掘削は，一般にハンマーグラブを用いて行う。

揚重運搬機械

- [ ] ジブクレーンの定格荷重は，フック等のつり具の重量を除いたものである。
- [ ] 建方クレーンの旋回範囲に66,000Vの送電線がある場合，送電線に対して安全な離隔距離を2.2m以上確保する。
- [ ] クローラクレーンは，油圧式トラッククレーンに比べ接地圧が小さいので，地盤の悪い所での移動性に優れている。
- [ ] ロングスパン工事用エレベーターにおいて，搬器の傾きが，1/10の勾配を超えた場合に動力を自動的に遮断する装置を設ける。
- [ ] トラッククレーンの作業地盤の安全性の検討では，定格総荷重に全装備荷重を加えた値が，1点のアウトリガーに支持するものとして検討を行う。
- [ ] 移動式クレーンと架空の高圧配電線との離隔距離は，1.2mを最小とする。

第3章

施工共通（躯体）

試験によく出る問題 📋

問題34

建設機械に関する記述として，最も不適当なものはどれか。

1. クラムシェルは，垂直掘削深さが40m程度までの軟弱地盤の掘削に用いられる。

2. 最大混合容量4.5m³のトラックアジテータの最大積載時の総質量は，約20tである。

3. ブルドーザーの平均接地圧は，全装備質量が同程度の場合，普通ブルドーザーより湿地ブルドーザーの方が大きい。

4. 油圧式トラッククレーンのつり上げ性能は，アウトリガーを最大限に張り出し，ジブ長さを最短にし，ジブの傾斜角を最大にしたときにつり上げることができる最大の荷重で示す。

解 説

1. **クラムシェル**の最大掘削深さは**40m程度**で，軟弱地盤の掘削に適しています。

主な建設機械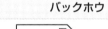

パワーショベル(ローディングショベル)	バックホウ
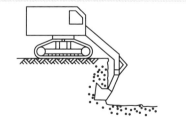	
・地盤面より高い所を掘るのに適している。 ・山の切り崩し等，硬いところでも掘削できる。	・地盤面よりも低い部分の掘削や，水中における掘削に適している。 ・最大掘削深さは6m程度である。

202

クラムシェル	ブルドーザー

・クレーンで吊ったバケットを口の開いた状態で落下させ，それを閉じて土砂をつかみ取る。 ・最大掘削深さ40m 程度までの軟弱地盤の掘削に用いられる。	・トラクターの前面にブレードを取り付けて，前進によって土砂を削り整地や盛り土，運搬等に使用する。 ・湿地ブルドーザーの平均接地圧は，全装備質量が同程度の場合，標準のブルドーザーの半分程度である。

2．**最大混合容量4.5m³のトラックアジテータ（大型10t 車）の最大積載時の総質量**は，約20t（4.5×2.3＋10≒20t）です。

3．**湿地ブルドーザーの平均接地圧**は，全装備質量が同程度の場合，**標準のブルドーザーの半分程度**です。したがって，普通ブルドーザーより湿地ブルドーザーの方が小さいです。

4．クレーンの**吊り上げ性能**は，**アウトリガーを最大限に張り出し，ジブ長さを最短**に，**傾斜角を最大**にしたときに吊り上げることができる最大の荷重で示します。

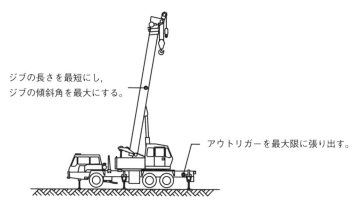

ジブの長さを最短にし，
ジブの傾斜角を最大にする。

アウトリガーを最大限に張り出す。

油圧式トラッククレーンの吊り上げ性能

主な移動式クレーン

クローラークレーン	タワー型クローラークレーン
	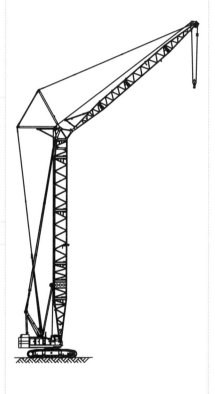
・トラッククレーンに比べて機動性に劣るが，不整地，軟弱地盤に対する走行性に優れている。 ・トラッククレーンに比べて，一般に作業半径は大きい。 ・狭い場所での車体の方向転換が容易である。	
トラッククレーン（油圧式）	

・トラッククレーンはブームの形式により，油圧式と機械式がある。 ・機械式はブームの組立・解体のスペースが必要である。	・タワー型クレーンがクローラーの上に載っている。 ・建物に近接しての作業が可能である。 ・車体の傾斜角度が1°以内になるように整地する。

揚重運搬機械に関する記述として，最も不適当なものはどれか。

1. 傾斜ジブ式タワークレーンは，高揚程で比較的重量の大きい荷のつり
   上げに用いられる。
2. ジブクレーンの定格荷重は，フック等のつり具の重量を含めたもので
   ある。
3. ロングスパン工事用エレベーターの定格速度は，毎分10m 以下であ
   る。
4. 建設用リフトの停止階には，荷の積卸し口の遮断設備を設ける。

解　説

1. **傾斜ジブ式**タワークレーンは高揚程に適し，**水平ジブ式**に比べて，重
   量の大きな荷のつり上げを行うことができます。
2. ジブクレーンの**定格荷重**は，フック等のつり具の**重量を除いた**荷重の
   ことです。

実際に吊り上げることのでき
る荷重が，定格荷重です。

3. **ロングスパン工事用エレベーター**は，工事用エレベーターであって，
   搬器として長さ**3 m 以上の荷台**を使用し，**定格速度が0.17/s（10m/分）**
   以下のエレベーターです。
4. 建設用リフトやエレベーターの**停止階**には，**荷の積卸し口の遮断設備**
   を設けるとともに，昇降路内に出入りできないように養生します。

解答　2

主な固定式タワークレーン

傾斜ジブ式タワークレーン	水平ジブ式タワークレーン
 ジブ マスト	水平移動
・自立するマストと起伏回転するジブからなるクレーン。 ・水平ジブ式タワークレーンに比べて，大重量で高揚程の工事に適している。	・ジブが水平で，吊り荷をトロリーにて水平移動することができ，比較的軽量な資材を広範囲に輸送するのに適している。

31 耐震改修工事

試験によく出る選択肢 ✏️

耐震壁の増設工事

- □ コンクリートポンプ等の圧送力を利用するコンクリート圧入工法は，既存の梁下との間にすき間が生じにくい。
- □ グラウト材の練上り時の温度が10〜35℃の範囲となるように，練り混ぜる水の温度を管理した。
- □ 柱と接する既存の袖壁部分に完全スリットを設ける工事において，袖壁の切欠きは，全厚さを切断した。

柱補強工事

- □ 角形の鋼板巻き工法において，角部の鋼板の曲げ加工は，内法半径を板厚の3倍とした。
- □ 柱の連続繊維補強工法において，躯体表面を平滑にするための下地処理を行い，隅角部は面取りする。
- □ 鋼板巻き工法において，コ形に加工した2つの鋼板を□形に一体化する際，接合部の溶接は完全溶込み溶接とする。

試験によく出る問題 📋

問題36

鉄筋コンクリート造の耐震改修工事における現場打ち鉄筋コンクリート耐震壁の増設工事に関する記述として，最も不適当なものはどれか。

1. 壁上部と既存梁下との間に注入するグラウト材の練上り時の温度は，練り混ぜる水の温度を管理し，10〜35℃の範囲とする。

2. 打継ぎ面となる範囲の既存構造体コンクリート面は，すべて目荒しを行う。

3. 既存壁に増打ち壁を設ける工事において，シヤーコネクターを型枠固定用のセパレーターとして兼用してもよい。

4. コンクリートポンプ等の圧送力を利用するコンクリート圧入工法は，既存の梁下との間にすき間が生じやすいので採用できない。

1．**グラウト材**の練上り時の温度は，練り混ぜる水の温度を10℃以上に保ち，**10～35℃の範囲**になるように管理します。

グラウト材とは，隙間に注入する材料の総称です。

2．打継ぎ面となる範囲の**既存構造体コンクリート面**は，付着を良くするため，すべて**目荒し**を行います

3．既存壁と増打ち壁との一体性を増し，剥離による体力低下を防ぐために**シヤーコネクター**を設置し，これを型枠固定用のセパレーターとして兼用してもよいです。

4．コンクリートポンプ等の圧送力を利用するコンクリート**圧入工法**は，既存の梁下との間に**すき間が生じにくい**ので，打継ぎ面の施工に適しています。

解答　**4**

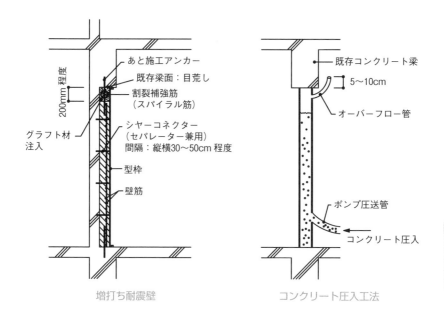

あと施工アンカー
既存梁面：目荒し
200mm程度
割裂補強筋
（スパイラル筋）
グラフト材
注入
シヤーコネクター
（セパレーター兼用）
間隔：縦横30〜50cm 程度
型枠
壁筋

既存コンクリート梁
5〜10cm
オーバーフロー管

ポンプ圧送管
コンクリート圧入

増打ち耐震壁　　　　　　コンクリート圧入工法

耐震壁の増設補強

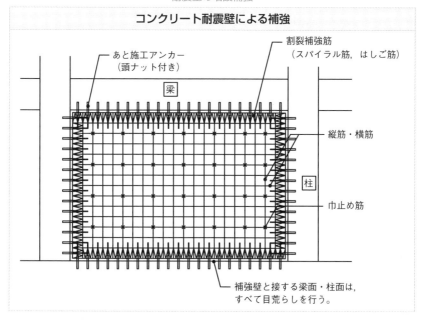

コンクリート耐震壁による補強

あと施工アンカー
（頭ナット付き）

割裂補強筋
（スパイラル筋，はしご筋）

梁

縦筋・横筋

柱

巾止め筋

補強壁と接する梁面・柱面は，
すべて目荒らしを行う。

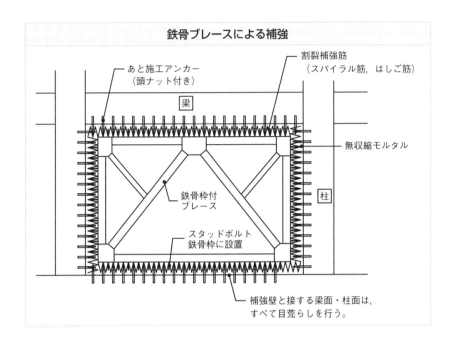

鉄骨ブレースによる補強

- あと施工アンカー（頭ナット付き）
- 割裂補強筋（スパイラル筋，はしご筋）
- 梁
- 無収縮モルタル
- 柱
- 鉄骨枠付ブレース
- スタッドボルト鉄骨枠に設置
- 補強壁と接する梁面・柱面は，すべて目荒らしを行う。

問題37 出る 出る 出る

鉄筋コンクリート造の耐震改修における柱補強工事に関する記述として，不適当なものを2つ選べ。

1. RC巻き立て補強の溶接閉鎖フープ巻き工法において，フープ筋の継手はフレア溶接とした。

2. RC巻き立て補強の溶接金網巻き工法において，溶接金網相互の接合は重ね継手とした。

3. 連続繊維補強工法において，躯体表面を平滑にするための下地処理を行い，隅角部は直角のままとした。

4. 鋼板巻き工法において，工場で加工した鋼板を現場で突合せ溶接により一体化した。

5. 鋼板巻き工法において，鋼板と既存柱の隙間に硬練りモルタルを手作業で充填した。

解　説

1．**溶接閉鎖フープ巻き工法**において，フープ筋の継手は，溶接長さが**片側10d 以上**になるように**フレア溶接**します。

2．溶接金網巻き工法で使用する溶接金網は**重ね継手**とし，その継手の長さは，最外端の**縦筋間隔に100mm を加えた長さ以上**，かつ，**200mm 以上**とします。

3．柱の隅角部は**半径20〜30mm の R 面取り**とします。

4．鋼板巻き工法は，コ形に加工した 2 つの鋼板を□形に加工する際，接合部は**突合せ溶接（完全溶込み溶接）**で一体化します。

5．鋼板と既存柱との隙間は，**充填モルタル（高流動モルタル）**を下部に設けた注入孔から<u>モルタルポンプを使用</u>して圧入します。

解答　**3，5**

柱の耐震補強

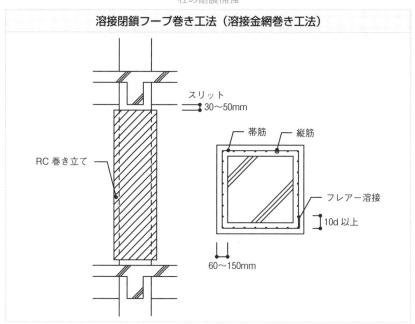

溶接閉鎖フープ巻き工法（溶接金網巻き工法）

スリット
30〜50mm

RC 巻き立て

帯筋　　縦筋

フレアー溶接

10d 以上

60〜150mm

第3章

施工共通（躯体）

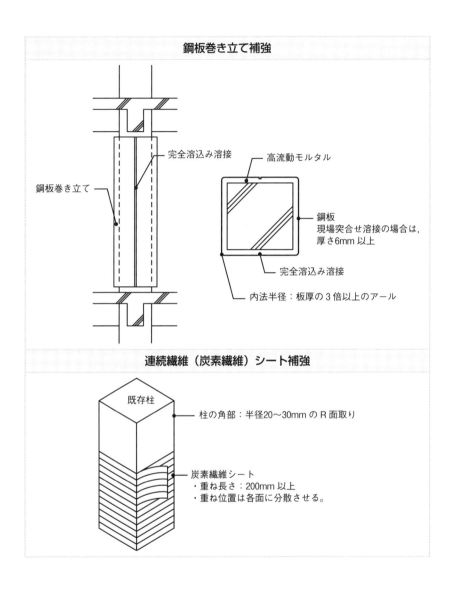

鋼板巻き立て補強

完全溶込み溶接

鋼板巻き立て

高流動モルタル

鋼板
現場突合せ溶接の場合は,
厚さ6mm 以上

完全溶込み溶接

内法半径：板厚の3倍以上のアール

連続繊維（炭素繊維）シート補強

既存柱

柱の角部：半径20～30mm の R 面取り

炭素繊維シート
・重ね長さ：200mm 以上
・重ね位置は各面に分散させる。

第 **4** 章
施工共通（仕上）

令和3年度より施工管理法の応用能力問題として，五肢二択形式の出題問題（必須問題）があります。

難易度に変わりはありませんが，解答する際，他の問題と違って5つの選択肢の中から2つ解答を選ぶことに注意してください。

4−1 防水・シーリング工事

32 防水工事

試験によく出る選択肢

アスファルト防水

- [ ] 出隅及び入隅は、平場のルーフィング類の張付けに先立ち、幅300mm 程度のストレッチルーフィングを増張りする。
- [ ] 立上りのルーフィング類を平場と別に張り付ける場合は、平場のルーフィング類を張り付けた後、その上に立上りのアスファルトルーフィング類を150mm 程度張り重ねる。
- [ ] アスファルト防水の密着工法において、平場のアスファルトルーフィング類の重ね幅は、長手、幅方向とも100mm とする。

改質アスファルトシート防水

- [ ] 露出防水密着工法において、ALC パネルの短辺接合部は、あらかじめ幅300mm の増張り用シートを絶縁張りする。
- [ ] 防水層の下地の入隅の形状は通りよく直角とし、出隅は通りよく45度の面取りとする。

合成高分子系ルーフィングシート防水

- [ ] 加硫ゴム系ルーフィングシートの接合部は、接着剤とテープ状シール材を用いて接合する。
- [ ] 加硫ゴム系シート防水の出隅角の処理は、シートの張付け前に、非加硫ゴム系シートで増張りを行う。
- [ ] 塩化ビニル樹脂系シート防水接着工法において、シート相互の接合は、クロロプレンゴム系の接着剤を用いない。

ウレタンゴム系塗膜防水

- [ ] 通気緩衝工法において、防水層の下地からの水蒸気を排出するための脱気装置は、100m²に1箇所の割合で設置した。
- [ ] ウレタンゴム系防水材の塗継ぎの重ね幅を100mm 程度、補強布の重ね幅は50mm 程度とする。

問題1

屋根保護アスファルト防水工事に関する記述として，不適当なものを2つ選べ。

1．コンクリート下地のアスファルトプライマーの使用量は，0.2kg/m²とした。

2．出隅及び入隅は，平場部のルーフィング類の張付けに先立ち，幅150mmのストレッチルーフィングを増張りした。

3．立上り部のアスファルトルーフィング類を張り付けた後，平場部のルーフィング類を150mm張り重ねた。

4．保護コンクリート内の溶接金網は，線径6.0mm，網目寸法100mmのものを敷設した。

5．保護コンクリートの伸縮調整目地は，パラペット周辺などの立上り際より600mm離した位置から割り付けた。

解説

1．下地に塗布する**アスファルトプライマー**は**0.2kg/m²**とし，アスファルトルーフィングを張り付けるための**溶融アスファルト**の使用量は**1.0kg/m²**とします。

2．出隅及び入隅は，平場のルーフィング類の張付けに先立ち，<u>**幅300mm程度**のストレッチルーフィングを**増張り**</u>します。

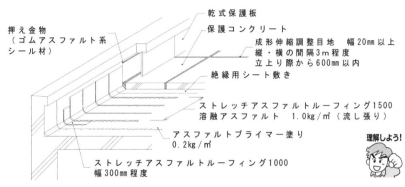

アスファルト防水（密着工法）

3．立上りのルーフィング類を平場と別に張り付ける場合は，**平場のルーフィング類**を張り付けた後，その上に**立上りのアスファルトルーフィング類**を150mm程度張り重ねます。

4．保護コンクリート内に敷設する溶接金網は，**線径6.0mm，網目寸法100mm程度**のものを，保護コンクリートの厚さの中間部に設置します。

5．**伸縮目地の割付けは，平場部は縦・横の間隔3m**，及び立上りパラペット周辺などの**立上り際から600mm以内**の位置とします。

解答 **2，3**

問題2

改質アスファルトシート防水工事（トーチ工法）に関する記述として，最も不適当なものはどれか。

1．コンクリート下地の入隅の形状は通りよく直角とし，出隅は通りよく45度の面取りとした。

2．平場の張付けにおいて，シートの3枚重ね部は，中間の改質アスファルトシート端部を斜めにカットした。

3．シートの張付けに先立ち，立上り部の出入隅角部に200mm角の増張り用シートを張り付けた。

4．露出防水密着工法において，ALCパネルの短辺接合部は，あらかじめ幅150mmの増張り用シートを密着張りした。

1．改質アスファルトシート防水の場合，コンクリート下地の**入隅**の形状
　は通りよく**直角**とします。なお，**出隅**は，防水の種類に関係なく**45度の**
　面取りとします。

2．シートを3枚重ねた場合，中間部が水みちにならないように，**中間の**
　改質アスファルトシート端部を斜めにカットします。

3．立上り部の出隅・入隅角部には，あらかじめ**200mm角の増張り用**
　シートを張り付けます。

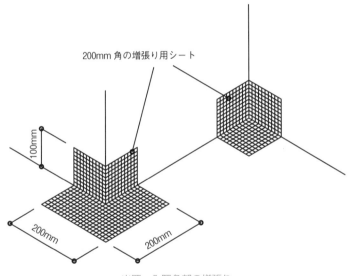

出隅・入隅角部の増張り

4．ALCパネルの短辺接合部は，改質アスファルトシートの張付けに先
　立って，**幅300mm程度の増張り用シート**を用いて，接合部の両端に100
　mm程度ずつ張り掛け絶縁張りとします。

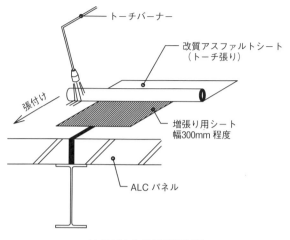

ALC パネルの短辺接合部

解答 **4**

問題3

　合成高分子系ルーフィングシート防水工事に関する記述として，最も不適当なものはどれか。

1. 加硫ゴム系シート防水接着工法において，ルーフィングシート相互の接合部は，接着剤とテープ状シール材を併用して接合した。
2. 塩化ビニル樹脂系シート防水において，接合部のシートの重ね幅は，幅方向，長手方向とも40mm以上とした。
3. 塩化ビニル樹脂系シート防水の出隅角の処理は，シートの張付け後に成形役物を張り付けた。
4. 加硫ゴム系シート防水の出隅角の処理は，シートの張付け前に加硫ゴム系シートで増張りを行った。

解　説

1. **加硫ゴム系**ルーフィングシート相互の接合部は，**接着剤**（合成ゴム系，合成樹脂系）と**テープ状シール材**を用いて接合します。

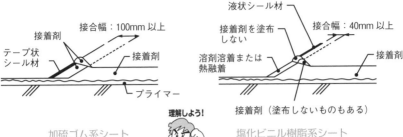

接着剤
接合幅：100mm 以上
テープ状シール材
接着剤
プライマー

加硫ゴム系シート

理解しよう！

液状シール材
接着剤を塗布しない
接合幅：40mm 以上
溶剤溶着または熱融着
接着剤
接着剤（塗布しないものもある）

塩化ビニル樹脂系シート

2．上記 1 の図を参照してください。接合部のシートの**重ね幅**は，**加硫ゴム系**シート防水では**100mm 以上**，**塩化ビニル樹脂系**シート防水では**40mm 以上**とします。

3．塩化ビニル樹脂系シート防水の出隅・入隅角の処理は，**シートの張付け後に成形役物を張付け**，その端部をシール材で処理します。

4．加硫ゴム系シート防水の出隅角の処理は，<u>シートの張付け前に非加硫ゴム系シート</u>で増張りを行います。

解答　<u>4</u>

問題4

ウレタンゴム系塗膜防水に関する記述として，最も不適当なものはどれか。

1．低温時で防水材の粘度が高く施工が困難なため，防水材製造業者の指定する範囲で希釈剤で希釈して使用した。

2．通気緩衝工法において，立上り部の補強布は，平部の通気緩衝シートの上に100mm 張り掛けて防水材を塗布した。

3．通気緩衝工法において，防水層の下地からの水蒸気を排出するための脱気装置は，200m² に 1 箇所の割合で設置した。

4．密着工法において，平部に張り付ける補強布は，仮敷きをしたうえで，防水材を塗りながら張り付けた。

1．冬季の低温時など，防水材の粘度が高く施工が困難な場合は，**製造業者の指定する範囲内の希釈剤**で希釈してよいです。

2．通気緩衝工法において，**立上り部における補強布**は，平部の通気緩衝シートの上に**100mm 程度張り掛けて**防水材を塗布します。

3．通気緩衝工法において，防水層の下地からの水蒸気を排出するための**脱気装置は，50〜100㎡程度に1箇所の割合**で設置します。

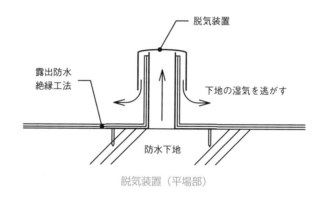

脱気装置（平場部）

4．密着工法において，**平部に張り付ける補強布**は，あらかじめ**仮敷き**した上で，防水材を塗りながら張り付けます。

解答　**3**

220

33 シーリング工事

試験によく出る選択肢 📝

シーリング工事

- □ シリコーン系シーリング材の充填にあたり，充填箇所以外の部分にシーリング材が付着したため，硬化してから拭き取った。
- □ 外壁 ALC パネル張りに取り付けるアルミニウム製建具の周囲の目地シーリングは，2面接着とする。
- □ シーリング材の打継ぎ箇所は，目地の交差部及びコーナー部を避け，そぎ継ぎとする。
- □ ALC など表面強度が小さい被着体には，モジュラスの低いシーリング材を用いる。
- □ シリコーン系シーリング材を充填する場合のボンドブレーカーは，ポリエチレンテープとする。

試験によく出る問題 📋

問題5 出る 出る

シーリング工事に関する記述として，最も不適当なものはどれか。

1．シリコーン系シーリング材の充填にあたり，充填箇所以外の部分にシーリング材が付着したため，直ちに拭き取った。

2．コンクリートの水平打継ぎ目地のシーリングは3面接着とし，2成分形変成シリコーン系シーリング材を用いた。

3．ALC など表面強度が小さい被着体には，モジュラスの低いシーリング材を用いた。

4．シーリング材の打継ぎ箇所は，目地の交差部及びコーナー部を避け，そぎ継ぎとした。

1．充填箇所以外の部分に付着したシーリング材は，布等で直ちに拭き取りますが，**シリコーン系**シーリング材は，硬化してから拭き取ります。

2．**コンクリートの水平打継ぎ目地**のシーリングは**3面接着**とします。また，シーリング材としては，**変成シリコーン系**，ポリサルファイド系，ウレタン系が用いられます。

接着の種類と主な目地

2面接着	3面接着
ワーキングジョイント （被着体の動きが予想されるジョイント）	ノンワーキングジョイント （被着体の動きが予想されないジョイント）
［主な目地］ ・ガラス回りの目地 ・外装パネル（PC 板など）の目地 ・鉄骨造の建具回りの目地	［主な目地］ ・鉄筋コンクリート造の打継ぎ目地 ・鉄筋コンクリート造のひび割れ誘発目地 ・鉄筋コンクリート造の建具回りの目地

3．ALC など**表面強度が小さい被着体**に，シリコーン系などの高モジュラスのシーリング材を使用すると，表面を引っ張って ALC パネルを破壊してしまう恐れがあります。表面強度が小さい被着体には，**アクリル系などのモジュラスの低いシーリング材**を用います。

4．シーリング材の充填は，交差部や角部を先行し，一般部はその後に施工します。また，**打継ぎ箇所**は，**目地交差部及びコーナー部を避けてそぎ継ぎ**とします。

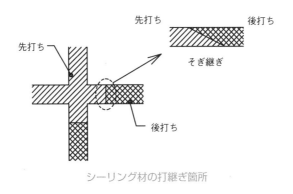

先打ち　　　　　　　　　　　　後打ち

そぎ継ぎ

先打ち

後打ち

シーリング材の打継ぎ箇所

シーリング材の種類と主な用途

用　途	種　類	シリコーン系	変性シリコーン系	ポリサルファイド系	ポリウレタン系	アクリルウレタン系	アクリル系
金属カーテンウォール		○	○				
コンクリートカーテンウォール			○	○			
ALCパネル			○		○	○	○
ガラス回り		○					
建具回り，金属製笠木		○	○				
コンクリートの打継ぎ目地，収縮目地，窓外枠回り	塗装あり				○	○	
	塗装なし		○	○			
石目地				○			
タイル張り	タイル目地			○			
	タイル下地目地				○		

第4章　施工共通（仕上）

問題6 出る 出る

シーリング工事に関する記述として，最も不適当なものはどれか。

1．外壁ALCパネル張りに取り付けるアルミニウム製建具の周囲の目地シーリングは，3面接着とした。

2．マスキングテープは，プライマーの塗布前に張り付け，シーリング材の表面仕上げ直後に除去した。

3．先打ちしたポリサルファイド系シーリング材に，変成シリコーン系シーリング材を打ち継いだ。

4．目地深さが所定の寸法より深い箇所は，バックアップ材を用いて，所定の目地深さになるように調整した。

解　説

1．問題5 の 解　説 の2を参照してください。

外壁ALCパネル張りに取り付ける**アルミニウム製建具の周囲の目地**シーリングは，**ワーキングジョイント**となるので，**2面接着**とします。

2．**マスキングテープ**は，プライマーの塗布前に張り付け，シーリング材の**表面仕上げ直後に除去**します。

3．**ポリサルファイド系**シーリング材に後打ちできるシーリング材には，シリコーン系，変成シリコーン系，ポリウレタン系などがあります。

224

後打ち / 先打ち	シリコーン系	変成シリコーン系	ポリサルファイド系	ポリウレタン系
シリコーン系	○	×	×	×
変成シリコーン系	△	△	要確認	要確認
ポリサルファイド系	○	○	○	○
ポリウレタン系	○	○	○	○

・○：打ち継ぐことができる。
・△：カットして新しい面を出し，専用のプライマーを使用すれば，打ち継ぐ
　　　ことができる。
・×：打ち継ぐことができない。
・要確認：シーリング材の製造業者に確認する必要がある。

解答　1

第4章

施工共通（仕上）

4−2 石・タイル工事

34 石工事

試験によく出る選択肢 📝

乾式工法による外壁の張り石工事
- ☐ 石材のだぼ穴は，石材の厚みの3倍以上の端あき寸法を確保する。
- ☐ ダブルファスナー形式の場合の取付け代として，石材裏面と躯体コンクリート面の間隔は70mmを標準とする。
- ☐ 石材は，厚さ30mm以上のものを使用する。
- ☐ スライド式のファスナーに設けるだぼ用の孔は，外壁の面内方向のルーズホールとする。

試験によく出る問題 📋

問題7

乾式工法による外壁の張り石工事に関する記述として，最も不適当なものはどれか。

1. 厚さ30mm，大きさ500mm角の石材のだぼ孔の端あき寸法は，60mmとした。
2. スライド方式のファスナーに設ける上だぼ用の孔は，外壁の面内方向のルーズホールとした。
3. 下地のコンクリート面の寸法精度は，±10mm以内となるようにした。
4. 石材間の目地は，幅を10mmとしてシーリング材を充填した。

解 説

1. 石材のだぼ穴は，**石材の厚みの3倍以上の端あき寸法**を確保します。

したがって，厚さ30mm の場合，**90mm 以上の確保**が必要です。

　なお，一般的に，両端部より石材幅の 1 / 4 程度の位置（500mm× 1 / 4 ＝125mm）とします。

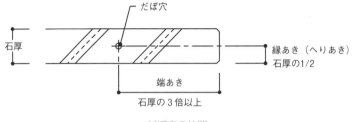

だぼ穴の位置

2．スライド方式のファスナーに設ける上だぼ用の孔は，**外壁の面内方向に動くルーズホール**とします。

3．ファスナーの面外方向の調整寸法は±10mm 程度であることから，**下地のコンクリート面の寸法精度は，±10mm 以内**となるようにします。

4．石材間の**目地幅は 8 ～10mm 程度**とします。

解答　1

張り石工事の主な工法

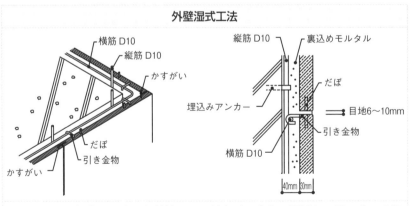

外壁湿式工法

コンクリート躯体に固定した鉄筋に，石材を引き金物で緊結し，その後，裏込めモルタルを全面に充填する工法。

外壁乾式工法

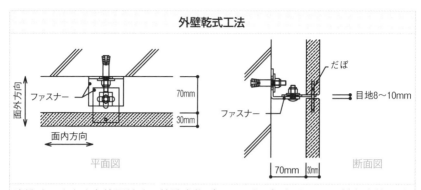

平面図 / 断面図

ファスナー / 面外方向 / 面内方向 / 70mm / 30mm / だぽ / 目地8〜10mm

裏込めモルタルを使用せず，特殊金物（ファスナー）を用いて石材を直接下地のコンクリート躯体に取り付ける工法。

内壁空積工法

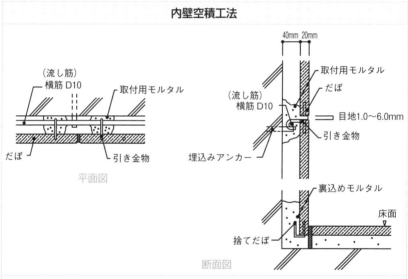

平面図 / 断面図

（流し筋）横筋 D10 / 取付用モルタル / だぽ / 引き金物 / 埋込みアンカー / 目地1.0〜6.0mm / 40mm / 20mm / 裏込めモルタル / 床面 / 捨てだぽ

コンクリート躯体に固定した鉄筋に石材を引き金物で緊結し，緊結部分を取付け用モルタルで充填することにより被覆する工法。高さ4m以下の内壁に用いられる。

35 タイル工事

壁のタイル張り工事

- ☐ 改良積上げ張りの張付けモルタルは、タイル裏面に塗厚 7～10 mm 程度で塗り付ける。
- ☐ マスク張りでは、張付けモルタルを塗り付けたタイルは、塗り付けてから 5分 を限度に張り付ける。
- ☐ 二丁掛けタイルの改良積上げ張りにおいて、1日の張付け高さは 1.5m 以内とする。
- ☐ タイル密着張り工法によるタイルの張付けは、上部より下部へ進め、1段おきに数段張り付けた後、その間のタイルを張る。
- ☐ 接着剤張りの接着剤は、くし目ごてで下地に厚さ 3 mm 程度塗り付ける。

試験によく出る問題 📋

問題 8

壁のタイル張り工事に関する記述として、最も不適当なものはどれか。

1. モザイクタイル張りの張付けモルタルは、2度塗りとし、1度目は薄く下地面にこすりつけるように塗り、次いで張付けモルタルを塗り重ね、総塗厚を 3 mm 程度とした。
2. マスク張りの張付けモルタルは、ユニットタイル裏面に厚さ 4 mm のマスク板をあて、金ごてで塗り付けた。
3. 改良積上げ張りの張付けモルタルは、下地モルタル面に塗厚 4 mm 程度で塗り付けた。
4. 改良圧着張りの化粧目地詰めは、タイル張付け後24時間経過したのちとした。

第4章

施工共通（仕上）

1. **モザイクタイル張り**の張付けモルタルは，**2層に分けて塗り付ける**ものとし，**総塗厚を3～5mm程度**とします。

2. **マスク張り**の張付けモルタルは，**厚さ4mmの専用のマスク板**をユニットタイル裏面にかぶせ，この上から**金ごて**で塗り付けます。

3. **改良積上げ張り**の張付けモルタルは，**タイル裏面**に**塗厚7～10mm程度**で塗り付けます。

4. タイル張付け後，少なくとも**1日以上経過した後に目地を充填**します。

解答　**3**

壁のタイル張りの工法

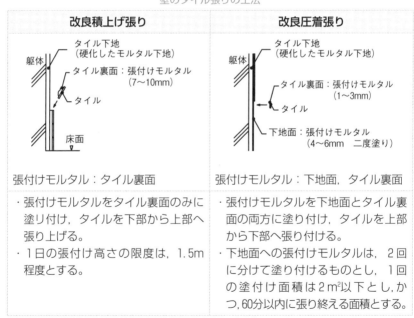

改良積上げ張り	改良圧着張り
躯体／タイル下地（硬化したモルタル下地）／タイル裏面：張付けモルタル（7～10mm）／タイル／床面	躯体／タイル下地（硬化したモルタル下地）／タイル裏面：張付けモルタル（1～3mm）／タイル／下地面：張付けモルタル（4～6mm　二度塗り）
張付けモルタル：タイル裏面	張付けモルタル：下地面，タイル裏面
・張付けモルタルをタイル裏面のみに塗り付け，タイルを下部から上部へ張り上げる。 ・1日の張付け高さの限度は，1.5m程度とする。	・張付けモルタルを下地面とタイル裏面の両方に塗り付け，タイルを上部から下部へ張り付ける。 ・下地面への張付けモルタルは，2回に分けて塗り付けるものとし，1回の塗付け面積は2m²以下とし，かつ，60分以内に張り終える面積とする。

密着張り（ヴィブラート工法）	モザイクタイル張り
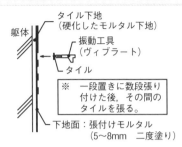	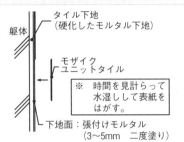
張付けモルタル：下地面	張付けモルタル：下地面
・張付けモルタルを下地のみに塗り付け，振動工具（ヴィブラート）を用いてモルタルが軟らかいうちにタイルに振動を与え，埋め込むように張り付ける。 ・張付けモルタルは，2層に分けて塗り付けるものとし，1回の塗付け面積を2 m²以下とし，かつ，20分以内に張り終える面積とする。	・約30cm角の表紙，または裏打材料でユニット化されたモザイクタイルを，張付け用モルタルが軟らかいうちに，たたき板でたたき押えて張り付ける。 ・張付けモルタルは，2層に分けて塗り付けるものとし，1回の塗付け面積は3 m²以下とし，かつ，20分以内に張り終える面積とする。

図中注記（密着張り）：
躯体
タイル下地
（硬化したモルタル下地）
振動工具
（ヴィブラート）
タイル
※ 一段置きに数段張り付けた後，その間のタイルを張る。
下地面：張付けモルタル
（5〜8mm 二度塗り）

図中注記（モザイクタイル張り）：
躯体
タイル下地
（硬化したモルタル下地）
モザイク
ユニットタイル
※ 時間を見計らって水湿しして表紙をはがす。
下地面：張付けモルタル
（3〜5mm 二度塗り）

マスク張り

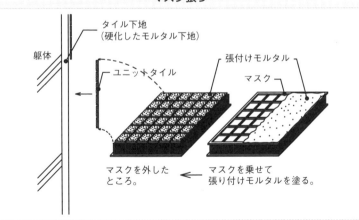

図中注記：
躯体
タイル下地
（硬化したモルタル下地）
ユニットタイル
張付けモルタル
マスク
マスクを外したところ。
マスクを乗せて張り付けモルタルを塗る。

・専用のマスク板をタイル裏面にかぶせ，この上から張付けモルタルを塗り付ける。マスクを外した後，直ちにユニットタイルを壁面に張付けます。マスクの厚みは4 mm程度とする。

問題9

壁のタイル張り工事に関する記述として，最も不適当なものはどれか。

1．改良圧着張りでは，張付けモルタルを下地面側に5mm程度，タイル裏面に3mm程度の厚さで塗り，たたき押えを行い張り付けた。

2．マスク張りでは，張付けモルタルを塗り付けたタイルは，塗り付けてから20分を限度に張り付けた。

3．タイル張り面の伸縮調整目地は，縦目地を3m内外，横目地を4m内外ごとに設けた。

4．モザイクタイル張りのたたき押えは，タイル目地に盛り上がった張付けモルタルの水分で目地部の紙が湿るまで行った。

解　説

1．**改良圧着張り**の張付けモルタルは，**下地面側に4～6mm程度**，**タイル裏面に1～3mm程度**の厚さで塗りつけます。

[張付けモルタルの塗付け]
・改良積上げ→タイル裏面
・改良圧着→下地面，タイル裏面
・密着→下地面

2．**マスク張り**では，張付けモルタルを塗り付けたタイルは，塗り付けてから**5分以内**を限度に張り付けます。

3．**伸縮調整目地**は，**縦目地が3m内外**，**横目地が4m内外**ごとに設けます。

4．モルタルがタイル裏面に行きわたり，十分な接着強度が得られるよう，**目地部分の紙の一部が**，はみ出したモルタルによって湿るまで行います。

解答　2

4 - 3 屋根・金属工事

36 屋根工事

試験によく出る選択肢 ✏️

金属製折板葺き屋根

- ☐ タイトフレームの受梁への接合は，下底の両側を隅肉溶接とし，隅肉溶接のサイズをタイトフレームの板厚と同じとする。
- ☐ 重ね形折板の重ね部分の緊結のボルトは，流れ方向の間隔を600mm とする。
- ☐ けらば包みの継手位置は，けらば用タイトフレーム付近の位置とする。
- ☐ けらばの変形防止材は，折板の山間隔の3倍以上の長さとし，1.2m 間隔で取り付ける。

金属板葺き屋根

- ☐ 平葺の葺板の上はぜと下はぜは，折返し幅を同寸法としない。
- ☐ 平葺の小はぜ掛けの下はぜの折返し幅は，15mm 程度とする。
- ☐ 水上部分と壁との取合い部に設ける雨押えは，壁際立上がりを120mm 程度とする。

試験によく出る問題 📋

問題10

金属製折板葺き屋根工事に関する記述として，最も不適当なものはどれか。

1. タイトフレームの割付けは，両端部の納まりが同一となるように建物の桁行き方向の中心から行い，墨出しは通りよく行った。
2. タイトフレームの受梁への接合は，下底の両側を隅肉溶接とし，隅肉溶接のサイズを受梁の板厚と同じとした。

3．水上部分の折板と壁との取合い部に設ける雨押えは，壁際立上りを150
mm とした。

4．軒先の落とし口は，折板の底幅より小さく穿孔し，テーパー付きポン
チで押し広げ，5 mm の尾垂れを付けた。

<hr />

解　説

1．タイトフレームを取り付けるための墨出しは**山ピッチを基準に**行いま
す。割付けは，建物の**桁行き方向の中心**から行い，両端が同じ大きさに
なるようにします。

2．**タイトフレームの受梁への接合は**，タイトフレームの立上り部分の縁
から10mm 残して，底部両端を隅肉溶接します。厚さの異なる母材の隅
肉溶接のサイズは，薄い方の母材の厚さ以下とするので，**受梁より厚み
の薄いタイトフレームの板厚と同じ**にします。

3．**水上部分の折板**と壁との取合い部に設ける雨押えは，壁際立上りを
150mm 以上とします。

4．軒先の**落とし口**は，折板の底幅より小さく穿孔し，テーパー付きポン
チで押し広げます。また，軒先の折板の先端部には，下底 5 ～10mm 程
度を15度程度曲げて**尾垂れ**を付けます。

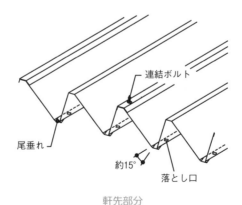

連結ボルト

尾垂れ

約15°

落とし口

軒先部分

解答　2

心木なし瓦棒葺に関する記述として，最も不適当なものはどれか。

1．一般部の葺き方は，通し吊子をすべて留め付けた後，溝板を並べ，キャップ掛けを行った。

2．棟部の納めは，溝板の水上端部に八千代折とした水返しを設け，棟包みを取り付けた。

3．けらば部の溝板の幅は，瓦棒の働き幅の $\dfrac{1}{2}$ 以下とした。

4．軒先の瓦棒の先端に設ける桟鼻は，キャップと溝板の立ち上り部分でつかみ込んで取り付けた。

解　説

1．一般部の葺き方は，**溝板を所定の位置に並べた後，通し吊子を溝板相互間にはめ込み**，亜鉛メッキ座金付き釘で野地板を通して**垂木に留め付け**，キャップ掛けを行います。

2．**棟部の溝板端部は八千代折**とし，心木の高さまで立ち上げて**水返し**を設け，その後**棟包み**を取り付けます。

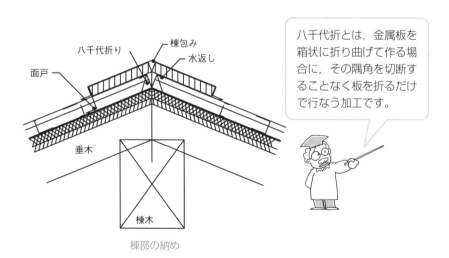

八千代折とは，金属板を箱状に折り曲げて作る場合に，その隅角を切断することなく板を折るだけで行なう加工です。

棟部の納め

第4章

施工共通（仕上）

4－3　屋根・金属工事　　235

3．けらば部の溝板の幅は，強風等によってめくれ上がらないように**瓦棒**
　の働き幅の半分程度以下にします。

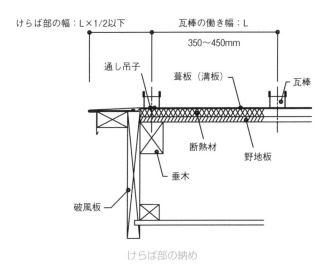

けらば部の納め

4．**桟鼻**は，通し吊子の先端部に差し込み，溝板の立ち上り両耳部分およ
　び瓦棒包み板（キャップ）の端部を，桟鼻につかみ込ませます。

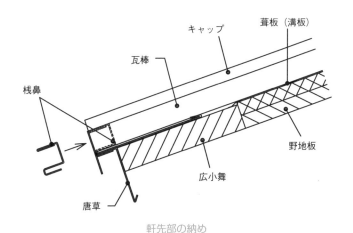

軒先部の納め

<u>解答　1</u>

問題12

金属板葺屋根工事に関する記述として，最も不適当なものはどれか。

1. 心木なし瓦棒葺のけらばは，溝板のけらば端部を唐草につかみ込んで納めた。

2. 立て平葺の棟部は，溝板のはぜ締め後，はぜを水平に倒して折り上げ，立上げ部分の先端に水返しを付け，棟覆いを取り付けた。

3. 平葺の葺板の上はぜと下はぜは，折返し幅を同寸法とし，すき間なく十分に掛け合わせ均一に叩き締めた。

4. 横葺の葺板の継手位置は，縦に一直線状とならないよう千鳥に配置した。

解 説

1. **心木なし瓦棒葺の「けらば」**は，溝板の「けらば」端部を唐草（軒先のつつみ板）につかみ込んで納めます。

2. **立て平葺の棟部**は，薄板のはぜ締め後，はぜを水平に倒して折り曲げます。その後，立上げ部分の先端に水返しを付け，棟覆いを取付けます。

　　なお，立て平葺きは，瓦棒葺きの瓦棒に相当する部分が，巻はぜ形式の立はぜとなったものです。

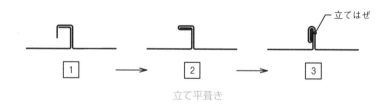

立て平葺き

3. **平葺の葺板**の周囲四辺には，<u>はぜを付けます。**上はぜを12mm 程度，下はぜを15mm 程度（上はぜと下はぜは，3mm 程度のあき）**とし，す</u><u>き間なく十分に掛け合わせ均一に叩き締めます。</u>

第4章 施工共通（仕上）

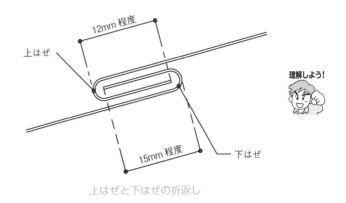

12mm 程度

上はぜ

15mm 程度

下はぜ

理解しよう!

上はぜと下はぜの折返し

4．横葺の葺板の継**手位置**は，縦に一直線状とならないようにします。

解答　3

金属製屋根葺き工事の種類

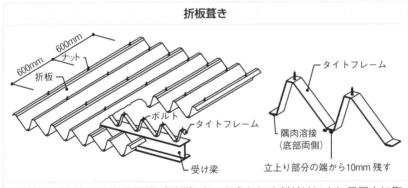

折板葺き

600mm
600mm
600mm
ナット
折板
ボルト
タイトフレーム
受け梁

タイトフレーム

隅肉溶接
（底部両側）

立上り部分の端から10mm 残す

・W 型に成形加工した金属板（折板）を，あらかじめ割付けにより母屋上に取り付けられたタイトフレームにボルトなどを用いて固定する。
・タイトフレームと受梁との接合は，風による繰り返し荷重により，ゆるまないように隅肉溶接とする。

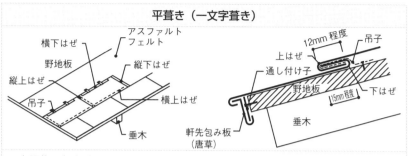

平葺き（一文字葺き）

横下はぜ
野地板
縦上はぜ
吊子
アスファルト
フェルト
縦下はぜ
横上はぜ
垂木
軒先包み板
（唐草）

12mm 程度
吊子
上はぜ
通し付け子
野地板
15mm 程度
下はぜ
垂木

・定尺物の板を適当な大きさに切って葺き，四方の継手は，はぜ掛けとします。平葺部分は，2箇所以上，吊子で留め，棟には，棟覆い板を付ける。

瓦棒葺き

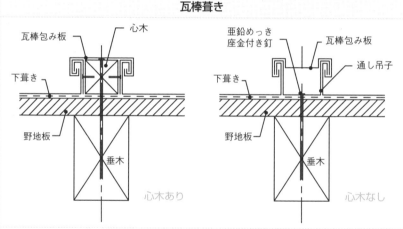

瓦棒包み板
心木
下葺き
野地板
垂木
心木あり

亜鉛めっき座金付き釘
瓦棒包み板
通し吊子
下葺き
野地板
垂木
心木なし

・瓦棒葺きには，「心木あり」と「心木なし」の種類がある。

・心木のある場合は，所定の間隔に心木，吊子を釘打ちし，溝板を高さ3cm以上立ち上げる。継手は，平板葺と同様，はぜ掛けとし，1枚ごとに3ヵ所以上吊子で留める。包み板（キャップ）と溝板の立上りの継手は，はぜ掛けとする。

・心木なしの場合は，野地板下垂木に沿った位置に通し吊子を配し，野地板を通して釘留め固定する。長尺鉄板（薄板）の耳と，包み板（キャップ）・通し吊子とをはぜ掛けとして葺く。

37 金属工事

軽量鉄骨壁下地
- □ スペーサーは，スタッドの端部を押さえ間隔600mm 程度に留め付ける。
- □ スタッドは，上部ランナーの上端とスタッド天端のすき間が10mm 程度となるように切断する。
- □ 上部ランナーが軽量鉄骨天井下地に取り付けられる間仕切壁の出入口開口部の縦の補強材は，上端部をスラブ下または梁下に固定する。
- □ 65形のスタッド材を使用したそで壁端部は，垂直方向の補強材の長さが4.0m を超えたので，補強材を2本抱き合わせて溶接したもので補強した。
- □ スタッドの間隔は，ボード2枚張りの場合は450mm 程度とし，ボード1枚張りの場合は300mm 程度とする。

軽量鉄骨天井下地
- □ 野縁を野縁受けに取り付けるクリップのつめの向きは，野縁受けに対して交互に向きを変えて留め付ける。
- □ 屋内の天井のふところが1,500mm 以上ある吊りボルトは，径が9mm の丸鋼を用いて振れ止め補強を行った。

試験によく出る問題 📋

問題13

軽量鉄骨壁下地に関する記述として，不適当なものを2つ選べ。

1. スタッドは，上部ランナーの上端とスタッド天端との隙間が15mm となるように切断した。
2. ランナーは，両端部を端部から50mm 内側で固定し，中間部を900mm 間隔で固定した。
3. 振れ止めは，床ランナーから1,200mm 間隔で，スタッドに引き通し，固定した。
4. スペーサーは，スタッドの端部を押さえ，間隔600mm 程度に留め付

けた。

5. 区分記号65形のスタッド材を使用した袖壁端部（そでかべ）の補強材は，垂直方向の長さが4.0mを超えたため，スタッド材を2本抱き合わせて溶接したものを用いた。

| 解　説 |

1. **スタッド**は，上部ランナーとスタッドの**天端との間隔が10mm程度**となるように切断します。

2. **ランナー**は，端部から**50mm内外**を押さえ，**間隔900mm程度**に打込みピン等で，床，梁下，スラブ下等に固定します。なお，軽量鉄骨天井下地等に取り付ける場合は，タッピンねじの類又は溶接で固定します。

3. **振れ止め**は，床面ランナー下端から**1,200mmごと**に設けます。ただし，上部ランナー上端から**400mm以内**に振れ止めが位置する場合は，**その振れ止めを省略する**ことができます。

4. **スペーサー**は，各スタッドの端部を押さえ，**間隔600mm程度**に留め付けます。

部材の名称と数値を中心に覚えましょう。

軽量鉄骨壁下地の部材名称

5. <u>問題14</u> の 解 説 の 4 の図を参照してください。

区分記号65形のスタッド材を使用した袖壁端部は，垂直方向の補強材の長さが**4.0m を超えた場合，開口部補強材を 2 本抱き合わせて溶接し**たもので補強します。

解答　1，5

問題14

軽量鉄骨壁下地に関する記述として，最も不適当なものはどれか。

1．スタッドの高さが4.5m の場合，区分記号90形のスタッドを用いた。

2．ボード 2 枚張りとする間仕切壁のスタッドの間隔は，450mm とした。

3．振れ止めは，フランジ側を上向きにしてスタッドに引き通し，振れ止めに浮きが生じないようにスペーサーで固定した。

4．上部ランナーが軽量鉄骨天井下地に取り付けられる間仕切壁の出入口開口部の縦の補強材は，上端部をランナーに固定した。

解 説

1．スタッドの高さが**4.0m を超え4.5m 以下の場合は，区分記号90形の**スタッドを用います。

スタッド，ランナー等の種類

部材等\種類	50形	65形	75形	90形	100形
スタッド	50×45×0.8	65×45×0.8	75×45×0.8	90×45×0.8	100×45×0.8
ランナー	52×40×0.8	67×40×0.8	77×40×0.8	92×40×0.8	102×40×0.8
振止め	19×10×1.2	25×10×1.2			
出入口及びこれに準ずる開口部の補強材	−	⊏−60×30×10×2.3		⊏−75×45 ×15×2.3	2⊏−75×45 ×15×2.3
補強材取付用金物	−	L−30×30×3.0		L−50×50×4.0	
スタッドの高さによる区分	高さ2.7m以下	高さ4.0m 以下		高さ4.0m 超，4.5m 以下	高さ4.5m 超，5.0m 以下

242

2．スタッドの間隔は，ボード1枚張りの場合300mm程度，ボード2枚張りの場合450mm程度とします。

3．振れ止めは，床ランナーの下端から間隔約1,200mmごとに取り付けます。また，振れ止めは，フランジ側を上向きにしてスタッドに引き通し，振れ止めに浮きが生じないように**スペーサーで固定**します。

4．出入口開口部の**縦の補強材**は，床から上階のスラブ下または梁下まで伸ばして固定します。

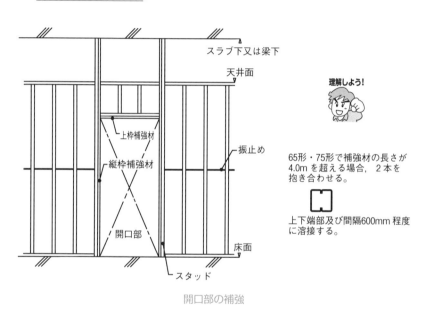

開口部の補強

理解しよう！

65形・75形で補強材の長さが4.0mを超える場合，2本を抱き合わせる。

上下端部及び間隔600mm程度に溶接する。

解答　4

第4章

施工共通（仕上）

問題15

軽量鉄骨天井下地工事に関する記述として，最も不適当なものはどれか。

1. 屋内の天井のふところが1,500mm 以上ある吊りボルトは，径が6mm の丸鋼を用いて振れ止め補強を行った。

2. 下り壁による天井の段違い部分は，2,700mm 程度の間隔で斜め補強を行った。

3. 照明器具の開口のために，野縁及び野縁受けを切断したので，それぞれ同材で補強した。

4. 野縁受け用のハンガーは，吊りボルトにナット2個を用いて挟み込んで固定した。

解 説

1. 天井のふところが**1,500mm 以上ある場合**は，吊りボルトの**水平補強，及び斜め補強**を行います。**補強材は，丸鋼（呼び径9mm 以上）または は溝形鋼を用いて吊りボルトに溶接します。**

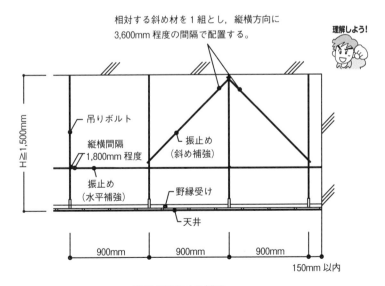

天井の振れ止め補強

2. 下り壁による天井の**段違い部分の斜め補強**は，2,700mm 程度の間隔
   で補強します。

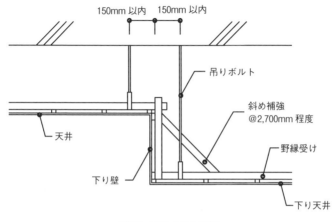

150mm 以内　150mm 以内

吊りボルト

斜め補強
@2,700mm 程度

天井

野縁受け

下り壁

下り天井

段違い部分の斜め補強

3. 照明器具の開口のために**野縁及び野縁受けを切断した場合**は，それぞ
   れ**同材で補強**します。
4. 野縁受け用の**ハンガー**は，吊りボルトに**ナット2個を用いて**挟み込ん
   で固定します。

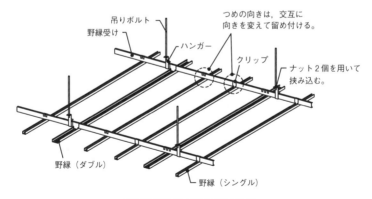

吊りボルト

野縁受け

ハンガー

つめの向きは，交互に
向きを変えて留め付ける。

クリップ

ナット2個を用いて
挟み込む。

野縁（ダブル）

野縁（シングル）

軽量鉄骨天井下地の部材名称

解答　1

4－4 建具・ガラス工事

38 建具工事

試験によく出る選択肢

アルミニウム製建具
- [ ] 外部建具周囲の充填モルタルには，NaCl 換算0.04%（質量比）以下まで除塩した海砂を使用する。
- [ ] 水切り，ぜん板は，アルミニウム板を折り曲げ加工する場合の厚さは1.5 mm 以上とする。
- [ ] 外部建具周囲の充填モルタルに使用する防水剤には塩化カルシウム系を用いない。
- [ ] 建具枠のアンカーは，枠を確実に固定できる構造とし，間隔は500mm以下とした。

鋼製建具
- [ ] 排煙窓の手動開放装置の操作部分を壁に取り付ける高さは，床面から80 cm とした。
- [ ] 外部に面する両面フラッシュ戸の見込み部は，下部を除いた 3 方向を表面板で包む。
- [ ] 枠及び戸の取付け精度は，ねじれ，反り，はらみともそれぞれ許容差を 2 mm 以内とする。

自動扉
- [ ] 自動扉において，スライディングドアの開閉速度は，開速度500mm/s以下，閉速度300mm/s 以下とする。

電動式の重量シャッター
- [ ] 電動式の重量シャッターにおいて，外部に面するシャッターには，耐風圧性を高めるため，耐風圧ロックを取り付けた。

試験によく出る問題

アルミニウム製建具工事に関する記述として，最も不適当なものはどれか。

1．枠に付着した油類の汚れは，エチルアルコールを5～10%加えた温湯を用いて清掃した。

2．表面処理が陽極酸化塗装複合皮膜のアルミニウム製部材は，モルタルに接する箇所の耐アルカリ性塗料塗りを省略した。

3．外部建具周囲の充填モルタルには，NaCl換算0.06%（質量比）まで除塩した海砂を使用した。

4．建具の仕口の組立ては，シート状の成形シール材を挟んで，タッピンねじ止めとした。

解　説

1．油類の汚れは，エチルアルコール（エタノール）を5～10%加えた温湯を用いて清掃します。

2．アルミニウム合金がコンクリート，モルタルに接する箇所には，ウレタン樹脂系などの塗料を施しますが，**陽極酸化塗装複合皮膜**で処理されたアルミニウム製部材は，**耐アルカリ性塗料塗りを省略**できます。

3．外部建具周囲の充填モルタルに海砂を用いる場合は，**NaCl換算0.04%（質量比）以下**まで除塩したものを使用します。

4．建具の仕口の組立ては，漏水の原因とならないように，シート状の**成形シール材**を挟んで，タッピンねじ止めとします。　　　　　　解答　**3**

鋼製建具工事に関する記述として，不適当なものを2つ選べ。

1．内部建具の両面フラッシュ戸の見込み部は，上下部を除いた2方を表面板で包んだ。

2．外部建具の両面フラッシュ戸の表面板は，厚さを0.6mmとした。

3．両面フラッシュ戸の組立てにおいて，中骨は厚さを1.6mmとし，間隔を300mmとした。

4．ステンレス鋼板製のくつずりは，表面仕上げをヘアラインとし，厚さを1.5mmとした。

5．枠及び戸の取付け精度は，ねじれ，反り，はらみともそれぞれ許容差を，4mm以内とした。

解　説

1．**内部建具の両面フラッシュ戸**は，上下部を除いた**2方の見込み部**を表面板で包みます。なお，**外部に面する両面フラッシュ戸**の場合は，下部を除き，**3方の見込み部**を表面板で包みます。
2．**外部建具**に使用する鋼板類の厚さは**1.6mm 以上**とし，屋内に用いる軽量の鋼製建具の場合は0.6mm 以上とします。
3．**両面フラッシュ戸**の組立てにおいて，**中骨は厚さ1.6mm，間隔を300mm 以下**とし，表面板と中骨は，溶接または構造用接合テープを用いて接合します。
4．**ステンレス鋼板製のくつずり**は，**厚さ1.5mm** のものを用い，表面仕上げは，一般的にヘアライン仕上げとします。
5．**倒れ等の取付け精度の許容差**は，面内，面外とも**±2mm 以内**とします。なお，ドア枠の**対角寸法差**は，工事現場での取付け施工の検査項目で，その精度は**3mm 以内**です。　　　　　　解答　2，5

建具取付けの要点

・くさび等で仮止めして，位置及び形状を正確に決め，コンクリートに埋め込んだアンカーに溶接する。
・アンカー位置は，枠の隅より150mm 内外を端とし，中間は500mm 内外の間隔とする。
・躯体と下部サッシ枠とは75mm 程度の隙間をとり，水切り及びサッシ下枠部と躯体間に，2度に分けてモルタル詰めを行う。
・外部まわりの建具では，枠まわりにモルタルを充てんする前に，仮止め用のくさびは取り除く。
・充填するモルタルに使用する防水剤は，塩化カルシウム系等金属の腐食を促進するものは避ける。
・くつずり，下枠等のモルタル充填の困難な個所は，あらかじめ裏面に鉄筋等を取付けておき，モルタル詰めを行った後に取り付ける。

39 ガラス工事

板ガラスのはめ込み
- □ 不定形シーリング材構法におけるセッティングブロックは，ガラスの横幅寸法の1/4の所に2箇所設置する。
- □ グレイジングガスケット構法におけるグレイジングチャンネルの突合せ位置は，ガラスの上辺中央部とする。

試験によく出る問題 📋

問題18

板ガラスのはめ込みに関する記述として，最も不適当なものはどれか。

1. 不定形シーリング材構法において，可動窓の場合，開閉時の衝撃によるガラスの損傷を避けるため，エッジスペーサーを設置する。
2. 不定形シーリング材構法におけるセッティングブロックは，一般にガラスの両角部に設置する。
3. グレイジングガスケット構法におけるガスケットは，伸ばさないようにし，各隅を留め付ける。
4. 構造ガスケット構法の場合，ジッパーを取り付ける際には，ジッパーとジッパー溝に滑り剤を塗布する。

解 説

1. 可動窓の場合，開閉時の衝撃によるガラスの損傷を避けるために**エッジスペーサー**を設置します。
2. セッティングブロックの設置位置は，<u>ガラスの**横幅寸法の1/4の所に2箇所設置**</u>します。

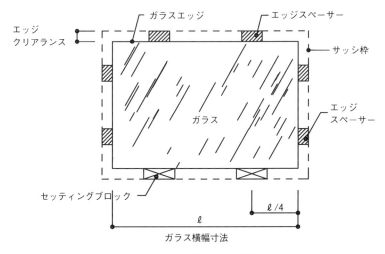

セッティングブロックの位置

3．グレイジングガスケット構法に用いる**ガスケット**は，**伸ばさない**よう
　　にして各隅を留め付けます。

4．構造ガスケット構法の**ジッパー**は室内側とし，ジッパーを取り付ける
　　際には，ジッパーとジッパー溝に**滑り剤を塗布**します。

解答　2

ガラスのはめ込み構法と用途

構法	不定形シーリング材構法	
図	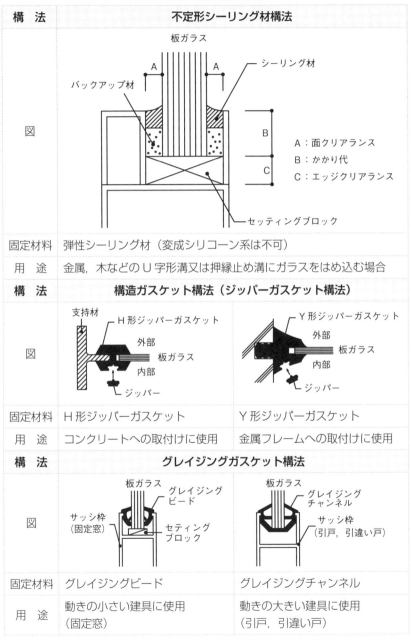	
固定材料	弾性シーリング材（変成シリコーン系は不可）	
用途	金属，木などのU字形溝又は押縁止め溝にガラスをはめ込む場合	
構法	構造ガスケット構法（ジッパーガスケット構法）	
図		
固定材料	H形ジッパーガスケット	Y形ジッパーガスケット
用途	コンクリートへの取付けに使用	金属フレームへの取付けに使用
構法	グレイジングガスケット構法	
図		
固定材料	グレイジングビード	グレイジングチャンネル
用途	動きの小さい建具に使用 （固定窓）	動きの大きい建具に使用 （引戸，引違い戸）

4－5 左官・塗装・内装・改修工事

40 左官工事

試験によく出る選択肢

建築用仕上塗材の主材の一般的な塗付け工法

☐ 内装薄塗材Wの京壁状じゅらく仕上げは，吹付け工法により行う。

☐ 複層塗材Eの凹凸状仕上げは，吹付け工法により行う。

☐ 複層塗材Eのゆず肌状仕上げは，ローラー塗り工法により行う。

☐ 軽量骨材仕上塗材の砂壁状は，吹付け工法により行う。

防水形複層塗材E

☐ 凸部処理は，主材の模様塗り後1時間以内に行う。

☐ 主材は，下地のひび割れに対する追従性を低下させないため，混合時にできるだけ気泡を混入させない。

内壁コンクリート下地におけるセメントモルタル塗り

☐ モルタルの塗厚の合計は，25mm以下とする。

☐ モルタルの収縮によるひび割れを防ぐため，できるだけ粒径の大きい骨材を用いる。

試験によく出る問題 📋

問題19

建築用仕上塗材の主材の一般的な塗付け工法に関する記述として，最も不適当なものはどれか。

1．内装厚塗材Cのスタッコ状仕上げは，吹付け工法又はこて塗り工法により行う。
2．内装薄塗材Wの京壁状じゅらく仕上げは，ローラー塗り工法により行う。
3．可とう形外装薄塗材Eのさざ波状仕上げは，ローラー塗り工法により行う。
4．防水形複層塗材Eのゆず肌状仕上げは，ローラー塗り工法により行う。

解 説

1．**内装厚塗材C**の**スタッコ状仕上げ**は，**吹付け**工法又は**こて塗り**工法で行います。
2．**内装薄塗材W**の**京壁状じゅらく仕上げ**は，**吹付け工法**で行います。
3．**可とう形外装薄塗材E**の**さざ波状仕上げ**は，**ローラー塗り**工法で行います。
4．**防水形複層塗材E**の**ゆず肌状仕上げ**は，**ローラー塗り**工法で行います。

・ゆず肌，さざ波→ローラー塗り
・じゅらく，砂壁→吹付け
・平坦，スタッコ→こて塗り
をポイントに覚えるとよいです。

解答　2

種　類	塗り厚	呼び名	テクスチュア	塗付け工法
薄付け仕上塗材	3mm 程度以下	可とう形外装薄塗材 E	ゆず肌状	吹付け，ローラー塗り
			さざ波状	ローラー塗り
		内装薄塗材 E	平坦状	こて塗り
		内装薄塗材 W	京壁状じゅらく	吹付け
厚付け仕上塗材	4〜10mm 程度	内装厚塗材 C	スタッコ状	吹付け，こて塗り
複層仕上塗材	1〜5mm 程度	複層塗材 E	ゆず肌状	ローラー塗り
			凸凹状	吹付け
軽量骨材仕上塗材	3〜5mm 程度		砂壁状	吹付け

問題20

防水形合成樹脂エマルション系複層仕上塗材（防水形複層塗材 E）仕上げに関する記述として，最も不適当なものはどれか。

1．下塗材の所要量は，試し塗りを行い，0.2kg/m² とした。
2．出隅及び入隅の増塗りは，はけ又はローラーにより，端部で段差のないように塗り付けた。
3．主材の基層塗りは 2 回塗りとし，所要量を1.7kg/m² とした。
4．凸部処理は，主材の模様塗り後24時間経過してから行った。

解　説

1．防水形複層塗材 E 仕上の**下塗材の所要量**は，**0.1kg/m²以上**とし，一般的には0.2kg/m²程度です。
2．**増塗り**は，出隅，入隅，目地部，開口部まわり等に，**はけ又はローラー**により，端部に段差のないように塗り付けます。
3．**主材の基層塗り**は **2 回塗り**とし，だれ，ピンホール，塗残しのないよう下地を覆うように塗り付けます。また，その**所要量は1.7kg/m²以上**とします。
4．**凸部処理**は，主材の模様塗りののちに，所定の模様が得られるように，乾燥状態を考慮して**1 時間以内**に行います。

解答　**4**

問題21

内壁コンクリート下地におけるセメントモルタル塗りに関する記述として，最も不適当なものはどれか。

1．下塗り用モルタルの調合は，容積比でセメント1対砂2.5とした。

2．モルタルの塗厚の合計は，30mmを標準とした。

3．中塗り・上塗りの塗厚を均一にするため，下塗りの後，むら直しを行った。

4．額縁のちりじゃくりの周囲は，こて1枚の厚さだけ透かして仕上げた。

解　説

1．セメントと砂の調合比（容積比）は，次のとおりです。**下塗り**用モルタルの調合は，**1：2.5**とします。

セメントと砂の調合比（容積比）

	下塗り，ラスこすり	むら直し，中塗り，上塗り
セメント：砂	1：2.5	1：3

2．壁の場合のモルタルの**塗厚の合計**は，**25mm以下**とします。それ以上の塗り厚の場合は，アンカーピン，溶接金網，ネット等を取り付けてモルタルを塗り付けます。

3．**むら直し**は，中塗り・上塗りの塗厚を均一にするために**下塗りの後**に行います。

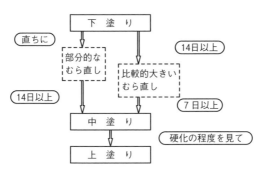

むら直しがある場合

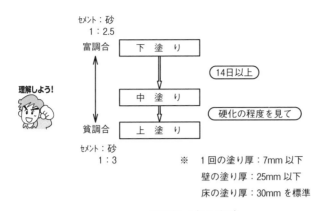

むら直しがない場合

4．額縁や廻り縁などの**ちりじゃくり**の周囲は，こて1枚の厚さだけ透か
して仕上げます。

<u>解答　2</u>

41 塗装工事

試験によく出る選択肢 📝

塗装工事の素地ごしらえ

- ☐ 鉄鋼面に付着した溶接のスパッタは，ディスクサンダーやスクレーパーなどにより取り除く。
- ☐ ALC パネル面の塗装において，下地調整塗りの前に，合成樹脂エマルションシーラーを全面に塗布する。
- ☐ 屋外の木質系素地面の木材保護塗料塗りにおいて，原液を水で希釈せずに使用した。

コンクリート素地面・金属系素地面の塗装

- ☐ 合成樹脂エマルションペイント塗りにおいて，水がかり部分に用いるため，塗料の種類を1種とした。
- ☐ アクリル樹脂系非水分散形塗料塗りにおいて，気温が20℃であったため，中塗り後3時間の間隔をあけて次の工程に入った。
- ☐ 屋内のつや有り合成樹脂エマルションペイント塗りにおいて，流動性を向上させるため，水で希釈して使用した。

塗装の欠陥

- ☐ 下地の乾燥が不足すると，「ふくれ，はがれ」が生じやすい。
- ☐ 「しわ」は，厚塗りや乾燥時の温度上昇による表面の上乾きなどが原因で生じる。

試験によく出る問題 📋

問題22

塗装工事の素地ごしらえに関する記述として，最も不適当なものはどれか。

1. けい酸カルシウム板の吸込止めとして，反応形合成樹脂シーラーを全面に塗布した。
2. 亜鉛めっき鋼面は，汚れ・付着物の除去後，油類の除去を行った。
3. 透明塗料塗りの木部の素地面で，仕上げに支障のおそれがある甚だしい変色は，漂白剤を用いて修正した。

第4章

施工共通（仕上）

4．鉄鋼面に付着した溶接のスパッタは，りん酸塩溶液により取り除いた。

解　説

1．**けい酸カルシウム板**などの軟質なボードの素地ごしらえは，穴埋め・パテかいの前に，**吸込み止め処理**として，**反応形合成樹脂シーラー**を全面に塗布します。
2．**亜鉛めっき鋼面**の素地ごしらえは，汚れ，付着物の除去後に油類の除去を行います。

亜鉛めっき鋼面の素地ごしらえ

工　程	種　別		塗装その他・面の処理	備　考
	A 種	B 種		
1　汚れ，付着物除去	○	○	スクレーパー，ワイヤブラシ等で除去。	―
2　油類除去	○	―	弱アルカリ性液で加熱処理後，湯又は水洗い。	―
	―	○	溶剤ぶき。	
3　化成皮膜処理	○	―	りん酸塩処理後，水洗い乾燥又はクロム酸処理若しくはクロメートフリー処理後，乾燥。	―

(注)　1．A 種は製作工場で行うものとする。
　　　2．鋼製建具等に使用する亜鉛めっき鋼板は，鋼板製造所にて化成皮膜処理を行ったものとし，種別は B 種とする。

3．**木部の素地面**で，仕上げに支障のおそれがある甚だしい色むら，汚れ，変色等がある場合は，**漂白剤**を用いて修正します。
4．**溶接のスパッタ**（溶接中に飛散するスラグ，金属粒）は，りん酸塩溶液で取り除けないので，<u>ディスクサンダー等の動力工具</u>や<u>スクレーパー等の手工具</u>を用います。

鉄鋼面の素地ごしらえ

工程	種別			塗装その他・面の処理	備考
	A種	B種	C種		
1 汚れ，付着物除去	○	－	○	スクレーパー，ワイヤブラシ等で除去。	－
2 油類除去	○	－	－	弱アルカリ性液で加熱処理後，湯又は水洗い。	－
	－	○	○	溶剤ぶき。	－
3 錆落し	○	－	－	酸漬け，中和，湯洗いにより除去。	放置せずに，次の工程に移る。
	－	○	－	ブラスト法により除去。	
	－	－	○	ディスクサンダー又はスクレーパー，ワイヤブラシ，研磨紙（P120〜220）で除去。	
4 化成皮膜処理	○	－	－	りん酸塩処理後，湯洗い乾燥。	

（注）1．A種及びB種は製作工場で行うものとする。

解答　**4**

問題23

コンクリート素地面の塗装工事に関する記述として，最も不適当なものはどれか。

1．多彩模様塗料塗りにおいて，上塗り塗料は希釈せず，かくはん棒で軽く混ぜてから使用した。

2．常温乾燥形ふっ素樹脂エナメル塗りにおいて，気温が20℃のため，工程間隔時間を24時間とした。

3．アクリル樹脂系非水分散形塗料塗りにおいて，下塗り，中塗り，上塗りは同一材料を使用し，塗付け量はそれぞれ0.10kg/m²とした。

4．合成樹脂エマルションペイント塗りにおいて，水がかり部分に用いるため，塗料の種類を2種とした。

1．上塗りは薄めずに塗るように調整されているので，現場において薄め
　てはなりません。

2．コンクリート面における工程間隔時間は16時間以上７日以内としま
　す。

3．中塗り，上塗りには，同一材料を使用し，塗付け量は0.10kg/㎡程度
　ずつとします。

4．1種は外部用，2種は内部用として用いられます。

解答　4

問題24

　コンクリート素地面の塗装工事に関する記述として，不適当なものを２つ
選べ。

1．アクリル樹脂系非水分散形塗料塗りにおいて，気温が20℃であった
　ため，中塗りの工程間隔時間を２時間とした。

2．常温乾燥形ふっ素樹脂エナメル塗りにおいて，塗料を素地に浸透させ
　るため，下塗りはローラーブラシ塗りとした。

3．２液形ポリウレタンエナメル塗りにおいて，塗料は所定の可使時間内
　に使い終える量を調合して使用した。

4．合成樹脂エマルションペイント塗りにおいて，流動性を上げるため，
　有機溶剤で希釈して使用した。

5．つや有り合成樹脂エマルションペイント塗りにおいて，塗装場所の気
　温が５℃以下となるおそれがあったため，施工を中止した。

1．コンクリート素地面にアクリル樹脂系非水分散形塗料を塗装する際，
　気温20℃の場合は，中塗り後３時間以上の間隔をあけて次の工程に入り
　ます。

2．常温乾燥形ふっ素樹脂エナメル塗りの塗装方法は，はけ塗り，ロー

ラーブラシ塗り，吹付け塗りとします。

3．塗装直前に**主剤**と**硬化剤**を混ぜ合わせる**2液形塗料**は，所定の可使時間内に使い終える量を混合して使用します。

4．合成樹脂エマルションペイントは**水系塗料**であり，流動性を向上させる場合は**水で希釈**します。

5．気温が**5℃以下**，湿度が85％以上，結露等で塗料の乾燥に不適当な場合は，**塗装を中止**します。

解答　1，4

問題25

塗装の欠陥に関する記述として，最も不適当なものはどれか。

1．下地の乾燥が不足すると，「色分かれ」が生じやすい。

2．塗料の流動性が不足すると，「はけ目」が生じやすい。

3．下地の吸込みが著しいと，「つやの不良」が生じやすい。

4．素地に水や油が付着していると，「はじき」が生じやすい。

| 解　説 |

1．**「色分かれ」**は，**混合不十分や溶剤の過剰添加**などが原因で起こります。下地の乾燥が不足すると，**「ふくれ，はがれ」**が生じやすいです。

2．塗料の希釈不足によって流動性が不足すると，**「はけ目」**が生じやすいです。

3．下地の吸込みが著しい場合には，**「つやの不良」**が生じやすくなります。

4．素地に水又は油，ごみ等が付着している場合，塗料が均一に塗れず，**「はじき」**が生じやすくなります。

解答　1

42 内装工事（床）

合成樹脂塗り床

- ☐ エポキシ樹脂のコーティング工法のベースコートは，ローラーばけやスプレーで塗り付けた。
- ☐ 厚膜型のエポキシ樹脂系塗り床における主剤と硬化剤の１回の練混ぜ量は，30分以内で使い切れる量とした。
- ☐ プライマーは，下地の吸込みが激しく塗膜とならない部分には，先に塗ったプライマーの硬化後に再塗布する。

ビニル床シート張り

- ☐ 熱溶接工法において，床シートの溶接作業は，床シートの張付け後，接着剤が硬化してから行う。
- ☐ 防湿層のない土間コンクリートの床への床シートの張付けには，ウレタン樹脂系の接着剤を使用した。
- ☐ 熱溶接工法において，溶接部の床シートの溝部分と溶接棒は，180〜200℃の熱風で加熱溶融させて，溶接棒を押さえつけるようにして圧着溶接する。

試験によく出る問題 📋

問題26

合成樹脂塗床に関する記述として，最も不適当なものはどれか。

1. プライマーは，下地の吸込みが激しく塗膜とならない部分には，先に塗ったプライマーの硬化後に再塗布した。
2. エポキシ樹脂のコーティング工法のベースコートは，金ごてで塗り付けた。
3. 合成樹脂を配合したパテ材や樹脂モルタルでの下地調整は，プライマーの乾燥後に行った。
4. エポキシ樹脂モルタル塗床で防滑仕上げに使用する骨材は，最終仕上げの１つ前の工程と同時に均一に散布した。

1．下地の吸込みが激しく塗膜とならない場合は，**全体が硬化した後**，吸込みが止まるまで**数回にわたって塗布**します。

2．**コーティング工法**は，塗り床材を**ローラーばけ**やスプレーで塗り付ける工法です。なお，金ごてで塗り付ける工法は，**ペースト工法**です。

合成樹脂塗り床の主な工法

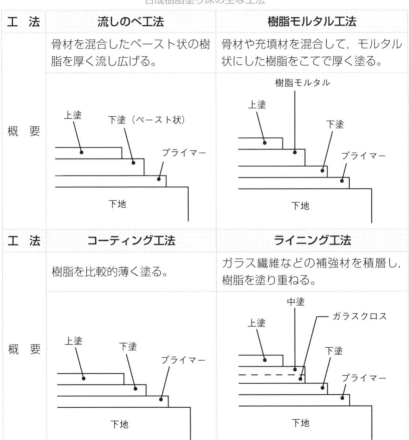

工　法	流しのべ工法	樹脂モルタル工法
概　要	骨材を混合したペースト状の樹脂を厚く流し広げる。	骨材や充填材を混合して，モルタル状にした樹脂をこてで厚く塗る。

工　法	コーティング工法	ライニング工法
概　要	樹脂を比較的薄く塗る。	ガラス繊維などの補強材を積層し，樹脂を塗り重ねる。

3．合成樹脂を配合した**パテ材**や**樹脂モルタル**での**下地調整**は，**プライマーの乾燥後**，下地の状態に応じて材料を使い分け，下地を平滑に仕上

第4章　施工共通（仕上）

げます。

4．防滑仕上げの施工は，[プライマー] → [ペースト] → [骨材（砂）] → [ペースト] の順に行います。

解答　2

合成樹脂塗り床の要点

・下地面の含水率を定期的に想定し，十分乾燥したことを確認してから施工する。

・施工温度は10℃以上を保つ。

・気温５℃以下，湿度80％以上の場合は施工を中止する。

・塗り床の施工中，直射日光が当たる部分には，仮設の日除け設備を設置する。

・工法：流しのべ工法，樹脂モルタル工法，コーティング工法，ライニング工法がある。

・樹脂における主剤と硬化剤等の練り混ぜ量は，30分以内に使い切れる量とする。

・膜厚が薄いため下地の平滑度を高める。特に，コンクリート下地面は，研磨機で脆弱な層を除去する。

問題27

合成樹脂塗り床に関する記述として，最も不適当なものはどれか。

1．厚膜型のエポキシ樹脂系塗り床における主剤と硬化剤の１回の練混ぜ量は，２時間で使い切れる量とした。

2．弾性ウレタン樹脂系塗り床において，ウレタン樹脂の１回の塗布量は２kg/m²を超えないようにした。

3．塗り床の施工中，ピンホールを防ぐため，直射日光が当たる部分に仮設の日除け設備を設置した。

4．薬品を使用する実験室の塗り床において，平滑な仕上げとするため，流しのべ工法とした。

1．樹脂における主剤と硬化剤等の**練り混ぜ量**は，**30分以内**に使い切れる量とします。

2．ウレタン樹脂の**1回の塗布量**は**2 kg/m²以下**にします。

3．塗り床の施工中，直射日光が当たる部分には，仮設の日除け設備を設置します。

4．**流しのべ工法**は，骨材を混合したペースト状の樹脂を厚く流し広げる工法で，**平滑で美観性に優れています**。

解答　1

問題28

ビニル床シート張りに関する記述として，最も不適当なものはどれか。

1．張付けに先立ち，仮敷きを行い室温で24時間以上放置して，床シートの巻きぐせをとった。

2．熱溶接工法において，床シートの溶接作業は，床シートを張付け後，直ちに行った。

3．床シートの張付けは，圧着棒を用いて空気を押し出すように行い，その後45kg ローラーで圧着した。

4．防湿層のない土間コンクリートの床への床シートの張付けには，ウレタン樹脂系の接着剤を使用した。

1．ビニル床シートは，施工に先立って**温度20℃以上の室温**にて敷きのばし，**24時間以上放置**して巻きぐせをとります。

2．熱溶接工法において，床シートの**溶接作業**は，**床シートを張り付けた後，接着剤が硬化してから**行います。

3．圧着は，圧着棒を用いて空気を押し出すように行い，その後**45kg ローラー**で圧着します。

4．防湿層のない土間コンクリートなど，**湿気のおそれのある床**には，**エポキシ樹脂系**または**ウレタン樹脂系**接着剤を用います。

解答　2

┤床シートの熱溶接工法の要点├

・床シート張付け後，接着剤が完全に硬化してから，はぎ目および継手を，電動溝切り機または溝切りカッターで溝切りを行う。

・溝の深さを床シート厚の2／3程度とし，V字形型またはU字形に均一な溝幅とする。

・床シートを張り付けた後，接着剤が硬化してから溶接作業を行う。

・溶接作業は熱溶接機を用いて，溶接部を180〜200℃の温度で床シートと溶接棒を同時に溶融し，余盛りが断面両端にできる程度に溶接棒を加圧しながら溶接する。

・溶接完了後，溶接部が完全に冷却してから余盛りを削り取り平滑にする。

問題29

ビニル床シート張りに関する記述として，最も不適当なものはどれか。

1．熱溶接工法の溶接部の溝は，V字形とし，深さを床シート厚さの$\frac{2}{3}$とした。

2．湯沸室の床への張付けには，酢酸ビニル樹脂系接着剤を使用した。

3．寒冷期に施工する際，採暖を行い，床シート及び下地とも5℃以下にならないようにした。

4．床シートを立ち上げて幅木としたので，天端処理は，シリコーンシーリング材でシールする方法とした。

1. 熱溶接工法の溶接部の溝は，溝の深さを**床シート厚の2/3程度**とし，V字形型またはU字形に均一な溝幅とします。

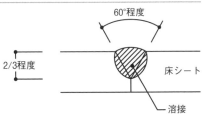

溶接部の溝

2. 問題28 の 解 説 の4を参照してください。湯沸室の床への張り付けには，酢酸ビニル樹脂系接着剤を使用せず，**エポキシ樹脂系または****ウレタン樹脂系**接着剤を使用します。

3. **室温5℃以下**では接着剤が硬化せず，材料が割れやすくなるので，温度管理に配慮します。やむを得ず施工する場合は，採暖等の養生を行います。

4. ビニル床シートの幅木部への巻き上げは，シートをニトリルゴム系接着剤により張り付け，**天端処理**はシリコーンシーリング材で**シール処理**します。

解答　**2**

第4章　施工共通（仕上）

接着剤の注意点

・下地の乾燥期間：モルタルの場合は14日，コンクリートの場合は28日とする。

・接着：所定のくし目ごてを用いて下地面に均一に塗布する。

・所定のオープンタイムをとり，溶剤の揮発を適切に行って張り付ける。

・湿気のおそれのある床には，エポキシ樹脂系またはウレタン樹脂系接着剤を用いる。

・室温5℃以下では接着剤が硬化せず，材料が割れやすくなるので，温度管理に配慮する。やむを得ず施工する場合は，採暖等の養生を行う。

・ビニル床シートの幅木部への巻き上げは，シートをニトリルゴム系接着剤により張り付ける。

43 内装工事（壁・断熱）

壁のせっこうボード張り

- ☐ せっこう系接着材による直張り工法において，1回の接着材の塗付け面積は，張り付けるボード1枚分とする。
- ☐ せっこう系接着材による直張り工法において，ボード中央部の接着材を塗り付ける間隔は，床上1,200mm以下の部分より床上1,200mmを超える部分を大きくする。
- ☐ 軽量鉄骨下地にボードを直接張り付ける際，ボード周辺部を固定するドリリングタッピンねじの位置は，ボードの端部から10mm程度内側とする。
- ☐ せっこう系接着材による直張り工法の接着材の盛上げ高さは，接着するボードの仕上がり面までの高さの2倍とする。

鉄筋コンクリート造の断熱工事（硬質ウレタンフォーム吹付け工法）

- ☐ 随時吹付け厚さを測定しながら作業し，厚さの許容誤差を0mmから+10mmとして管理した。
- ☐ 断熱材の吹付け厚さが50mmの箇所は，2層吹きとした。
- ☐ 冷蔵倉庫など断熱層が特に厚い施工では，1日の最大吹付け厚さは80mm以下とする。
- ☐ 断熱材には自己接着性があるため，吹き付ける前のコンクリート面の接着剤塗布を不要とした。

問題30

壁のせっこうボード張りに関する記述として，最も不適当なものはどれか。

1．せっこう系接着材による直張り工法において，躯体から仕上がり面までの寸法は厚さ9.5mmのボードで20mm程度，厚さ12.5mmのボードで25mm程度とする。

2．木製壁下地にせっこうボードを直接張り付ける場合，ボード厚の3倍

程度の長さの釘を用いて，釘頭が平らに沈むまで打ち込む。

3．せっこう系接着材による直張り工法において，1回の接着材の塗付け面積は，張り付けるボード2枚分とする。

4．せっこう系接着材による直張り工法において，一度に練る接着材の量は，1時間以内に使い切れる量とする。

解　説

1．せっこう系接着材による**直張り工法**において，仕上がり面までの標準寸法は厚さ**9.5mm** ボードで**20mm 程度**，厚さ**12.5mm** ボードで**25mm 程度**とします。

2．一般に，釘径は板厚の**1/6以下**とし，釘の長さは板厚の**2.5倍以上**とします。木製壁下地に**せっこうボードを直接張り付ける場合は，ボード厚の3倍程度**とします。

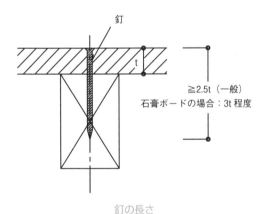

釘の長さ

3．**1回の接着材の塗付け**は，張り付ける**ボード1枚分**とします。

4．接着材の**一度に練る量**は，**1時間以内**に使い切れる量とします。

解答　3

問題31

壁のせっこうボード張りに関する記述として，最も不適当なものはどれか。

1．せっこう系接着材による直張り工法で，ボード中央部の接着材を塗り付ける間隔は，床上1,200mm以下の部分より床上1,200mmを超える部分を小さくする。

2．ボードの下端部は，床面からの水分の吸上げを防ぐため，床面から10mm程度浮かして張り付ける。

3．軽量鉄骨壁下地にボードを直接張り付ける場合，ドリリングタッピンねじの留付け間隔は，中間部300mm程度，周辺部200mm程度とする。

4．テーパーエッジボードの突付けジョイント部の目地処理における上塗りは，ジョイントコンパウンドを200〜250mm幅程度に塗り広げて平滑にする。

解　説

1．ボード中央部の接着材の**塗付け間隔**は，床上1.2m以下の部分で**200〜250mm**，床上1.2mを超える部分で**250〜300mm**とします。したがって，床上1,200mm以下の部分より**床上1,200mmを超える部分を大きく**します。

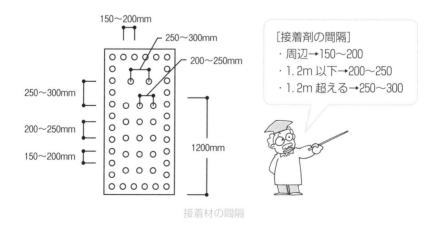

接着材の間隔

２．床面からの水分の吸上げを防ぐため，ボード下端と床面との間にスペーサーを置き，**床面から10mm 程度浮かして**張り付けます。

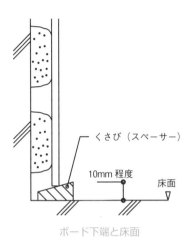

くさび（スペーサー）

10mm 程度

床面

ボード下端と床面

３．ボード周辺部を固定するドリリングタッピンねじの位置は，**ボードの端部から10mm 程度内側の位置**で留め付け，その間隔は，**中間部300mm程度，周辺部200mm 程度**とします。

ボード類の留付け間隔［単位：mm］

下 地	施工箇所	留付け間隔		備 考
		周辺部	中間部	
軽量鉄骨下地・木造下地共	天井	150程度	200程度	小ねじの場合
	壁	200程度	300程度	

４．**上塗り**は，**ジョイントコンパウンド**を200〜250mm 程度の幅に塗り広げて平滑にします。

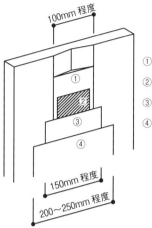

① 下塗り：ジョイントコンパウンド

② ジョイントテープ

③ 中塗り：ジョイントコンパウンド

④ 上塗り：ジョイントコンパウンド

100mm 程度

150mm 程度

200〜250mm 程度

テーパーボードの目地処理

解答　1

直張り工法（GL 工法）の要点

・接着材の間隔

（壁）周辺部：150〜200mm 床上1.2m 以下：200〜250mm

　　　床上1.2m 超える：250〜300mm

（梁）周辺部：100〜150mm 中間部：200〜250mm

・接着材の一度に練る量：1 時間以内に使い切れる量。

・仕上がり面までの標準寸法：（9.5mm ボード）：20mm 程度

　　　　　　　　　　　　　　（12.5mm ボード）：25mm 程度。

・接着材の盛上げ高さ：ボード仕上がり面の 2 倍の高さ。

・ALC パネル面に石こうボードの直張り工法を行う場合：下地面の吸水調整を行う。

・外壁の躯体に打ち込んだポリスチレンフォームを下地とする場合：

　　躯体に確実に固定されたものに限って，プライマー処理をしてから直張り工法を行う。

・ボードの張付けの際，床面からの水分の吸上げを防ぐため，床面から10mm程度浮かして張り付ける。

・戸境壁の両面に同じ仕様で石こうボードの直張りを行ってはならない。（遮音性能が低下するため）

問題32

鉄筋コンクリート造建物内部の断熱工事に関する記述として，最も不適当なものはどれか。

1．押出法ポリスチレンフォーム打込み工法において，コンクリート打込みの際には，同一箇所で長時間バイブレーターをかけないようにした。

2．押出法ポリスチレンフォーム打込み工法において，セパレーターが断熱材を貫通する部分は熱橋となり結露が発生しやすいため断熱材を補修した。

3．硬質ウレタンフォーム吹付け工法において，随時吹付け厚さを測定しながら作業し，厚さの許容誤差を－5mmから＋10mmとして管理した。

4．硬質ウレタンフォーム吹付け工法において，断熱材には自己接着性があるため，吹き付ける前のコンクリート面の接着剤塗布を不要とした。

解 説

1．コンクリート打込みの際には，**同一箇所で長時間バイブレーターをかけないようにする**とともに，その衝撃によって**断熱材が型枠から剥落しないように**注意します。

2．金属であるセパレーターは，断熱材に比べて熱伝導率が高く，熱が伝わりやすいです。**セパレーターが断熱材を貫通する部分は，熱橋となり結露が発生しやすいため，断熱材の補修**を確実にする必要があります。

3．吹付け厚さの**許容誤差は，0から＋10mm**とします。

4．断熱材には自己接着性があるため，**接着剤は不要**です。

解答 **3**

第4章

施工共通（仕上）

鉄筋コンクリート造の断熱工事に関する記述として，最も不適当なものはどれか。

1. 硬質ウレタンフォーム吹付け工法において，ウレタンフォームが厚く付きすぎて表面仕上げ上支障となるところは，カッターナイフで除去した。

2. 硬質ウレタンフォーム吹付け工法において，断熱材の吹付け厚さが50 mm の箇所は，1層吹きとした。

3. 押出法ポリスチレンフォーム打込み工法において，断熱材の継目は突付けとし，テープ張りをしてコンクリートの流失を防止した。

4. 押出法ポリスチレンフォーム打込み工法において，窓枠回りの防水剤入りモルタル詰めを行った部分には，現場発泡の硬質ウレタンフォームを充填した。

解 説

1. 厚く付き過ぎて支障となるところは，**カッターナイフで表層を除去**します。

2. **1回の吹付け厚さは30mm 以下**とし，所定の厚さがこれ以上の場合には**多層吹き**とします。

3. 断熱材の継目は，相欠きまたは**突付け**とし，**継目にテープ張り**などの処置をして，すき間を防止します。

4. 窓枠回りの防水剤入りモルタル詰めを行った部分など，断熱材が欠落している箇所は，**現場発泡の硬質ウレタンフォーム**で隙間なく補修します。

工　法	概　要
打込み工法	・ボード状の断熱材をせき板に取り付け，コンクリートを打ち込むことによって取り付ける工法。 ・断熱材の継目は，相欠きまたは突付けとし，継目にテープ張りなどの処置をして，すき間を防止。
張付け工法	・ボード状の断熱材を，接着剤やボルトなどで壁などに張り付ける工法。 ・下地コンクリート面は，張付けの障害となる不陸，豆板，汚れ，油分などを事前に手直しする。 ・内断熱工法の場合，断熱材と躯体のすき間に結露する可能性があるので，断熱材を全面接着して，すき間ができないようにする。
吹付け工法 （現場発泡工法）	・現場発泡断熱材（硬質ウレタンフォーム）を壁面などに吹き付ける工法。 ・接着性があるので，接着剤は不要。 ・１回の吹付け厚さは30mm 以下とし，所定の厚さがこれ以上の場合には多層吹きとする。なお，１日の最大吹付け厚さは80mm 以下とする。 ・厚く付き過ぎて支障となるところは，カッターナイフで表層を除去。 ・吹付け厚さの許容誤差は，０から＋10mm とする。

解答　2

44 ALCパネル・カーテンウォール工事

試験によく出る選択肢 📝

ALC パネル工事

- [ ] 外壁パネルと間仕切パネルの取合い部には，幅が10～20mm の伸縮目地を設ける。
- [ ] 外壁の縦壁ロッキング構法では，パネル重量をパネル下部の中央に位置する自重受け金物により支持した。
- [ ] 床パネルの孔あけ加工は，1枚当たり1箇所とし，主筋の位置を避け，直径50mm 以下の大きさとする。
- [ ] 耐火性能が要求される伸縮目地には，耐火目地材を充填する。
- [ ] 取扱い時に欠けが生じ，補強鉄筋が露出して構造耐力上支障がある外壁のパネルは破棄する。

押出成形セメント板張り

- [ ] 縦張り工法のパネルは，層間変形に対してロッキングにより追従するため，縦目地は 8 mm 以上，横目地は15mm 以上とする。
- [ ] 横張り工法のパネルは，積上げ枚数 3 枚以下ごとに構造体に固定した自重受け金物で受ける。

メタルカーテンウォール工事

- [ ] アルミニウム合金形材で長さ 3 m の単一材の長さの寸法許容差は，±1.5mm とした。
- [ ] 組立て方式は，すべての構成部材を工事現場で組み立てるノックダウン方式とした。

問題34

ALC パネル工事に関する記述として，最も不適当なものはどれか。

1．外壁パネルと間仕切パネルの取合い部には，幅が10〜20mm の伸縮目地を設けた。

2．外壁の縦壁ロッキング構法の横目地は伸縮目地とし，目地幅は15mmとした。

3．外壁の縦壁ロッキング構法では，パネル重量をパネル下部の両端に位置する自重受け金物により支持した。

4．間仕切壁のフットプレート構法において，パネル上部の取付けは，面内方向に可動となるように取り付けた。

解 説

1．外壁パネルと間仕切りパネルの**取合い部**には，**幅10〜20mm 程度の伸縮目地**を設けます。

2．外壁の縦壁ロッキング構法の横目地は，**目地幅10mm 以上の伸縮目地**とします。

3．外壁の縦壁**ロッキング構法**において，パネル重量は，パネル下部短辺小口の幅**中央に位置する**自重受け金物により支持します。

4．パネル上部が**面内方向に可動**するように，パネルを取付けます。

・面内方向：面に対して同じ方向
・面外方向：面に対して直角方向

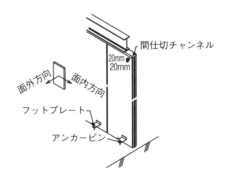

第4章

施工共通（仕上）

問題35

ALC パネル工事に関する記述として，最も不適当なものはどれか。

1．横壁アンカー構法では，パネル積上げ段数 5 段以内ごとに受け金物を設けた。

2．床パネルの孔あけ加工は，1 枚当たり 1 箇所とし，主筋の位置を避け，パネル短辺幅の $\frac{1}{6}$ の大きさとした。

3．パネルの取扱い時に欠けが生じたが，構造耐力上は支障がなかったので，製造業者が指定する補修モルタルで補修して使用した。

4．床パネルで集中荷重が作用する部分は，その直下にパネル受け梁を設け，パネルは梁上で分割して割り付けされていることを確認した。

解　説

2．**床パネルの孔あけ加工**は，1 枚当たり 1 箇所とし，主筋の位置を避け，**直径50mm 以下の大きさ**とします。

パネルの溝切り・孔あけ

	外壁・間仕切壁	床・屋根
溝掘り	パネル 1 枚当たり 1 本かつ幅30mm 以下，深さ10mm 以下 30mm 以下　10mm 以下　30mm 以下	不　可
孔あけ	パネル幅の 1／6 以下 W/6　W	（注）パネルの加工は主筋を切断しない範囲に限る。 50mm φ

（注）パネルの加工は主筋を切断しない範囲に限る。

┌─────────── **ALC パネル工事の要点** ───────────┐

・充填用モルタルは，セメント：砂の容積比で１：3.5を標準とする。

・パネルの加工等によって露出した鉄筋には，錆止め処理を行う。

・パネルの切断・穴あけ・溝掘りは，強度上有害とならない範囲内とする。

・パネルの受入検査において，使用上支障のない程度の欠けのパネルは，補修して使用される。

・パネル幅の最小限度は300mmとする。

・パネル取付け完了後，使用上支障のない範囲の欠け・傷等は，補修用モルタルを用いて補修する。

・パネル短辺小口相互の接合部の目地は，目地幅10mm以上の伸縮目地とする。

・縦壁パネルの取付けは，パネル短辺接合部の横目地及び出隅・入隅部の縦目地に10〜20mmの伸縮目地を設ける。

・横壁パネルの取付けは，パネル積上げ枚数５枚以下ごとにパネル重量を支持する自重受け鋼材を設ける。

・屋根及び床パネルの敷き込みのパネルは，表裏を確認し，主要支点間距離の1/75以上，かつ４cm以上のかかり代を確保し，通りよく敷き込む。

└────────────────────────────────────┘

問題36

外壁の押出成形セメント板張りに関する記述として，最も不適当なものはどれか。

1．2次的な漏水対策として，室内側にガスケットを，パネル張り最下部に水抜きパイプを設置した。

2．縦張り工法のパネルは，層間変形に対してロッキングにより追従するため，縦目地は15mm，横目地は８mmとした。

3．パネル取付け金物（Zクリップ）は，下地鋼材に30mmのかかりしろを確保して取り付けた。

4．横張り工法のパネル取付け金物（Zクリップ）は，パネルがスライドできるようにし，パネル左右の下地鋼材に堅固に取り付けた。

2．**パネル相互の目地幅**は，縦張り工法，横張り工法のいずれの場合も短辺方向の方が大きな目地幅が必要です。したがって，**縦張り工法のパネルの場合，縦目地（長辺）は 8 mm 以上，横目地（短辺）は15mm 以上**とします。

目地幅は，長辺 8 mm 以上，短辺15mm 以上を標準とします。

3．パネルの取付け金物（Z クリップ）は，下地鋼材に**30mm 以上のかかり代を確保して取り付け**ます。

4．**横張り工法のパネル**は，積上げ枚数 3 枚以下ごとに**構造体に固定した**自重受け金物で受けます。

解答　2

 問題37

メタルカーテンウォール工事に関する一般的な記述として，**最も不適当な**ものはどれか。

1．アルミニウム合金形材で長さ 3 m の単一材の長さの寸法許容差は，±3.0mm とした。

2．ファスナーを緊結する躯体付け金物は，あらかじめ各階の型枠に取り付け，コンクリートを打込み固定した。

3．形材の取付けは，脱落しないよう仮止めボルトで 2 箇所以上仮止めし，本止め後，仮止めボルトを速やかに撤去した。

4．屋内側の鋼製ファスナーは，12μm 以上の厚さの電気亜鉛めっきを施した。

解　説

1．アルミニウム合金形材で**長さ3mの単一材**の長さの<u>寸法許容差</u>は，±**1.5mm** です。

メタルカーテンウォール製品の寸法許容差［単位：mm］

区分		項目	寸法許容差
形材	長さ	1.5m 以下	±1.0
		1.5m を超え 4m 以下	±1.5
		4m を超えるもの	±2.0
	曲がり ねじれ	JIS H4100（アルミニウム及びアルミニウム合金の押出形材）による。	
パネル材	辺長	1.5m 以下	±1.5
		1.5m を超え 4m 以下	±2.0
		4m を超えるもの	+2.0，−3.0
	見込み深さ		±1.0
	対角線長差		3.0
	平面度		2/1,000

2．ファスナーを緊結する躯体付け金物は，必要な強度が確保できるように，**コンクリートへの打込み固定**とします。

3．カーテンウォール部材の取付けは，脱落しないよう**パネル材では3箇所以上，形材では2箇所以上仮止め**し，本止め後，仮止めボルトを速やかに撤去します。

4．屋内で使用する鋼製ファスナーの表面処理は，**12μm 以上の厚さの電気亜鉛めっき**とします。

解答　<u>1</u>

第4章

施工共通（仕上）

45 改修工事

内装床改修工事

- ☐ ビニル床シートの下地モルタルの浮き部分の撤去の際に用いるダイヤモンドカッターの刃の出は，モルタル厚さ以下とする。
- ☐ ビニル床タイルはカッターで切断し，スクレーパーにより他の仕上げ材に損傷を与えないように撤去する。

鉄筋コンクリート造の外壁改修工事

- ☐ 外壁コンクリートに生じた幅が0.3mmの挙動のおそれのあるひび割れは，軟質形エポキシ樹脂を用いた樹脂注入工法で改修した。
- ☐ 下地モルタルと下地コンクリートとの間で，1箇所が4㎡程度の浮きが発生していたので，アンカーピンニング全面エポキシ樹脂注入工法で改修した。

屋根防水改修工事

- ☐ 既存の保護コンクリート層を撤去し，既存アスファルト防水層の上にアスファルト保護防水密着工法を行うので，ルーフドレン周囲の既存防水層は，ルーフドレン端部から300mmまで四角形に撤去した。

試験によく出る問題 📋

問題38

内装改修工事における既存床仕上げ材の撤去及び下地処理に関する記述として，不適当なものを2つ選べ。

ただし，除去する資材は，アスベストを含まないものとする。

1. ビニル床シートは，ダイヤモンドカッターで切断し，スクレーパーを用いて撤去した。
2. 磁器質床タイルは，目地をダイヤモンドカッターで縁切りし，電動研り器具を用いて撤去した。
3. モルタル塗り下地面の既存合成樹脂塗床材の撤去は，下地モルタルを残し，電動研り器具を用いて下地モルタルの表面から塗床材のみを削り

取った。

4．既存合成樹脂塗床面の上に同じ塗床材を塗り重ねるため，接着性を高めるよう，既存仕上げ材の表面を目荒しした。

5．新規仕上げが合成樹脂塗床のため，既存床材撤去後の下地コンクリート面の凹凸部は，エポキシ樹脂モルタルで補修した。

解　説

1．**ビニル床シート**の撤去は，__カッター等で切断__し，スクレーパー等により他の仕上げ材に損傷を与えないように撤去します。

2．**磁器質床タイル**の撤去は，張替え部を**ダイヤモンドカッター等で縁を切って**，タイル片を電動ケレン棒，電動はつり器具等により撤去します。

3．合成樹脂塗床材の撤去範囲は，__下地がモルタル塗りの場合はモルタル下地とも__，コンクリート下地の場合は**コンクリート表面から3mm程度**とします。

4．既存の塗床材を撤去せずに同じ塗床材を塗り重ねる場合，既存仕上げ材の表面をディスクサンダー等により**目荒し**することで**接着性を高めます**。

5．新規の仕上げが**合成樹脂塗床**の場合，下地のコンクリート面の凹凸部や段差の補修は，**エポキシ樹脂モルタル**で補修します。

解答　**1，3**

主な既存床の除去と留意点

既存床の除去	留意点
ビニル床シートなどの除去	・ビニル床シート，ビニル床タイルなどの除去は，カッターなどで切断し，スクレーパーなどにより他の仕上げ材に損傷を与えないように行う。 ・接着剤などは，ディスクサンダーなどにより，新規仕上げの施工に支障のないように除去する。

第4章

施工共通（仕上）

塗り床材の除去	・ケレン棒，電動ケレン棒，電動はつり器具などにより除去し，必要に応じて，集じん装置付き機器を使用する。 ・除去範囲は，下地がモルタル塗りの場合はモルタル下地とも，コンクリート下地の場合はコンクリート表面から3mm程度とする。
床タイルの除去	・張替え部をダイヤモンドカッターなどで縁切りをし，タイル片を電動ケレン棒，電動はつり器具などにより除去する。

問題39

鉄筋コンクリート造の外壁改修工事に関する記述として，最も不適当なものはどれか。

1．小口タイル張り外壁において，タイル陶片のみの浮きのため，無振動ドリルで浮いているタイルに穿孔して，注入口付アンカーピンニングエポキシ樹脂注入タイル固定工法で改修した。

2．タイル張り外壁において，1箇所あたりの下地モルタルとコンクリートとの浮き面積が0.2m²だったので，アンカーピンニング部分エポキシ樹脂注入工法で改修した。

3．外壁コンクリートに生じた幅が1.0mmを超える挙動しないひび割れは，可とう性エポキシ樹脂を用いたUカットシール材充填工法で改修した。

4．外壁コンクリートに生じた幅が0.3mmの挙動のおそれのあるひび割れは，硬質形エポキシ樹脂を用いた樹脂注入工法で改修した。

―――― 解 説 ――――

1．**注入口付アンカーピンニングエポキシ樹脂注入タイル固定工法**は，タイル陶片の浮きに適用する工法で，**無振動ドリルと注入口付アンカーピン**を用います。タイルの中心に穿孔するので，**小口タイル以上の大きなタイルの浮きの補修**に適しています。

2．1箇所当たりの下地モルタルと下地コンクリートとの**浮き面積が0.25m²未満**の場合，**アンカーピンニング部分エポキシ樹脂注入工法**で改修します。なお，**0.25m²以上の場合**には，アンカーピンニング**全面エポキ**

シ樹脂注入工法が適用されます。

3．外壁コンクリートに生じた幅が**1.0mm を超える**場合，**Uカットシール材充填工法**を用います。**挙動するひび割れ部分はシーリング材**を，**起動しないひび割れ部分は可とう性エポキシ樹脂**を使用します。

4．**ひび割れ幅が0.3mm**で**挙動のおそれのある**場合は，**Uカットシール材充填工法**又は**軟質形エポキシ樹脂**を用いた**樹脂注入工法**で改修します。

解答　**4**

理解しよう！

外壁コンクリートのひび割れ補修の工法

ひび割れ幅	0.2mm 以上1.0mm 以下		1.0mm 超える
挙動する	樹脂注入工法（軟質形）	Uカットシール材充填工法（可とう性）	Uカットシール材充填工法（シーリング材）
挙動しない	樹脂注入工法（硬質形）		Uカットシール材充填工法（可とう性）

※ひび割れ幅が0.2mm 未満の場合は，シール工法を適用

問題40

　鉄筋コンクリート造建築物の小口タイル張り外壁面の調査方法と改修工法に関する記述として，不適当なものを２つ選べ。

1．打診法は，打診用ハンマー等を用いてタイル張り壁面を打撃して，反発音の違いから浮きの有無を調査する方法である。

2．赤外線装置法は，タイル張り壁面の内部温度を赤外線装置で測定し，浮き部と接着部における熱伝導の違いにより浮きの有無を調査する方法で，天候や時刻の影響を受けない。

3．タイル陶片のひび割れ幅が0.2mm以上であったが，外壁に漏水や浮きが見られなかったため，当該タイルを斫って除去し，外装タイル張り用有機系接着剤によるタイル部分張替え工法で改修した。

4．外壁に漏水や浮きが見られなかったが，目地部に生じたひび割れ幅が0.2mm以上で一部目地の欠損が見られたため，不良目地部を斫って除去し，既製調合目地材による目地ひび割れ改修工法で改修した。

5．構造体コンクリートとモルタル間の浮き面積が1箇所当たり0.2m²程度，浮き代が1.0mm未満であったため，アンカーピンニング全面セメントスラリー注入工法で改修した。

解　説

1．**打診法**は，打診用ハンマー等を用いてタイルを叩くことにより，反発音の違いから浮きの有無を調査する方法です。

2．**赤外線装置法**は，外壁の温度差異を赤外線サーモグラファーによって観測して，外壁のタイル等の浮き・はく離などを調査する方法で，**天候や時刻の影響を受けやすい**です。

3．**タイル陶片のひび割れ幅が0.2mm以上**の場合は，**タイル部分張替え工法**で改修します。

4．**目地部分のみに生じたひび割れ幅が0.2mm以上**の場合は，**目地ひび割れ改修工法**で改修します。

5．下地モルタルを含むタイル張り仕上げ層が躯体コンクリートとの間ではく離して浮いている場合は，**浮き部改修工法**で改修します。

　　1箇所当たりの**浮き面積が0.25m²未満**の場合は，**アンカーピンニング部分エポキシ樹脂注入工法**で改修しますが，浮き代が**1.0mm以上と大きい場合**には，**アンカーピンニング全面セメントスラリー注入工法**で改修します。

解答　2，5

第 5 章
施工管理

5－1 施工計画

46 施工計画

事前調査・準備作業

- [ ] 山留め壁の施工により動くおそれのある道路境界石は，境界ポイントの控えをとる。
- [ ] コンクリートポンプ車を前面道路に設置するので，道路使用許可申請書を警察署長に提出した。
- [ ] 街路樹が施工上の支障となったので，道路管理者の承認を得て伐採した。

仮設計画・仮設設備の計画

- [ ] 仮設の危険物貯蔵庫は，作業員休憩所や他の倉庫と離れた場所に設置する。
- [ ] 作業員詰所は，火災防止や異業種間のコミュニケーションが図れ，衛生管理がしやすいように大部屋方式とする計画とした。
- [ ] 工事用の動力負荷は，工程表に基づいた電力量の山積みによる計算負荷の60%を実負荷とする計画とした。
- [ ] 仮設の照明設備において，常時就業させる場所の作業面の照度は，普通の作業の場合，150lx 以上とする計画とした。
- [ ] 溶接用ケーブル以外の屋外に使用する移動電線で，使用電圧が300V 以下のものは，1種キャブタイヤケーブルを使用してはならない。
- [ ] 工事用使用電力量が90kW 必要となったので，高圧受電で契約する計画とした。

問題1

建築工事における事前調査及び準備工事に関する記述として，最も不適当なものはどれか。

1．根切り計画にあたり，地中障害物の調査のみならず，過去の土地利用の履歴も調査した。

2．洪積地盤であったので，山留め壁からの水平距離が掘削深さ相当の範囲内にある既設構造物を調査した。

3．山留め壁の施工により動くおそれのある道路境界石は，境界ポイントの控えをとる代わりに，境界石をコンクリートで固定した。

4．鉄骨工事計画にあたり，周辺の交通規制や埋設物，架空電線，電波障害について調査した。

解 説

1．根切り計画にあたり，地中障害物の調査以外に，**過去の土地利用の履歴も調査**します。

2．洪積地盤の場合，山留め壁からの水平距離が**掘削深さ相当の範囲内**にある既設構造物への影響を調査します。

3．山留め壁の施工により動くおそれのある道路境界石は，**必ず境界ポイントの控え**をとります。境界石をコンクリートで固定しても，動くことは防げません。

4．鉄骨工事の計画に当たっては，周辺の交通規制や埋設物，**架空電線，電波障害**などについて調査します。

解答　**3**

第5章

施工管理

問題2

仮設計画に関する記述として，最も不適当なものはどれか。

1．仮囲いは，工事現場の周辺や工事の状況により危害防止上支障がないので，設けないこととした。

2．施工者用事務室と監理者用事務室は，同一建物内でそれぞれ独立して，設けることとした。

3．塗料や溶剤等の保管場所は，管理をしやすくするため，資材倉庫の一画を不燃材料で間仕切り，設けることとした。

4．作業員詰所は，職種数や作業員の増減に対応するため，大部屋方式とすることとした。

解　説

1．**仮囲い**は，通行人の安全や隣接物を保護するとともに，周辺環境に配慮して設置します。ただし，工事現場の周辺や工事の状況により**危害防止上支障がない**場合は設置不要です。

2．施工者用事務室と監理者用事務室は機能が異なるので，それぞれ**独立**して設けますが，密に連絡ができるように**同一建物内**に設けます。

3．塗料や溶剤等の**危険物貯蔵庫**は，作業員休憩所や他の倉庫と離れた場所に設置します。

解答　**3**

問題3

仮設設備の計画に関する記述として，最も不適当なものはどれか。

1．工事用使用電力量が工程上一時期に極端なピークを生じるので，一部を発電機で供給する計画とした。

2．溶接用ケーブル以外の屋外に使用する移動電線で，使用電圧が300V以下のものは，1種キャブタイヤケーブルを使用する計画とした。

3．作業員の仮設男性用大便所の便房の数は，同時に就業する男性作業員60人以内ごとに，1個以上設置する計画とした。

4．仮設の給水設備において，工事事務所の使用水量は，50リットル/人・日を見込む計画とした。

解　説

1．使用電力量が工程上**一時期に極端なピークを生じる**場合，それに応じた受電計画は不経済なので，一部を発電機で供給する計画とします。

2．屋側または屋外に施設する使用電圧が**300V以下の移動電線**は，溶接用ケーブルを使用する場合を除き，<u>**1種キャブタイヤケーブル**およびビニルキャブタイヤケーブル**以外のもの**</u>で断面積0.75mm²以上のものとします。通常は，2種キャブタイヤケーブルを使用します。

3．男性用**小便器**の個数は，同時に就業する男性作業員**30人以内**ごとに1個を設置します。なお，男性用**大便器**の個数は，**60人以内**ごとに1個を設置します。

4．仮設の給水設備において，工事事務所の使用水量は，**50リットル/人・日**を見込みます。

解答　2

47 材料の保管・取扱い

工事現場における材料等の保管・取扱い

- □ 砂付ストレッチルーフィングは，ラップ部分（張付け時の重ね部分）を上にして立てて保管する。
- □ ALC パネルは，平積みとし，所定の位置に正確に角材を用い，積上げ高さは，１段を1.0m 以下とし 2 段までとする。
- □ 高力ボルトは，包装の完全なものを未開封状態のまま現場へ搬入し，箱の積上げ高さを 3 ～ 5 段にして保管する。
- □ フタル酸樹脂エナメル塗料が付着した布片は，塗装材料と一緒に保管しない。
- □ 輸送荷姿が木箱入りのガラスは，85°程度の角度で立置きとし，異寸法の木箱が混ざる場合は，大箱を先に置き，小箱を後から直接重ねて保管する。
- □ ロール状に巻いたカーペットは，屋内の乾燥した場所に縦置きせず，横に倒して，2 ～ 3 段までの俵積みで保管する。

試験によく出る問題 📋

問題4

工事現場における材料の取扱いに関する記述として，最も不適当なものはどれか。

1．被覆アーク溶接棒は，吸湿しているおそれがある場合，乾燥器で乾燥してから使用する。
2．フローリング類を屋内のコンクリートの上に置く場合は，シートを敷き，角材を並べた上に保管する。
3．砂付ストレッチルーフィングは，ラップ部分（張付け時の重ね部分）を下にして立てて保管する。
4．高力ボルトは，搬入された包装のまま，箱の積上げ高さを 3 ～ 5 段にして保管する。

2．**フローリング類**は湿気を含むと変形するので，屋内のコンクリートの上に置く場合は，**シートを敷き，角材を並べた上に保管**します。

3．**砂付ストレッチルーフィング**は，<u>ラップ部分を上に向け，立てて保管</u>します。

- ラップ部
  ※ 砂の付いていない部分を上にする。
- 砂付

砂付アスファルトルーフィング

カーペット以外の巻き物は，立てて保管します。

4．**高力ボルト**は，包装の完全なものを未開封状態のまま現場へ搬入し，箱の**積上げ高さを3～5段にして保管**します。

解答　<u>3</u>

  問題5 出る 出る 出る

工事現場における材料等の保管・取扱いに関する記述として，最も不適当なものはどれか。

1．長尺のビニル床シートは，屋内の乾燥した場所に直射日光を避けて縦置きにして保管する。

2．ALCパネルは，平積みとし，所定の位置に正確に角材を用い，積上げ高さは，1段を1.5m以下とし2段までとする。

3．既製コンクリート杭は，角材を支持点として1段に並べ，やむを得ず2段以上に積む場合には，同径のものを並べるなど有害な応力が生じないよう仮置きする。

4．建築用コンクリートブロックは，形状・品質を区分し，覆いを掛けて雨掛りを避けるように保管する。

　2．**ALC パネル**は，枕木を２本使用して，平積みとします。積上げ高さ
　　は，１単位（１山）の高さを**1m 以下**，総高を**2m 以下（2山以下）**
　　とします。

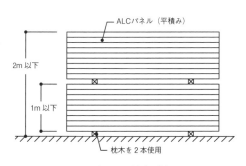

ALC パネルの積上げ高さ

　3．**既製コンクリート杭**を仮置きする場合は，地盤を水平にして，**角材を**
　　支持点として１段に並べ，くさびで移動止めを施します。やむを得ず２
　　段以上に積む場合には，有害な応力が生じないように同径のものを並べ
　　るなどの処置を施します。

解答　**2**

問題6

工事現場における材料の保管に関する記述として，不適当なものを**2つ**選
べ。

　1．車輪付き裸台_{らだい}で運搬してきた板ガラスは，屋内の床に，ゴム板を敷い
　　て平置き_{ひらお}で保管した。

　2．ロール状に巻いたカーペットは，屋内の乾燥した平坦_{へいたん}な場所に，2段の
　　俵 積み_{たわらづ}で保管した。

　3．高力ボルト_{こうりょく}は，工事現場受入れ時に包装_{ほうそう}を開封_{かいふう}し，乾燥した場所に，
　　使用する順序に従って整理して保管した。

4．防水用の袋入りアスファルトは，積重ねを10段以下にし，荷崩れに注意して保管した。

5．プレキャストコンクリートの床部材は平置きとし，上下の台木が鉛直線上に同位置になるように積み重ねて保管した。

| 解　説 |

1．車輪付き裸台で運搬してきたガラスは，**裸台に乗せたまま保管**します。

2．ロール状に巻いたカーペットは，屋内の乾燥した平坦な場所に縦置きせず，横に倒して**2～3段までの俵積み**で保管します。

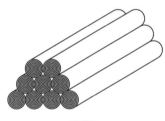

俵積み

3．**問題4** の | 解　説 | の4を参照してください。**高力ボルト**は，包装の完全なものを**未開封状態のまま現場へ搬入**し，保管します。また，包装の開封は，施工直前に行います。

4．防水用の袋入りアスファルトは，積み重ねを**10袋まで**として保管します。

5．プレキャストコンクリートの床部材を**平積み**として保管する場合は，**台木を2本使用**し，積み重ね枚数は**6枚以下**とします。また，上部の部材の台木と下部の部材の台木の位置は同じになるようにします。

解答　1，3

理解しよう！

主な材料の保管方法

材　料	保管上の注意事項
セメント	・防湿に注意し，通風や圧力は避ける。 ・保管場所は床を30cm 以上あげ，袋の積み重ねは10袋以下とする。
鉄筋	・枕木の上に種類ごとに整頓して保管し，土の上に直に置かない。
型枠用合板, 木材（ベニヤ）	・通風をよくして乾燥させる。 ・屋内の保管が望ましいが，屋外で保管する場合は直射日光が当たるのを避ける。
高力ボルト	・包装の完全なものを未開封状態のまま現場へ搬入する。 ・乾燥した場所に規格種別，径別，長さ別に整理して保管し，施工直前に包装を開封する。 ・積み上げる箱の段数は 3 〜 5 段とする。
被覆アーク溶 接棒	・湿気を吸収しないように保管する。 ・湿気を含んだ場合は乾燥器で乾燥させてから使用する。
アスファルト ルーフィング	・屋内の乾燥した場所に縦置きで保管する。 ・砂付ストレッチルーフィングは，ラップ部分を上に向ける。
スレート	・枕木を用いて平積みとし，積上げ高さは 1 m 以内とする。 ・スレート板はたわみやすいので，枕木は 3 本使用する。
コンクリート ブロック	・雨掛りを避け，乾燥した場所に縦積みで保管する。 ・積上げ高さは1.6m 以下とする。
大理石, テラゾー	・縦置きとし，おのおのに当て木を使う。
せっこうプラ スター	・防湿に注意する。 ・使用は製造後 1 ヶ月以内を原則とし，4 ヶ月を過ぎたものは使用しない。
人工軽量骨材	・吸水性が大きいので，あらかじめ散水して所定の吸水状態にしておく。
ALC パネル	・枕木を 2 本使用して，平積みとする。 ・1 単位（1 山）の高さを 1 m 以下，総高を 2 m 以下とする。

PC 板	・PC 板を平積みとして保管する場合は，枕木を 2 本使用し，積重ね枚数は 6 枚以下とする。
塗料	・塗料置場は，不燃材料で造った平屋建てとし，周囲の建物から規定どおり離し，屋根は軽量な不燃材料で葺き，天井は設けない。 ・塗料が付着した布片などで自然発火を起こす恐れのあるものは，塗料の保管場所には置かず，水の入った金属製の容器に入れるなど分別して保管する。
板ガラス	・乾燥した場所に床面との角度85°程度の縦置きとし，ロープなどで緊結し倒れないようにする。
床シート （長尺シート）	・乾燥した室内に直射日光を避けて立て置きにする。
壁紙	・癖がつかないように，立てて保管する。
せっこうボード	・反りやひずみなどが生じないように屋内に平置きで保管する。
カーペット	・ロールカーペットは縦置きせず，必ず横に倒して，2 〜 3 段までの俵積みとする。
建具	・アルミニウム製建具は，縦置きとし，必要に応じて養生を行い保管する。 ・木製建具は，障子や襖は縦置きとし，フラッシュ戸は平積みとする。

48 関係書類の申請・届出

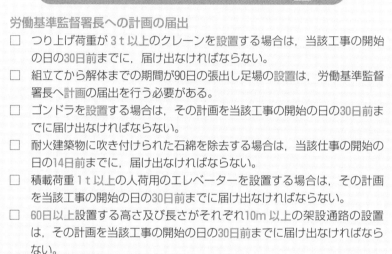

試験によく出る選択肢

労働基準監督署長への計画の届出

- □ つり上げ荷重が3t以上のクレーンを設置する場合は，当該工事の開始の日の30日前までに，届け出なければならない。
- □ 組立てから解体までの期間が90日の張出し足場の設置は，労働基準監督署長へ計画の届出を行う必要がある。
- □ ゴンドラを設置する場合は，その計画を当該工事の開始の日の30日前までに届け出なければならない。
- □ 耐火建築物に吹き付けられた石綿を除去する場合は，当該仕事の開始の日の14日前までに，届け出なければならない。
- □ 積載荷重1t以上の人荷用のエレベーターを設置する場合は，その計画を当該工事の開始の日の30日前までに届け出なければならない。
- □ 60日以上設置する高さ及び長さがそれぞれ10m以上の架設通路の設置は，その計画を当該工事の開始の日の30日前までに届け出なければならない。

試験によく出る問題

問題7

労働基準監督署長への計画の届出に関する記述として，「労働安全衛生法」上，誤っているものはどれか。

1．積載荷重が0.25t以上でガイドレールの高さが18m以上の建設用リフトを設置する場合は，当該工事の開始の日の30日前までに，届け出なければならない。

2．つり上げ荷重が3t以上のクレーンを設置する場合は，当該工事の開始の日の14日前までに，届け出なければならない。

3．耐火建築物に吹き付けられた石綿を除去する場合は，当該仕事の開始の日の14日前までに，届け出なければならない。

4．つり足場を60日以上設置する場合は，当該工事の開始の日の30日前までに，届け出なければならない。

1．積載荷重が**0.25t 以上**で，ガイドレールの高さが**18m 以上の建設用リフトの設置**は，当該工事の開始の日の**30日前**までに，届け出なければならないです。

2．つり上げ荷重が**3 t 以上のクレーンの設置**は，当該工事の開始の日の**30日前**までに，届け出なければならないです。

　・計画届→14日前
　・設置届→30日前
　をポイントに覚えましょう。

3．**石綿等の除去の作業**を行う仕事をする場合は，当該仕事の開始の日の**14日前**までに，届け出なければならないです。

4．**つり足場を60日以上設置**する場合は，当該工事の開始の日の**30日前**までに，届け出なければならないです。

解答　<u>2</u>

問題8

「労働安全衛生法」上，労働基準監督署長へ計画の届出を行う必要があるものはどれか。

1．組立てから解体までの期間が90日の張出し足場の設置

2．高さが 7 m の移動式足場（ローリングタワー）の設置

3．延べ面積が10,000m²で高さが13m の工場の解体の仕事

4．高さが 9 m の手すり先行工法による枠組足場の設置

1．**張出し足場で60日以上存続**させるものは，届出が必要です。

2．**高さが10m以上の移動式足場**（ローリングタワー）の設置は，届出が必要ですが，高さが7mの場合は不要です。

3．**高さが31mを超える**建築物（工場）の解体は，届出が必要ですが，高さが13mの工場の場合は不要です。なお，延べ面積に関する規定はありません。

4．**高さが10m以上の枠組足場**の設置は，届出が必要ですが，高さが9mの場合は不要です。

解答　1

労働基準監督署長への届出

書類の名称	提出時期	届出が必要な仕事等
建設工事の計画届	工事開始日の14日前	・高さ31mを超える建築物，工作物の建築等（解体も含む） ・掘削の高さまたは深さが10m以上である地山の掘削作業 ・石綿等の除去の作業を行う仕事
建設物設置届	工事開始日の30日前	・型枠支保工：支柱の高さが3.5m以上のもの ・足場：つり足場，張出し足場，高さ10m以上の足場で60日以上存続させるもの ・架設通路：高さ及び長さがそれぞれ10m以上で，60日以上存続させるもの ・クレーン：つり上げ荷重3t以上のもの ・デリック：つり上げ荷重2t以上のもの ・エレベーター：積載荷重1t以上のもの 　　　　（つり上げ荷重0.25t以上，1t未満は設置報告書） ・建設用リフト：ガイドレールの高さが18m以上で，積載荷重が0.25t（250kg）以上のもの ・ゴンドラ：積載荷重に関係なく，設置届の提出が必要 ・ボイラー（移動式ボイラーを除く）

問題9

労働基準監督署長への届出に関する記述として，最も不適当なものはどれか。

1. 高さが31mを超える建築物を建設する場合は，その計画を当該仕事の開始の日の14日前までに届け出なければならない。
2. ゴンドラを設置する場合は，その計画を当該工事の開始の日の14日前までに届け出なければならない。
3. 積載荷重1t以上の人荷用のエレベーターを設置する場合は，その計画を当該工事の開始の日の30日前までに届け出なければならない。
4. 支柱の高さが3.5m以上の型枠支保工を設置する場合は，その計画を当該工事の開始の日の30日前までに届け出なければならない。

解 説

1. 高さが31mを超える建築物を建設する場合は，工事開始日の14日前までに届出が必要です。
2. ゴンドラを設置する場合は，工事開始日の30日前までに届出が必要です。
3. 積載荷重1t以上の人荷用のエレベーターを設置する場合は，工事開始日の30日前までに届出が必要です。
4. 支柱の高さが3.5m以上の型枠支保工を設置する場合は，工事開始日の30日前までに届出が必要です。

解答　2

第5章

施工管理

49 各工事の施工計画

試験によく出る選択肢 📝

躯体工事の施工計画

- ☐ 鉄骨工事で，高力ボルト接合におけるボルト孔の径は，ボルト公称軸径が22mmなので24mmとすることとした。
- ☐ リバース工法による場所打ちコンクリート杭における1次スライム処理は，回転ビットにより行うこととした。
- ☐ 鉄骨工事で，板厚6mmを超える鉄骨部材に仮設関係の取付け金物を手溶接で取り付ける場合，金物の溶接長さは40mmとすることとした。
- ☐ コンクリートの打設計画において，同一打込み区画に同じメーカーのセメントを使用した複数のレディーミクストコンクリート工場のコンクリートを打ち込まない計画とした。
- ☐ 水平切梁工法においてプレロードを導入する場合，設計切梁軸力の50〜80%程度を導入することとした。

仕上工事の施工計画

- ☐ 金属工事において，海岸近くの屋外に設ける鋼製手すりが，塗装を行わず亜鉛めっきのままの仕上げとなるので，溶融亜鉛めっきとする計画とした。
- ☐ 内装工事において，せっこうボードをせっこう系接着材による直張り工法で張り付ける場合の一度に練る接着材は，1時間以内に使い切れる量とすることとした。
- ☐ コンクリートブロック工事において，1日の積上げ高さの限度は，1.6m以内として施工する計画とした。

施工者が作成する工事の記録

- ☐ 打合せ記録は，建設物引渡の日から10年間保存することとした。
- ☐ 監理者から指示された事項のうち，軽微と判断したものは，監理者の承認を得て記録を省略した。
- ☐ 場所打ちコンクリート杭のアースドリル工法では，全杭について所定の深さから排出される土を確認し，記録する。

試験によく出る問題 📋

問題10

躯体工事の施工計画に関する記述として，最も不適当なものはどれか。

1．場所打ちコンクリート杭工事で，コンクリートの打込み中はトレミー管の先端を，コンクリート中に2m以上入れることとした。

2．地下躯体の工事において，作業員の通行用の渡り桟橋は，切梁の上に設置することとした。

3．ガス圧接継手で，圧接当日に鉄筋冷間直角切断機を用いて切断した鉄筋の圧接端面は，グラインダー研削を行わないこととした。

4．鉄骨工事で，高力ボルト接合におけるボルト孔の径は，ボルト公称軸径が22mmなので25mmとすることとした。

解　説

1．場所打ちコンクリート杭工事において，コンクリートの打設は，トレミー管内のコンクリートの逆流や泥水の侵入を防止するため，**底部より押し上げるように打設**します。打設の進行に伴ってトレミー管を引き上げていきますが，トレミー管の先端は，常に**コンクリート中に2m以上埋まっているように保持**します。

2．地下躯体の工事中において，**作業員の通行に必要な通路（渡り桟橋）**は，切梁を利用して，その上に設置します。

3．**鉄筋冷間直角切断機**は，配置された鉄筋を軸線に対し直角に切断できるため，圧接作業のため**当日現場で鉄筋の切断を行う場合，グラインダー研削を必要としません**。

4．第3章3－4の **問題30** の 解　説 1を参照してください。
公称軸径22mmの高力ボルト用の孔径は，22mm＋**2mm**＝24mmとします。

解答　**4**

第5章

施工管理

問題11

躯体工事の施工計画に関する記述として，最も不適当なものはどれか。

1．透水性の悪い山砂を用いた埋戻しは，埋戻し厚さ30cmごとにランマーで締固めながら行うこととした。

2．リバース工法による場所打ちコンクリート杭における1次スライム処理は，底ざらいバケットにより行うこととした。

3．SD295Aの鉄筋末端部の折曲げ内法直径の最小値は，折曲げ角度が180°の場合と90°の場合では，同じ値にすることとした。

4．鉄骨工事において，高力ボルト接合部の板厚の差により生じる肌すきが1mm以下の場合は，フィラープレートを用いないこととした。

解　説

1．山砂を用いた埋戻しには水締め工法が用いられますが，透水性の悪い場合は，**埋戻し厚さ30cmごとにランマーで締固めながら行います**。

2．第3章3－2の 問題12 の｜ 解　説 ｜の図を参照してください。

　　リバース工法による1次スライム処理は，回転ビットを孔底より少し引き上げて，空回しして吸い上げます。

3．第3章3－3の 問題14 の｜ 解　説 ｜2を参照してください。

　　SD295Aの鉄筋末端部の**折曲げ内法直径の最小値**は，鉄筋の径による区分に応じて異なります。折曲げ角度180°の場合と90°の場合では，同じ値です。

4．高力ボルト接合部の**板厚の差により肌すきが生じた場合**，その肌すきが**1mmを超える**場合は**フィラープレート**を入れますが，**1mm以下**の場合は**処理不要**です。

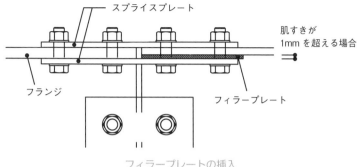

スプライスプレート

肌すきが
1mmを超える場合

フランジ

フィラープレート

フィラープレートの挿入

解答　2

仕上工事の施工計画に関する記述として，最も不適当なものはどれか。

1. 内装工事において，防火材料の認定を受けた壁紙は，防火性能のあることを表す施工管理ラベルを1区分（1室）ごとに2枚以上貼り付けて表示する計画とした。

2. タイル工事において，二丁掛けタイルの改良積上げ張りの1日の張付け高さの限度は，1.5mとする計画とした。

3. 左官工事において，内壁のモルタル塗り厚さが20mmなので，3回に分けて塗る計画とした。

4. 金属工事において，海岸近くの屋外に設ける鋼製手すりが，塗装を行わず亜鉛めっきのままの仕上げとなるので，電気亜鉛めっきとする計画とした。

──── 解　説 ────────────────────────

1. 防火材料の認定を受けた壁紙には，防火性能のある仕上げであることを表す**施工管理ラベル**を，**1区分（1室）ごとに2枚以上**張り付けて表示します。

2. 第4章4－2の 問題8 の 解　説 の図を参照してください。**改良積上げ張り**において，1日の張付け高さの限度は，**1.5m程度**とします。

3. 第4章4−5の 問題21 の｜ 解 説 ｜3の図を参照してください。
   1回の塗り厚さは7mm程度ですので，塗り厚さが20mmの場合は3
   回に分けて塗ります。
4. 海岸近くの屋外に設ける鋼製手すりの場合，電気亜鉛めっきを行わず，
   めっき付着量の多い**溶融亜鉛めっき**を行います。

解答　**4**

問題13

仕上工事の施工計画に関する記述として，最も不適当なものはどれか。

1. 改質アスファルトシート防水トーチ工法において，露出防水用改質ア
   スファルトシートの重ね部は，砂面をあぶり，砂を沈めて重ね合わせる
   こととした。
2. 現場錆止め塗装工事において，塗膜厚は，塗料の使用量と塗装面積か
   ら推定することとした。
3. タイル工事において，外壁タイル張り面の伸縮調整目地の位置は，下
   地コンクリートのひび割れ誘発目地と一致させることとした。
4. 内装工事において，せっこうボードをせっこう系接着材による直張り
   工法で張り付ける場合の一度に練る接着材は，2時間以内に使い切れる
   量とすることとした。

　解　説

1. **露出防水用**改質アスファルトシートの**砂面**に改質アスファルトシート
   を**重ねる場合**，重ね部の砂面をあぶり，砂を沈めてから重ねるなどの処
   置をします。
2. 塗装の**塗付け量の確認**は，**塗料の使用量と塗装面積**から推定できます。
3. **壁タイル面の伸縮調整目地の位置**は，下地コンクリートの**ひび割れ誘
   発目地**，水平打継ぎ目地，構造スリット，モルタル下地壁の伸縮調整目
   地と**一致させ**ます。

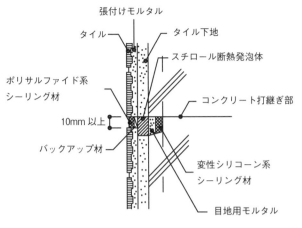

張付けモルタル

タイル　　　　　タイル下地

スチロール断熱発泡体

ポリサルファイド系
シーリング材

コンクリート打継ぎ部

10mm 以上

バックアップ材

変性シリコーン系
シーリング材

目地用モルタル

壁タイル面の伸縮調整目地

4．第4章4－5の 問題31 の 直張り工法（GL工法）の要点 を参照してください。一度に練る量は，**1時間以内に使い切れる量**とします。

解答　**4**

問題14

施工者が作成する工事の記録等に関する記述として，最も不適当なものはどれか。

1．監理者の立会いのうえ施工するものと指定された工事で，監理者の立会いなしで施工してもよいという監理者の指示があった場合は，施工が適切に行われたことを証明する記録を整備し提出することとした。

2．承認あるいは協議を行わなければならない事項については，それらの経過内容の記録を作成し，監理者と双方で確認したものを監理者に提出することとした。

3．過去の不具合事例等を調べ，監理者に確認し，あとに問題を残しそうな施工や材料については，集中的に記録を残すこととした。

4．建設工事の施工にあたり必要に応じて作成し，発注者と施工者相互に交付した工事内容に関する打合せ記録は，建設物引渡の日から5年間保存することとした。

1. 施工が適切に行われたことを証明する記録を整備し，監理者の指示があった場合に提出することができれば，監理者の立会いなしでも工事を施工することができます。
2. 承認あるいは協議を行わなければならない事項について，それらの経過内容の記録は，監理者と双方で確認したものを監理者に提出します。
3. 過去の不具合事例等を調べ，あとに問題を残しそうな施工や材料については集中的に記録を残す工夫をします。
4. 打合せ記録は，建設物引渡の日から10年間保存する必要があります。

解答　**4**

工事記録作成上の主な留意点

○監理者の指示した事項及び監理者と協議した結果について，記録を整理する。

○工事の全般的な経過を記載した書面を作成する。

○工事の施工において試験を行った場合は，直ちに記録を作成する。

○次のいずれかに該当する場合は，施工の記録，工事写真，見本等を整備する。

　・施工後の目視による検査が不可能，又は容易でない都分の施工を行う場合

　・一工程の施工を完了した場合

　・施工の適切なことを証明する必要がある工事として，監理者の指示を受けた場合

　・設計図書に定められた施工の確認を行った場合

5－2 工程管理

50 工程計画と工程管理

工程計画及び工程表

- □ 各作業の手順計画を立て，次に日程計画を決定する。
- □ 詳細工程表は，特定の部分や職種を取り出し，それにかかわる作業，順序関係，日程などを示したものである。
- □ 工期が指定され，工事内容が比較的容易でまた施工実績や経験が多い工事の場合は，割付方式（逆行型）を用いて工程表を作成する。
- □ 山積工程表における山崩しは，労務の平準化を図るため用いられる手法である。

試験によく出る問題 📋

問題15

工程計画及び工程表に関する記述として，最も不適当なものはどれか。

1．各作業の手順計画を立て，次に日程計画を決定する。
2．基本工程表は，特定の部分や職種を取り出し，それにかかわる作業，順序関係，日程などを示したものである。
3．工期の調整は，工法，労働力，作業能率及び作業手順などを見直すことにより行う。
4．マイルストーンは，工事の進ちょくを表す主要な日程上の区切りを示す指標であり，掘削開始日，地下躯体完了日，屋上防水完了日等が用いられる。

1．工程計画の作成は，各作業の**手順計画**を立て，次に**日程計画**を決定します。

2．記述内容は，**詳細工程表**の内容です。工程表は，大まかな**基本工程表**を最初に立て，それに基づき順次，**詳細工程表**を作成します。

3．**工程の調整**は，工法，労働力，作業能率，作業手順などを見直すことによって行います。

工程計画の主な留意点

- 工程の準備：工事条件の確認，工事内容の把握，作業能率の把握
- 各作業の手順計画を立案　→　日程計画の決定
- 基本工程表の作成　→　詳細工程の作成
- 適正な工程計画の完成後は，作業が工程どおりに行われているかどうかの管理に重点をおく。
- 工事の進捗状況の変化に対して，必要に応じて工程を変更する。
- 工程の調整：工法，労働力，作業能率，作業手順などを見直すことによって行う。

4．工程上，重要な区切りとなる時点や，中間工期として指示される重要な作業の終了時点などを**マイルストーン（管理日）**と呼びます。

マイルストーンの設定

○通常，次のような日がマイルストーンとして設定される。
- ・山留開始日　・掘削開始日　・掘削完了日　・地下躯体完了日
- ・鉄骨建方開始日　・最上階躯体コンクリート打設完了日
- ・屋上防水完了日　・外部足場解体日

○クリティカルパス上にあることが多く，これを進捗管理のポイントとして活用する。

解答　**2**

問題16

工程計画に関する記述として，最も不適当なものはどれか。

1．工期が指定され，工事内容が比較的容易でまた施工実績や経験が多い
　工事の場合は，積上方式（順行型）を用いて工程表を作成する。

2．工程短縮を図るために行う工区の分割は，各工区の作業数量が同等に
　なるようにする。

3．算出した工期が指定工期を超える場合は，作業日数を短縮するため，
　クリティカルパス上の作業について，作業方法の変更や作業員増員等を
　検討する。

4．工程表は，休日及び天候などを考慮した実質的な作業可能日数を算出
　して，暦日換算を行い作成する。

解　説

1．**工期が指定**され，工事内容が比較的容易でまた**施工実績や経験が多い**
　工事の場合，竣工日から各種の工程を定めていく**割付方式（逆行型）**を
　用います。

2．各工区の**作業数量が同等**になるように平準化することで，**工程の短縮**
　を図ります。

3．算出した工期が指定工期を超える場合，**クリティカルパス上**に位置す
　る作業を中心に，作業方法の変更，作業者の増員，工事用機械の台数や
　機種の変更などの検討を行います。

4．工程表は，休日及び天候などで施工できない期間を考慮した**実質的な
　作業可能日数**を算出し，**暦日換算**を行って作成します。

解答　1

問題17

　工程管理における進ちょく度管理に関する記述イ．～ニ．を一般的な手順に並べたものとして，最も適当なものはどれか。

　　イ．遅れている作業の工程表の検討やネットワーク工程表によって余裕時間を再検討する。
　　ロ．作業員の増員，施工方法の改善等の遅延対策を立てる。
　　ハ．工程表によって進ちょくの現状を把握する。
　　ニ．工程会議などで遅れの原因がどこにあるか調査する。

　1．ハ→ニ→イ→ロ　　　2．ハ→ニ→ロ→イ
　3．ニ→ハ→イ→ロ　　　4．ニ→ハ→ロ→イ

解　説

　進ちょく度管理の手順としては，まず**現状を把握**して，ずれが生じている場合には**原因を調査**します。次にそのずれを調整するために**検討**を行って，ずれをなくす**対策**をとります。
　したがって，**ハ（現状を把握）→ニ（原因を調査）→イ（検討）→ロ（対策）**で，**選択肢1**が適切です。

解答　　1

問題18

建築工事の工期とコストの一般的な関係として，最も不適当なものはどれか。
　1．最適工期は，直接費と間接費の和が最小となるときの工期である。
　2．間接費は，工期の短縮に伴って減少する。
　3．直接費は，工期の短縮に伴って増加する。
　4．総工事費は，工期に比例して増加する。

1．**最適工期**は，直接費と間接費の和である**総工事費**が**最小**となるときの工期です。

2，3．**間接費**は，**工期の短縮**に伴って**減少**し，逆に**直接費**は**増加**します。

4．**総工事費**は，工期に比例して増加するとは限りません。

解答　**4**

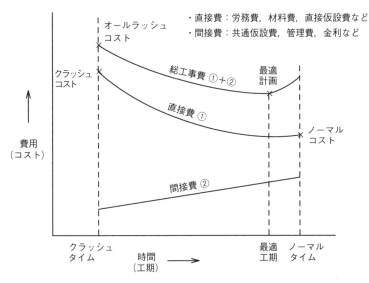

・直接費：労務費，材料費，直接仮設費など
・間接費：共通仮設費，管理費，金利など

工期とコストの関係

第5章

施工管理

工期とコストの一般的な関係

・施工速度を速めると完成が早くなるため，仮囲いや現場事務所などの存続日数が減少して，間接費が減少する。

・施工速度を極端に速めると，労務費の増大や作業能率の低下につながり，直接費が増大する。

・総工事費が最小となる施工速度で施工する工期が，最適工期である。

問題19

工期短縮のための工法として，最も効果の少ないものはどれか。

ただし，建物は一般的な事務所ビルで，鉄骨鉄筋コンクリート造，地下1階，地上9階建とする。

1. スラブ型枠には，床型枠用鋼製デッキプレートを採用する。
2. 柱，梁の鉄筋は，先に鉄骨に取り付ける先組工法を採用する。
3. 地下躯体工事は，逆打ち工法を採用する。
4. 外部の手すり壁付きのバルコニーは，PCa化工法を採用する。

解 説

逆打ち工法は，**地下が深く**広い場合に有効ですが，<u>地下1階程度では，ほとんど効果がありません。</u>

解答 **3**

主な工期短縮の手法

・水平切梁工法から仮設地盤アンカー工法に変更する。

・鉄筋先組工法を採用する。

・床や壁の配筋に溶接金網や鉄筋格子を用いる。

・合板型枠工法を，デッキプレート型枠工法やハーフPC板工法に変更する。

・タイル後張り工法を，タイル打込みハーフPC板工法に変更する。

・鉄筋コンクリート造の階段を，鉄骨階段に変更する。

・コンクリート非耐力壁を，ALCパネルに変更する。

・浴室のタイル張りを，在来工法からユニットバスに変更する。

・在来工法による天井仕上げを，システム天井に変更する。

鉄筋コンクリート造事務所ビルの基準階の型枠工事の工程を検討する場合，次の条件における型枠工の1日当たりの必要人数として，正しいものはどれか。

　条件
　　基準階床面積 ———————— 600m²
　　単位床面積当たりの型枠数量 ———— 4 m²/m²
　　型枠面積当たりの歩掛り ———— 0.1人/m²
　　実働日数 ———————— 15日

1．14人
2．16人
3．18人
4．20人

第5章

━━━ 解　説 ━━━━━━━━━━━━━━━━━━━━━━━━━━

①**全体**の型枠数量を求めます。

　　単位床面積当たりの型枠数量 × 基準階床面積 ＝ 4 ×600＝2,400m²

②**全体**の型枠工の人数を求めます。

　　型枠面積当たりの歩掛り × 全体の型枠数量 ＝0.1×2,400＝240人

③実働日数から1日当たりの必要人数を求めます。

　　全体の型枠工の人数 ÷ 実働日数 ＝240÷15＝<u>16人</u>

解答　2

施工管理

問題21

　次の条件で型枠工事の工程計画を立てる場合，型枠工事の所要実働日数として，正しいものはどれか。

　条件

　　床面積 ———————— 900m²

　　型枠数量 ——————— 単位床面積当たり 4 m²

　　型枠施工標準作業量 ——— 1 人 1 日当たり10m²

　　型枠工配置人数 ——————— 床面積45m²当たり 1 人

1. 16日
2. 18日
3. 20日
4. 22日

　解　説

①**型枠数量**を求めます。

　　単位床面積当たりの型枠数量 × 床面積 ＝ 4 ×900＝3,600m²

②**型枠工配置人数**を求めます。

　　床面積 ÷45＝900÷45＝20人

③**型枠施工標準作業量**を求めます。

　　型枠施工標準作業量 × 型枠工配置人数 ＝10×20＝200m²

④所要実働日数を求めます。

　　型枠数量 ÷ 型枠施工標準作業量 ＝3,600÷200＝**18日**

解答　**2**

316

問題22

建設資材の揚重計画を次の条件で行う場合，1日当たりの揚重可能回数として，適当なものはどれか。

条件　1日の作業時間 ———— 8時間
　　　揚重高さ ————————— 60m
　　　揚重機の昇降速度 ———— 0.5m/秒
　　　積込み所要時間 ———— 120秒/回
　　　荷卸し所要時間 ———— 120秒/回
　　　輸送能率 ————————— 0.6

ただし，輸送能率 $=\dfrac{揚重可能回数}{計算上の最大揚重回数}$ とする。

1．15回　　2．36回
3．48回　　4．60回

解　説

①揚重高さまでの**1往復の所要時間**を
　求めます。

　　揚 重 機：（60m×2）÷0.5m/秒
　　＝240秒

　　積込み：120秒，荷卸し：120秒

　　$\boxed{1往復の所要時間}$＝240＋120＋120
　＝480秒

②**1時間（3,600秒）当たり**の揚重可
　能回数を求めます。

　$\boxed{揚重可能回数}$＝3,600秒÷480秒＝7.5回

③**輸送能率を考慮して1日（8時間）当たり**の揚重可能回数を求めます。

　$\boxed{揚重可能回数}$＝7.5回×8時間×**0.6**＝**36回**

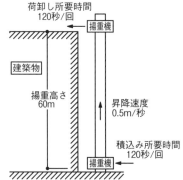

解答　**2**

51 工程表

試験によく出る選択肢

ネットワーク工程表
- ☐ トータルフロートは，フリーフロートにディペンデントフロートを足したものである。
- ☐ フリーフロートは，その作業の中で使い切っても後続作業のフロートに全く影響を与えない。
- ☐ フリーフロートが 0 でも，トータルフロートも必ず 0 とは限らない。

タクト手法
- ☐ 集合住宅の仕上工事は，各種専門工事の一定の繰り返し作業となるので，タクト手法で管理できる。

試験によく出る問題

問題23

図に示すネットワーク工程表に関する記述として，誤っているものはどれか。

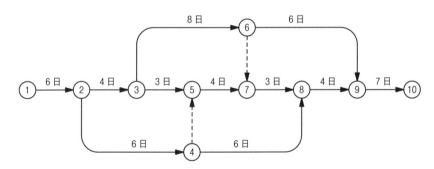

1. 作業⑥→⑨の最遅終了日は，25日である。
2. 作業⑦→⑧の最早開始日は，18日である。
3. 作業⑤→⑦のフリーフロートは，2日である。
4. 作業⑥→⑨のトータルフロートは，1日である。

最早開始時刻（EST）の計算

- 最初のイベント番号の右上に $\triangle_0$ を記入し，最初の作業の最早開始時刻とします。（以後の，最早開始時刻は，△の中に日数を記入します。）
- イベント番号の若い順に，△（**最早開始時刻**）と所要日数との和を記入します。これが，各イベントの最早開始時刻となります。
- 2本以上の矢線がイベントに**流入するとき**は，そのうちの**最大値**を最早開始時刻とします。

このようにして，計算した結果が次の図です。

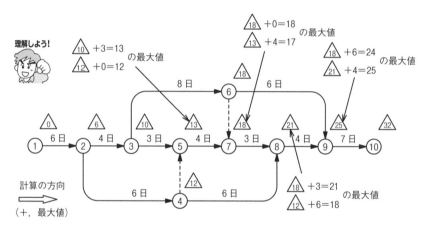

最早開始時刻（EST）の計算

最遅終了時刻（LFT）の計算

- 最終イベントの $\triangle_{32}$ の工期の値を $\boxed{32}$ と記入する。（以後の，最遅終了は，□の中に日数を記入します。）
- イベント番号の古い順に，□（**最遅終了時刻**）から所要日数を引き算します。これが，前のイベントの最遅終了時刻になります。
- 1つのイベントから2本以上の矢線が**流出しているとき**，そのうちの**最小値**を最遅終了時刻とします。

このようにして，計算した結果が次の図です。

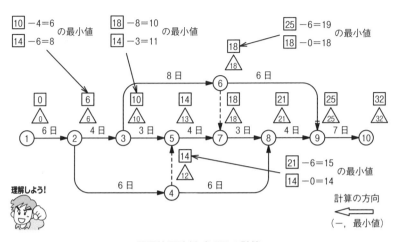

最遅終了時刻（LFT)の計算

1．作業⑥→⑨の**最遅終了日**は，イベント番号⑨の □25 日です。

2．作業⑦→⑧の**最早開始日**は，イベント番号⑦の △18 日です

3．作業⑤→⑦の**フリーフロート**は，△18 － (△13 ＋ 4) ＝ 1 日です。

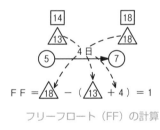

フリーフロート（FF）の計算

4．作業⑥→⑨のトータルフロートは，□25 － (△18 ＋ 6) ＝ 1 日です。

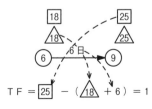

トータルフロート（TF）の計算

解答　**3**

問題24

　ネットワーク工程表におけるフロートに関する記述として，最も不適当なものはどれか。

　1．ディペンデントフロートは，後続作業のトータルフロートに影響を与えるフロートである。
　2．トータルフロートは，フリーフロートからディペンデントフロートを引いたものである。
　3．フリーフロートは，その作業の中で使い切っても後続作業のフロートに全く影響を与えない。
　4．クリティカルパス上の作業以外でも，フロートを使い切ってしまうとクリティカルパスになる。

　解　説

「DF＝TF−FF」は，覚えましょう。

　2．上記吹出を参照してください。**トータルフロートは，フリーフロート**
　にディペンデントフロートを足したものです。
　3．**フリーフロート**は，作業を最早開始時刻で始め，後続する作業も最早
　　開始時刻で初めても，なお存在する余裕時間のことです。その作業の中
　　で**自由に使っても，後続作業に影響を及ばしません。**
　4．フロートは作業の余裕時間のことで，**クリティカルパス上の作業以外**
　　の作業でもフロートを使い切った場合，クリティカルパスになります。

解答　**2**

ネットワーク工程表の用語と意味・計算等

用　語	記　号	意味・計算等
作業 （アクティビティ）	——————▶	・ネットワークを構成する作業単位。
結合点 （イベント）	——▶◯—▶	・作業またはダミーを結合する点，及び工事の開始点又は終了点。
ダミー	— — — — ▶	・作業の前後関係を図示するために用いる矢線で，時間の要素は含まない。
クリティカルパス	CP	・最初の作業から最後の作業に至る最長の経路。 ・トータルフロートが最小の経路。（TF＝0の経路） ・クリティカルパス上の工事が遅れると，全体工期が延びてしまう。
最早開始時刻	EST	・作業を始めうる最も早い時刻。 （本書：「△」で表示）
最早終了時刻	EFT	・作業を完了しうる最も早い時刻。 ・最早開始時刻にその作業の所要時間を加えたもの。 （本書：「△＋日数」で計算）
最遅開始時刻	LST	・対象行為の工期に影響のない範囲で作業を最も遅く開始してもよい時刻。 ・最遅終了時刻からその作業の所要時間を引いたもの。 （本書：「□－日数」で計算）
最遅終了時刻	LFT	・最も遅く終了してよい時刻。 （本書：□で表示）
フロート	F	・作業の余裕時間。
トータルフロート	TF	・作業を最早開始時刻で始め，最遅終了時刻で終わらせて存在する余裕時間。 ・1つの経路上で，任意の作業が使い切ればその経路上の他の作業のTFに影響する。 （本書：「□－（△＋日数）」で計算）

フリーフロート	FF	・作業を最早開始時刻で始め，後続する作業も最早開始時刻で初めても，なお存在する余裕時間。 ・その作業の中で自由に使っても，後続作業に影響を及ばさない。 （本書：「△－（△＋日数)」で計算）
ディペンデントフロート	DF	・後続作業のトータルフロートに影響を及ぼすようなフロートのこと。 ・DF＝TF－FF

問題25

タクト手法に関する記述として，最も不適当なものはどれか。

1．各作業の進ちょくが密接に関連しているため，1つの作業の遅れは全体の作業を停滞させる原因となる。
2．作業の進ちょくに伴い生産性が向上するため，工事途中でタクト期間を短縮又は作業者の人数を削減する必要が生じる。
3．設定したタクト期間では終わることができない一部の作業の場合，当該作業の作業期間をタクト期間の2倍又は3倍に設定する。
4．集合住宅の仕上工事は，各種専門工事の一定の繰り返し作業となるので，タクト手法では管理できない。

解　説

1．**タクト手法**は，直列に連結された作業を各工区ごとに繰り返して行うのに用いる手法です。**各作業が連動して進む**ため，1つの作業の遅れが全体の作業を停滞させる原因となります。
2．タクト手法は繰返し作業によって生産性が向上するため，工事途中で，**タクト期間の短縮，作業者人数の削減**などが生じる場合があります。
3．設定したタクト期間では終わることができない一部の作業がある場合，その作業の作業期間を**タクト期間の2倍又は3倍**に設定します。
4．<u>同一設計内容の基準階を多く有する高層建築物</u>の工事は，タクト手法が適しており，集合住宅の仕上工事はタクト手法で管理できます。

解答　**4**

5－3　品質管理

52　品質管理の手法

試験によく出る選択肢 ✏️

建築施工における品質管理
- ☐ 不良の再発防止のため，品質管理の実施に当たっては，試験や検査より，プロセス管理に重点を置いた管理とする。
- ☐ 品質確保のための作業標準が計画できたら，作業がそのとおり行われているかどうかの管理に重点をおく。
- ☐ 品質管理は，品質計画の目標のレベルに見合った管理を行う。
- ☐ 施工品質管理表（QC 工程表）の作成は，工種別又は部位別とし，一連の作業を工程順に並べる。
- ☐ 施工品質管理表（QC 工程表）の作成において，施工条件，施工体制は明記しない。

品質管理の用語
- ☐ 誤差とは，観測値・測定結果から真の値を引いた値である。
- ☐ かたよりとは，観測値・測定結果の期待値から真の値を引いた値である。
- ☐ 公差とは，許容限界の上限と下限との差である。
- ☐ レンジとは，計量的な観測値の最大値と最小値の差をいう。
- ☐ 許容差とは，規定された基準値と規定された限界値との差である。

品質管理に用いる図表
- ☐ 管理図は，観測値若しくは統計量を時間順又はサンプル番号順に表し，工程が管理状態にあるかどうかを評価するために用いられる。
- ☐ パレート図は，項目別に層別して出現頻度数の大きさの順に並べるとともに，累積和を示した図であり，不適合の重点順位を知るために用いられる。
- ☐ X̄－R 管理図から作業工程の異常原因は分からない。

試験によく出る問題

問題26

建築施工における品質管理に関する記述として，最も不適当なものはどれか。

1. 目標品質を得るための管理項目を設定し，次工程に渡してもよい基準としての管理値を明示する。
2. 施工品質管理表（QC 工程表）の作成は，工種別又は部位別とし，一連の作業を重要度の高い順に並べる。
3. 確認が必要な項目は，品質管理計画に基づき，試験又は検査を行う。
4. 材料・部材・部品の受入れ検査は，種別ごとに行い，必要に応じて監理者の立会いを受ける。

解 説

1. 目標品質を得るためには，管理のための重点項目を拾い出して**管理項目**とし，次工程に渡してもよい基準としての**管理値**を設定します。
2. **施工品質管理表（QC 工程表）**は，工程のどこで，何を，いつ，だれが，どのように管理するかを決め，工程の流れに沿って整理したものです。工種別又は部位別とし，一連の作業を工程順に並べます。

QC 工程表作成の留意点

・工種別又は部位別とし，一連の作業を工程順に並べる。
・管理項目は，重点的に実施すべき項目を取り上げる。
・検査の時期，頻度，方法を明確にする。
・工事監理者，施工管理者，専門工事業者の役割分担を明確にする。

3. **確認が必要な項目**は，品質管理計画に基づいて，適切な**試験又は検査**を行います。
4. 材料・部材・部品の**受入れ検査**は，原則として種別ごとに行い，その実施に際し，必要に応じて**監理者の立会い**を受けます。

第5章

施工管理

品質管理の基本事項

・発注者が要求する品質：使用する材料，仕上り状態，機能や性能など。

・品質計画：施工の目標とする品質，品質管理，体制などを記載する。

・品質計画のレベル：目標のレベルに見合った管理を行う。

　　　　　　　　　　品質の目標値を大幅に上回る品質を確保することは，優

　　　　　　　　　　れた品質管理とはいえない。

・品質に及ぼす影響：施工段階より計画段階で検討する方がより効果的。

・品質管理：出来上がり検査で品質を確認することよりも，工程で品質をつ

　　　　　　くり込むことを重視する。

　　　　　　良い品質をつくる手順を確立することが重要である。

　　　　　　品質確保のための工程が計画できたら，作業が工程通りに行わ

　　　　　　れているか管理に重点をおく。

・検査の結果に問題が生じた場合：適切な処理を施し，その原因を検討し再

　　　　　　　　　　　　　　　　発防止処置を行う。

・建設業における品質管理：設計者，施工管理会社，専門工事会社の役割分

　　　　　　　　　　　　　担を明確にする。

問題27

品質管理に関する記述として，最も適当なものはどれか。

1．品質に及ぼす影響は，計画段階よりも施工段階で検討する方がより効
　果的である。

2．品質確保のための作業標準が計画できたら，作業がそのとおり行われ
　ているかどうかの管理に重点をおく。

3．品質管理は，品質計画の目標のレベルにかかわらず緻密な管理を行う。

4．工程（プロセス）の最適化を図るより，検査を厳しく行う方が優れた
　品質管理といえる。

1．品質に及ぼす影響は，<u>施工段階より計画段階で検討</u>する方がより効果的です。
2．品質確保のための**作業標準が計画**できたら，作業が**作業標準通りに行われているかどうか**の管理に重点をおきます。
3．品質計画のレベルは，<u>目標のレベルに見合った</u>管理を行います。
4．品質を確保するためには，**検査を厳しくする**より，**工程（プロセス）の最適化を図る**方がよいです。

解答　2

問題28

品質管理の用語に関する記述として，最も不適当なものはどれか。

1．抜取検査方式とは，定められたサンプルの大きさ，及びロットの合格の判定基準を含んだ規定の方式である。
2．母集団の大きさとは，母集団に含まれるサンプリング単位の数である。
3．層別とは，1つの集団をなんらかの特徴によりいくつかの層に分割することである。
4．誤差とは，観測値・測定結果の期待値から真の値を引いた値である。

1．**抜取検査方式**とは，定められた**サンプル**の大きさ，及び**ロット**の合格の判定基準を含んだ規定の方式です。
2．**母集団の大きさ**とは，母集団に含まれる**サンプリング単位の数**です。
3．**層別**とは，1つの集団（母集団）を**いくつかの層に分割**することです。
4．**誤差**とは，**観測値・測定結果から真の値を引いた値**です。<u>記述の内容は，かたよりの記述</u>です。

解答　4

第5章

施工管理

用 語	概 要
レンジ	・計量的な観測値の最大値と最小値との差。
許容差	・規定された基準値と規定された限界値との差。
偏差	・測定値からその期待値を引いた差。
標準偏差	・平均値からのデータのばらつきの大きさ。
公差	・許容限界の上限と下限との差。
誤差	・観測値・測定結果から真の値を引いた値。
かたより	・観測値・測定結果の期待値から真の値を引いた値。
ばらつき	・観測値・測定結果の大きさがそろっていないこと，又は不ぞろいの程度。
ロット	・等しい条件下で生産され，又は生産されたと思われる品物の集まり。
ロット品質	・ロットの集団としての良さの程度。 ・平均値，標準偏差，不良率，単位当たりの欠点数などで表す。
母集団の大きさ	・母集団に含まれるサンプリング単位の数。
層別	・１つの集団をなんらかの特徴によりいくつかの層に分割すること
標準	・関係する人々の間で利益または利便が公正に得られるように統一及び単純化を図る目的で定められた取り決め。
管理限界	・工程が統計的管理状態にあるとき，管理図上で統計量の値がかなり高い確率で存在する範囲を示す限界。
偶然原因	・製品の品質がばらつく原因の中で，突き止めて取り除くことが意味のない原因。
マーケットイン	・消費者が中心となり，その要求する品質に対応することをいう。

品質管理の用語に関する記述として，最も不適当なものはどれか。

1．公差とは，計量的な観測値の最大値と最小値の差をいう。

2．管理限界とは，工程が統計的管理状態にあるとき，管理図上で統計量の値がかなり高い確率で存在する範囲を示す限界をいう。

3．ばらつきとは，観測値・測定結果の大きさがそろっていないこと，又は不ぞろいの程度をいう。

4．ロットとは，等しい条件下で生産され，又は生産されたと思われる品物の集まりをいう。

解 説

1．**公差**とは，**許容限界の上限と下限との差**をいいます。**計量的な観測値**の最大値と最小値の差は，**レンジ**です。

2．**管理限界**とは，工程が**統計的管理状態にある場合**，管理図上で**統計量の値がかなり高い確率で存在する範囲**を示す限界をいいます。

3．**ばらつき**とは，観測値・測定結果の大きさが**そろっていないこと，又は不ぞろい**の程度をいいます。

4．**ロット**とは，等しい条件下で生産され，又は生産されたと思われる**品物の集まり**をいいます。

解答 1

第5章

施工管理

問題30

建築施工の品質に関する記述として，最も不適当なものはどれか。

1．鉄骨工事において，スタッド溶接後のスタッドの傾きの管理許容差は，±3°以内とした。

2．鉄骨梁の製品検査において，梁の長さの管理許容差は，±3mmとした。

3．普通コンクリートの荷卸し地点における空気量の許容差は，指定した空気量に対して，±2.5％とした。

4．構造体コンクリート部材の断面寸法の許容差は，柱・梁・壁においては0mmから＋15mmまでとした。

解　説

1．スタッド溶接後の**スタッドの傾き**の**管理許容差は±3°以内**，**限界許容差は±5°以内**とします。

2．鉄骨梁の製品検査において，**梁の長さ**の**管理許容差は±3mm以内**，**限界許容差は±5mm以内**とします。

・管理許容差：製作・施工上の目安として定めた目標値
・限界許容差：合格判定のための基準値で，原則として超えてはならない値。
　なお，数字の大きさは，限界許容差の方が大きいです。

3．普通コンクリートの**空気量の許容差**は，**±1.5％**です。

4．構造体コンクリート部材の**断面寸法の許容差**は，柱・梁・壁においては，**－5mm〜＋20mm**とします。

構造体コンクリートの精度（単位：mm）

項　　目		許容差
位　　置	設計図に示された位置に対する各部材の位置	±20
断面寸法	柱・梁・壁の」断面寸法	−5〜+20
	床スラブ・屋根スラブの厚さ	
	基礎の断面寸法	−10〜+50

解答　**3**

主な工事における品質確保の管理値

工事名	品質を確保するための管理値
コンクリート工事	・普通コンクリートの 空気量 の許容差：±1.5% ・普通コンクリート（スランプ8cm以上18cm以下） 　荷卸し地点における スランプ の許容差：±2.5cm ・高流動コンクリート 　　荷卸し地点における スランプフロー の許容差：±7.5cm ・構造体コンクリート 　　設計図書に示された位置に対する 各部材の位置 の許容差：±20mm 　　柱，梁，壁の 断面寸法 の許容差：−5mm〜+20mm ・コンクリートの仕上りの 平坦さ 　ビニル系床材張り：3mにつき7mm以下
鉄骨工事	・製品検査での 鉄骨梁の長さ ： 　（管理許容差）±3mm，（限界許容差）±5mm ・ベースモルタル 天端の高さ ： 　（管理許容差）±3mm，（限界許容差）±5mm ・通り心と鉄骨建方用アンカーボルトの 位置のずれ ： 　（管理許容差）±5mm，（限界許容差）±8mm ・鉄骨建方における 柱の倒れ 　（管理許容差）柱1節の高さの1/1000かつ10mm以下 　（限界許容差）柱1節の高さの1/700かつ15mm以下 ・スタッドの 傾き ：（管理許容差）±3°，（限界許容差）±5° ・スタッドの 仕上り高さ ：（限界許容差）±2mm
カーテンウォール工事	・プレキャストコンクリートカーテンウォール部材の 取り付け位置 ： 　（目地幅の許容差）±5mm
杭工事	・既製コンクリート杭の 現場溶接継手部 ： 　（開先の目違い量）2mm以下，（ルート間隔）4mm以下

問題31

品質管理に用いる図表に関する記述として，最も不適当なものはどれか。

1. 管理図は，項目別に層別して出現頻度数の大きさの順に並べるとともに，累積和を示した図であり，不適合の重点順位を知るために用いられる。

2. ヒストグラムは，計量特性の度数分布のグラフ表示で，製品の品質の状態が規格値に対して満足のいくものか等を判断するために用いられる。

3. 散布図は，対応する2つの特性を横軸と縦軸にとり，観測値を打点して作るグラフ表示で，主に2つの変数間の相関関係を調べるために用いられる。

4. 特性要因図は，特定の結果と原因系の関係を系統的に表し，重要と思われる原因への対策の手を打っていくために用いられる。

解 説

1. **管理図**は，観測値若しくは統計量を時間順又はサンプル番号順に表し，**工程が管理状態にあるかどうかを評価する**ために用いられます。記述の内容は，パレート図に関する内容です。

2. **ヒストグラム**は，計量特性の度数分布のグラフ表示の1つで，**分布の形や目標値**からのばらつき状態を把握するために用いられます。

3. 散布図は，**対応する2つの特性**を横軸と縦軸にとり，観測値を打点して作るグラフ表示の1つで，**相関関係を調べる**ために用いられます。

4. **特性要因図**は，特定の**結果と原因系の関係を系統的に表し，重要と思われる原因の究明と対策の手を打っていく**ために用いられます。

解答　1

パレート図	ヒストグラム
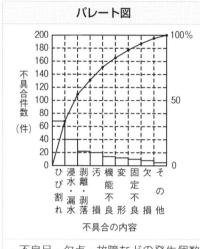	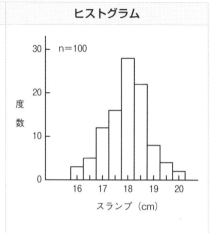
・不良品・欠点・故障などの発生個数を現象や原因別に分類してデータを取り，大きい順に棒グラフとするとともに，これらの大きさを順次累積して折れ線グラフで表した図。 ・不良や欠点を改善する重点項目を選定するのに用いる。	・多数の測定値（長さ，重さ，時間など）が存在する範囲をいくつかの区間に分けて，各区間のデータの出現度数を数え，その区分の幅を底辺とし，データ全体の姿を柱状図で表したもの。 ・データ分布の形をみたり，規格値との関係をみる場合に用いる。

第5章

施工管理

特性要因図

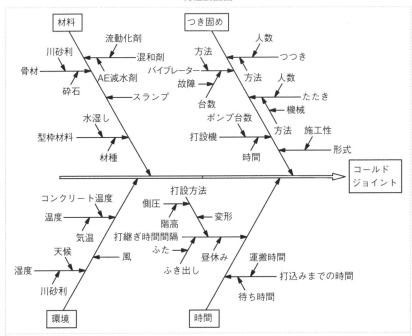

・問題とする特性（結果）と，技術的に影響を及ぼしていると思われる要因（原因）との関係を整理して，魚の骨のような形に体系的にまとめたもの。

散布図	管理図
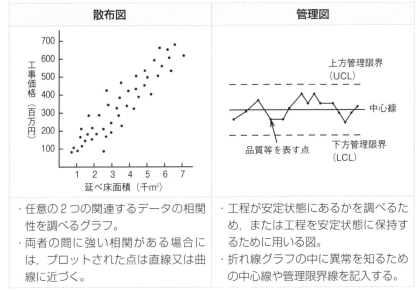	
・任意の2つの関連するデータの相関性を調べるグラフ。 ・両者の間に強い相関がある場合には，プロットされた点は直線又は曲線に近づく。	・工程が安定状態にあるかを調べるため，または工程を安定状態に保持するために用いる図。 ・折れ線グラフの中に異常を知るための中心線や管理限界線を記入する。

53 検査・試験・品質マネジメントシステム

試験によく出る選択肢 ✏️

品質管理の検査

- ☐ 工程の品質状況が悪く継続的に不良率が大きく，決められた品質水準に修正しなければならない場合，全数検査を行う。
- ☐ 抜取検査は，品物がロットとして処理できない場合，適用されない。
- ☐ 検査とは，品物の特性値に対して，測定，試験などを行って，規定要求事項と比較して，適合しているかどうかを判定することをいう。

鉄筋のガス圧接継手の試験及び検査

- ☐ 抜取検査の超音波探傷試験は，1検査ロットに対して無作為に30箇所抜き取って行った。
- ☐ 圧接部における相互の鉄筋の偏心量が規定値を超えた場合は，切り取って再圧接する。

コンクリートの試験及び検査

- ☐ 1回の試験に用いる3個の供試体は，適当な間隔をおいた3台の運搬車から1個ずつ採取する。
- ☐ スランプフロー試験において，試料をスランプコーンに詰め始めてから，詰め終わるまでの時間は2分以内とする。

仕上工事における試験及び検査

- ☐ 塗装素地のモルタル面のアルカリ度は，pHコンパレーターを用いて塗装直前にpH9以下であることを確認した。
- ☐ 小口平タイルの引張接着力試験は，タイルの大きさの鋼製アタッチメントを用いて行う。

JIS Q9000の用語の定義

- ☐ レビューとは，設定された目標を達成するための検討対象の適切性，妥当性及び有効性を判定するために行われる活動をいう。
- ☐ プロジェクトとは，開始日及び終了日をもち，調整され，管理された一連の活動からなり，時間，コスト及び資源の制約を含む特定の要求事項に適合する目標を達成するために実施される特有のプロセス。

問題32

検査に関する記述として，最も不適当なものはどれか。

1. 不良品が流れると人命に危険を与えたり，わずかな不良品が混入しても経済的に大きな損失となるとき全数検査とする。

2. 購入検査において，供給者側が行った検査結果を必要に応じて確認することによって，購入者の試験を省略する検査を間接検査という。

3. 工程が管理状態でそのまま次工程に流れても損失は問題にならないと判断される場合に，無試験検査を適用する。

4. 工程の品質状況が悪く継続的に不良率が大きく，決められた品質水準に修正しなければならない場合，抜取検査を行う。

解 説

1. 不良品を見逃すと**人身事故のおそれ**があったり，または後工程や消費者に**重大な損失を与える**ときは，**全数検査**を適用します。

2. 間接検査は，購入検査において，**供給者側が行った検査結果を必要に応じて確認**することによって，購入者の試験を省略する検査です。

3. **工程が安定状態**にあり，品質状況が**定期的に確認**でき，そのまま次工程に流しても**損失は問題にならない状態**のときは，**無試験検査**を適用します。

4. 工程の品質状況が悪く継続的に**不良率が大きく，決められた品質水準に修正**しなければならない場合は**全数検査**を行います。

解答 **4**

品質管理における主な検査

検　査	概　　　　要
抜取検査	・製品またはサービスのサンプルを用いる検査で,ロットにより判定。 　適用する場合 　　・検査項目がたくさんあるとき。 　　・検査項目が破壊検査であるとき。 　　・一般にある程度の不良品の混入が許されるとき。 　　・1個あたりの検査項目が高いときや時間がかかるとき。
全数検査	・全数を検査するもの。 　適用する場合 　　・工程の状況からみて不良率が大きく,あらかじめ決めた品質水準には達しないとき。 　　・不良品を見逃すと人身事故のおそれがあったり,または後工程や消費者に重大な損失を与えるとき。 　　・検査費用に比べて,得られる効果が大きいとき。
無試験検査	・品質情報,技術情報などに基づいて,サンプルの試験を省略する検査。 　適用する場合 　　・工程が安定状態にあり,品質状況が定期的に確認でき,そのまま次工程に流しても損失は問題にならない状態のとき。
間接検査	・購入検査において,供給者側が行った検査結果を必要に応じて確認することによって,購入者の試験を省略する検査。

問題33

　鉄筋のガス圧接継手の試験及び検査に関する記述として,最も不適当なものはどれか。

1．検査ロットの大きさは,1組の作業班が1日に実施した圧接箇所とした。

2．抜取検査の超音波探傷試験は,1検査ロットに対して無作為に3箇所抜き取って行った。

3．超音波探傷試験において,不合格となった圧接部については,切り取って再圧接した。

4．超音波探傷試験による抜取検査で不合格となったロットについては,試験されていない残り全数に対して超音波探傷試験を行った。

1．1組の作業班が1日に施工した圧接箇所を**1検査ロット**とします。
2．抜取検査の**超音波探傷試験**は，1検査ロットに対して無作為に30箇所抜き取って行います。
3．超音波探傷試験において，不合格となった圧接部は内部に欠陥があるので，**切り取って再圧接**します。
4．**超音波探傷試験による抜取検査で不合格となったロット**は，**試験されていない残り全数**に対して超音波探傷試験を行います。

解答　**2**

鉄筋のガス圧接継手の試験及び検査

試験・検査	概　要
外観検査	・圧接箇所全数について行う。 ・圧接部のふくらみの形状・寸法，中心軸の偏心量及び曲がり，圧接面のずれなどの欠陥の有無について行う。
超音波探傷試験 （非破壊検査）	・検査箇所： 　　1組の作業班が1日に施工した圧接箇所を1検査ロットとし，1検査ロットに30箇所とする。 ・判定基準： 　　不合格箇所が1箇所以下→そのロットを合格とする。 　　不合格箇所が2箇所以上→そのロットを不合格とする。 ・不合格となったロット： 　　試験されていない残りの全数に対して超音波探傷試験を行う。
引張試験（破壊検査）	・1検査ロットに対して3個以上の試験片を採取して行う。

コンクリートの試験及び検査に関する記述として，最も不適当なものはどれか。

1．荷卸し地点におけるコンクリートの空気量の許容差は，指定した空気量に対して，±1.5%とした。

2．1回の試験における塩化物量は，同一試料からとった3個の分取試料についてそれぞれ1回ずつ測定し，その平均値から算定した。

3．1回の構造体コンクリートの圧縮強度の推定試験に用いる供試体は，複数の運搬車のうちの1台から同時に3個作成した。

4．マスコンクリートにおいて，構造体コンクリートの圧縮強度の推定試験に用いる供試体の養生方法は，標準養生とした。

解　説

1．**問題30** の 解　説 3を参照してください。荷卸し地点における**コンクリートの空気量の許容差は±1.5%**です。

3．1回の構造体コンクリートの圧縮強度の推定試験に用いる**供試体**は，適当な間隔をおいた**3台の運搬車から1個ずつ採取**した合計3個の供試体を用います。

解答　**3**

コンクリートの試験及び検査

試験・検査		概　要
構造体コンクリートの圧縮強度の検査	採取方法	・1回の試験は，コンクリートの打込み日ごと，打込み工区ごと，かつ150m³またはその端数ごとに行う。 ・1回の試験には，適当な間隔をおいた3台の運搬車から1個ずつ採取した合計3個の供試体を用いる。
	判定基準	・材齢28日までの平均気温が20℃以上の場合，1回の試験結果が調合管理強度以上のものを合格とする。

スランプ試験	・試料をスランプコーンに詰めるときは，ほぼ等しい量の3層に分けて詰める。 ・スランプ8〜18cmの許容差：±2.5cm
スランプフロー試験	・試料をスランプコーンに詰め始めてから，詰め終わるまでの時間は2分以内とする。
塩化物量の簡易試験	・同一試料からとった3個の分取試料について各1回測定し，その平均値を測定値とする。

問題35

　仕上工事における試験及び検査に関する記述として，最も不適当なものはどれか。

　1．アルミニウム製建具の陽極酸化皮膜の厚さの測定は，渦電流式測定器を用いて行った。

　2．シーリング材の接着性試験は，同一種類のものであっても，製造所ごとに行った。

　3．現場搬入時の造作用針葉樹製材の含水率は，高周波水分計を用いて15%以下であることを確認した。

　4．塗装素地のモルタル面のアルカリ度は，pHコンパレーターを用いて塗装直前にpH12以下であることを確認した。

解　説

　3．現場搬入時の造作用針葉樹製材の**含水率**は，**高周波水分計**を用いて**15%以下**であることを確認します。

　4．塗装素地の**モルタル面のアルカリ度**は，**pHコンパレーター**を用いて<u>塗装直前に**pH9以下**である</u>ことを確認します。

解答　**4**

主な仕上工事における試験及び検査

工事名		試験・検査の概要
塗装工事		・鉄鋼面の錆止め塗装の塗膜厚： 　硬化乾燥後に電磁微厚計で確認する。 ・塗材仕上げの所要量：単位面積当たりの使用量をもとに確認する。 ・モルタル面のアルカリ度検査： 　pH コンパレーターを用いて pH 9 以下であることを確認する。
木工事		・工事現場での木材の含水率の測定：高周波水分計で確認する。 ・現場搬入時の造作用木材の含水率：15%以下
アルミニウム製建具		・陽極酸化皮膜の厚さの測定は，渦電流式厚さ測定器を用いる。
タイル工事	打音検査	・施工後2週間以上経過した時点で，全面にわたりテストハンマーを用いて打音検査をする。
	引張接着 強度検査	・施工後2週間以上経過した時点で，引張試験機を用いて引張接着強度および破壊状況を確認する。 ・二丁掛タイルの接着強度試験の試験体は，タイルを小口平の大きさに切断して行う。小口平以下のタイルの場合は，タイルの大きさとする。 ・試験体の周辺部：コンクリート面まで切断する。 ・試験体の数：100㎡以下ごとにつき1個以上，かつ全面積で3個以上 ・引張接着強度のすべての測定結果が0.4N/mm²以上，かつ，コンクリート下地の接着界面における破壊率が50%以下の場合を合格とする。 ・タイル先付けプレキャストコンクリート工法の場合は，0.6N/mm²以上のものを合格とする。
断熱工事		・硬質ウレタンフォーム張付け工法による断熱工事において，張付け後の断熱材厚さの測定は，ワイヤーゲージを用いる。
内装全般		・室内空気中に含まれるホルムアルデヒドの濃度測定は，パッシブ型採取機器を用いる。

第5章
施工管理

問題36

JIS　Q9000（品質マネジメントシステム―基本及び用語）の用語の定義に関する記述として，最も不適当なものはどれか。

1．品質保証とは，品質要求事項が満たされるという確信を与えることに

焦点を合わせた品質マネジメントの一部である。

2．品質とは，本来備わっている特性の集まりが，要求事項を満たす程度をいう。

3．レビューとは，客観的証拠を提示することによって，規定要求事項が満たされていることを確認することである。

4．欠陥とは，意図された用途又は規定された用途に関連する要求事項を満たしていないことである。

解　説

1．**品質保証**とは，**消費者の要求する品質が十分に満たされている**ことを保証するために，生産者が行う体系的活動をいいます。

3．**レビュー**とは，設定された目標を達成するための**検討対象の適切性，妥当性及び有効性を判定する**ために行われる活動をいいます。記述の内容は，妥当性確認の内容です。

解答　　**3**

JIS Q9000（品質マネジメントシステム－基本及び用語）の用語の定義

用　語	概　要
顧客満足	・顧客の要求事項が満たされている程度に関する顧客の受けとめ方。
マネジメントシステム	・方針及び目標を定め，その目標を達成するためのシステム。
品質保証	・消費者の要求する品質が十分に満たされていることを保証するために，生産者が行う体系的活動。 ・品質要求事項が満たされるという確信を与えることに焦点を合わせた品質マネジメントの一部。
品質マネジメント	・品質に関して組織を指揮し，管理するための調整された活動。 ・品質方針や品質目標の設定，品質計画，品質管理，品質保証及び品質改善が含まれる。
品質マネジメントシステム	・品質に関して組織を指揮し，管理するためのマネジメントシステム。
品質計画	・品質目標を設定すること，並びにその品質目標を達成するために必要な運用プロセス及び関連する資源を規定することに焦点を合わせた品質マネジメントの一部。

有効性	・計画した活動が実行され，計画した結果が達成された程度。
力量	・知識と技能を適用するための実証された能力。
プロセス	・インプットをアウトプットに変換する，相互に関連するまたは相互に作用する一連の活動。
プロセスアプローチ	・組織内においてプロセスを明確にし，その相互関係を把握し，運営管理することとあわせて一連のプロセスをシステムとして運用すること。
プロジェクト	・開始日及び終了日をもち，調整され，管理された一連の活動からなり，時間，コスト及び資源の制約を含む特定の要求事項に適合する目標を達成するために実施される特有のプロセス。
トレーサビリティ	・考慮の対象となっているものの履歴，適用または所在を追跡できること。
予防処置	・起こり得る不適合またはその他の望ましくない起こり得る状況の原因を除去するための処置。
是正処置	・検出された不適合またはその他の検出された望ましくない状況の原因を除去するための処置。
手直し	・要求事項に適合させるための，不適合製品にとる処置。
品質マニュアル	・組織の品質マネジメントシステムを規定する文書。 ・外部に品質マネジメントシステムの内容を開示するもの。
妥当性確認	・客観的証拠を提示することによって，特定の意図された用途または適用に関する要求事項が満たされていることを確認すること。
レビュー	・設定された目標を達成するための検討対象の適切性，妥当性及び有効性を判定するために行われる活動。
マーケットイン	・消費者が中心となり，その要求する品質に対応すること。
プロダクトアウト	・生産者が中心となり，その要求する品質に対応すること。
デザインレビュー	・設計段階で，性能・機能・信頼性等を価格，納期等を考慮しながら設計について審査し，改善を図ること。
品質	・本来備わっている特性の集まりが，要求事項を満たす程度。
欠陥	・意図された用途又は規定された用途に関連する要求事項を満たしていないこと。

5 − 4 安全管理

54 労働災害・安全管理

試験によく出る選択肢 📝

労働災害

- [ ] 労働災害には，物的災害は含まれない。
- [ ] 労働災害における重大災害とは，一時に3名以上の労働者が死傷又は罹病した災害をいう。
- [ ] 強度率は，災害の大きさ（程度）を表すもので，1,000延べ労働時間当たりの労働損失日数を示す。

公衆災害の防止対策

- [ ] 道路の通行を制限する必要があり，制限後の車線が2車線となるので，その車道幅員を5.5mとした。
- [ ] 防護棚は，外部足場の外側から水平距離で2m以上突き出し，水平面となす角度を20度以上とした。

事業者が講ずべき措置

- [ ] 車両系建設機械の定期自主検査を行ったときは，検査年月日等の事項を記録し，これを3年間保存しなければならない。
- [ ] 雇入れ時の安全衛生教育は，労働者を雇い入れた関係請負人の事業者が行う。

有機溶剤中毒予防規則

- [ ] 有機溶剤業務に係る局所排気装置は，1月を超えない期間ごとに，有機溶剤作業主任者に点検させなければならない。
- [ ] 事業者は，屋内作業場で用いる有機溶剤等の区分を，色分け等の方法により，見やすい場所に表示しなければならない。

酸素欠乏症等防止規則

- [ ] 酸素欠乏危険作業については，酸素欠乏危険作業主任者を選任しなければならない。
- [ ] 酸素欠乏とは，空気中の酸素の濃度が18%未満である状態をいう。

試験によく出る問題

問題37

労働災害に関する記述として，最も不適当なものはどれか。

1．労働災害には，労働者の災害だけでなく，物的災害も含まれる。
2．労働災害における労働者とは，所定の事業又は事務所に使用される者で，賃金を支払われる者をいう。
3．労働損失日数は，死亡及び永久全労働不能の場合。1件につき7,500日としている。
4．強度率は，1,000延労働時間あたりの労働損失日数を示す。

解　説

1．**労働災害**には，**単なる物的災害**は含まれず，就業場所等に起因して，労働者が**負傷**し，**疾病**にかかり又は，**死亡**することをいいます。
2．**労働者**とは，所定の事業又は事務所に使用される者で，賃金を支払われる者をいいます。

災害発生率の表し方

用　語	概　要	
強度率	・1,000延労働時間当りの労働損失日数を示す。 ・災害の規模や程度。	$\dfrac{労働損失日数}{延労働時間数} \times 1,000$
度数率	・100万延労働時間当たりの労働災害による死傷者数を示す。 ・災害発生の頻度。	$\dfrac{死傷者数}{延労働時間数} \times 1,000,000$
年千人率	・労働者1,000人当たりの1年間の死傷者数を示す。 ・災害発生の頻度。	$\dfrac{年間の死傷者数}{1年間の平均労働者数} \times 1,000$
労働損失日数	・死亡及び永久全労働不能障害の場合，1件につき7,500日とする。	

4．**強度率**は，災害の規模や程度を表すもので，**1,000延労働**時間あたりの**労働損失日数**を示します。

解答　**1**

問題38

建築工事に伴い施工者が行うべき公衆災害の防止対策に関する記述として，「建築工事公衆災害防止対策要綱（建築工事編）」上，不適当なものはどれか。ただし，関係機関から特に指示はないものとする。

1. 工事現場内に公衆を通行させるために設ける歩行者用仮設通路は，幅1.5m，有効高さ2.1mとした。

2. 道路の通行を制限する必要があり，制限後の車線が2車線となるので，その車道幅員を4.5mとした。

3. 地盤アンカーの施工において，アンカーの先端が敷地境界の外に出るので，隣地所有者の承諾を得た。

4. 地下水の排水に当たっては，排水方法及び排水経路を確認し，当該下水道及び河川の管理者に届け出た。

解 説

1. ［対策要綱第24（歩行者用仮設通路）］

2. ［対策要綱第21（車両交通対策）］

　　制限した後の道路の車線が **1車線となる場合は，車道幅員3m以上** とし，**2車線となる場合は，車道幅員5.5m以上** とします。

3. ［対策要綱第55（グランドアンカー）］

　　発注者及び施工者は，グランドアンカーの先端が敷地境界の外に出る場合には，**敷地所有者又は管理者の許可** を得なければならないです。

4. ［対策要綱第46（地下水対策）］

解答　2

建築工事において，公衆災害を防止するために設ける防護棚（朝顔）に関する記述として，最も不適当なものはどれか。

1. 建築工事を行う部分の高さが，地盤面から20mなので，防護棚は2段設置した。
2. 防護棚は，外部足場の外側から水平距離で2m以上突き出し，水平面となす角度を20度以上とした。
3. 防護棚の敷板には，厚さが12mmの木板を用いた。
4. 外部足場の外側から水平距離で2m以上の出のある歩道防護構台を設けたので，最下段の防護棚は省略した。

解　説

1. 建築工事を行う部分が，地盤面からの高さが10m以上の場合にあっては1段以上，20m以上の場合にあっては2段以上設けます。
2. 骨組みの外側から水平距離で2m以上突出させ，水平面となす角度を20度以上とします。
3. 防護棚は，すき間がないもので十分な耐力を有する適正な厚さとし，(木材) 30mm程度，(鉄板) 1.6mm以上とします。
4. 最下段の防護棚は，建築工事を行う部分の下10m以内の位置に設けますが，外部足場の外側より水平距離で2m以上の出のある歩道防護構台を設けた場合は，省略することができます。

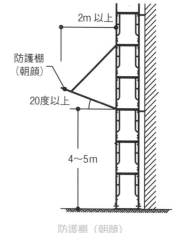

防護棚（朝顔）

解答　**3**

第5章

施工管理

問題40

　事業者が講ずべき措置について，「労働安全衛生法」上，誤っているものはどれか。

　1．岩石の落下等により労働者に危険が生ずるおそれのある場所で，車両系建設機械を使用するときは，機械に堅固なヘッドガードを備えなければならない。

　2．車両系建設機械の定期自主検査を行ったときは，検査年月日等の事項を記録し，これを2年間保存しなければならない。

　3．車両系建設機械のブームを上げ，その下で修理，点検を行うときは，ブームが不意に降下することによる労働者の危険を防止するため，安全支柱，安全ブロック等を使用させなければならない。

　4．車両系建設機械の運転者が運転位置から離れるときは，バケット，ジッパー等の作業装置を地上におろさせなければならない。

解　説

　1．［労働安全衛生規則第153条（ヘッドガード）］

　2．［労働安全衛生規則第169条（定期自主検査の記録）］

　　車両系建設機械の定期自主検査を行った場合，事業者は**検査年月日等の事項を記録**し，これを**3年間保存**する必要があります。

　3．［労働安全衛生規則第166条（ブーム等の降下による危険の防止）］

　4．［労働安全衛生規則第160条（運転位置から離れる場合の措置）］

解答　**2**

建設業における特定元方事業者が，労働災害を防止するため，講ずべき措置として，「労働安全衛生法」上，定められていないものはどれか。

1．特定元方事業者と関係請負人との間及び関係請負人相互間における作業間の連絡及び調整を行わなければならない。

2．関係請負人が新たに雇い入れた労働者に対し，雇入れ時の安全衛生教育を行わなければならない。

3．特定元方事業者及びすべての関係請負人が参加する協議組織を設置し，会議を定期的に開催しなければならない。

4．仕事の工程に関する計画及び作業場所における主要な機械，設備等の配置に関する計画を作成しなければならない。

解　説

1．［労働安全衛生規則第636条（作業間の連絡及び調整）］

2．［労働安全衛生規則第35条（雇入れ時等の教育）］

　雇入れ時の安全衛生教育は，労働者を雇い入れた**関係請負人の事業者が行います**。なお，特定元方事業者が講ずべき措置は，［労働安全衛生規則第638条（教育に対する**指導及び援助**）］です。

3．［労働安全衛生規則第635条（協議組織の設置及び運営）］

4．［労働安全衛生規則第638条の3（計画の作成）］

解答　**2**

```
┌──── 特定元方事業者の講ずべき主な措置 ────┐
│ ・協議組織の設置及び運営    ・作業間の連絡及び調整      │
│ ・作業場所の巡視         ・教育に対する指導及び援助    │
│ ・計画の作成           ・クレーン等の運転についての合図の統一 │
│ ・事故現場等の標識の統一等   ・有機溶剤等の容器の集積箇所の統一  │
└─────────────────────────────┘
```

問題42

　屋内作業場等において，有機溶剤業務に労働者を従事させる場合における事業者の講ずべき措置として，「有機溶剤中毒予防規則」上，誤っているものはどれか。

1. 作業に従事する労働者が有機溶剤により汚染され，又はこれを吸入しないように，有機溶剤作業主任者に作業の方法を決定させ，労働者を指揮させなければならない。

2. 有機溶剤業務に係る有機溶剤等の区分を，作業中の労働者が容易に知ることができるよう，色分け等の方法により，見やすい場所に表示しなければならない。

3. 有機溶剤業務に係る局所排気装置は，3月を超えない期間ごとに，有機溶剤作業主任者に点検させなければならない。

4. 有機溶剤業務に係る局所排気装置は，原則として，1年以内ごとに1回，定期に，所定の事項について自主検査を行わなければならない。

解　説

1. ［有機溶剤中毒予防規則第19条の2（有機溶剤作業主任者の職務）］

有機溶剤作業主任者の職務

・作業に従事する労働者が有機溶剤により汚染され，又はこれを吸入しないように，作業の方法を決定し，労働者を指揮すること。

・局所排気装置，プッシュプル型換気装置又は全体換気装置を，1か月を超えない期間ごとに点検すること。

・保護具の使用状況を監視すること。

・タンクの内部において有機溶剤業務に労働者が従事するときは，適切に定められた措置が講じられていることを確認すること。

2. ［有機溶剤中毒予防規則第25条（有機溶剤等の区分の表示）］
　　事業者は，屋内作業場で用いる**有機溶剤等の区分**を，色分け等の方法により，**見やすい場所に表示**しなければならないです。

３．上記１を参照してください。

有機溶剤業務に係る局所排気装置は，**１か月を超えない期間**ごとに，**有機溶剤作業主任者**に点検させなければならないです。

４．［有機溶剤中毒予防規則第20条（局所排気装置の定期自主検査）］

事業者は，局所排気装置については，**１年以内ごとに１回**，定期に，所定の事項について**自主検査**を行わなければならないです。

解答　**3**

問題43

酸素欠乏危険作業に労働者を従事させるときの事業者の責務として，「酸素欠乏症等防止規則」上，誤っているものはどれか。

１．酸素欠乏危険作業については，衛生管理者を選任しなければならない。

２．酸素欠乏危険作業に労働者を就かせるときは，労働者に対して酸素欠乏危険作業特別教育を行わなければならない。

３．酸素欠乏危険場所では，原則として，空気中の酸素の濃度を18％以上に保つように換気しなければならない。

４．酸素欠乏危険場所で空気中の酸素の濃度測定を行ったときは，その記録を３年間保存しなければならない。

解　説

１．［酸素欠乏症等防止規則第11条（作業主任者）］

酸素欠乏危険作業について，**事業者は，酸素欠乏危険作業主任者を選任**しなければならないです。

２．［酸素欠乏症等防止規則第12条（特別の教育）］

事業者は，酸素欠乏危険作業に係る業務に労働者を就かせるときは，当該労働者に対して**特別の教育**を行わなければならないです。

３．［酸素欠乏症等防止規則第５条（換気）］

４．［酸素欠乏症等防止規則第３条（作業環境測定等）］

解答　**1**

55 作業主任者・各種作業の安全

試験によく出る選択肢 📝

作業主任者の選任・職務

- □ コンクリートの打設作業は，作業主任者を選任すべき作業でない。
- □ 軒の高さが 5 m 以上の木造の建築物の解体作業においては，木造建築物の組立て等作業主任者を選任する必要はない。

作業主任者の職務

- □ 強風等の悪天候により危険が予想されるときに作業を中止することは，足場の組立て等作業主任者の職務に該当しない。
- □ 材料の欠点の有無を点検し，不良品を取り除くことは，木造建築物の組立て等作業主任者の職務に該当しない。
- □ 作業を行う区域内に関係労働者以外の労働者の立入りを禁止することは，建築物等の鉄骨の組立て等作業主任者の職務に該当しない。

クレーン等安全規則

- □ クレーンの落成検査における荷重試験は，クレーンの定格荷重の1.25倍に相当する荷重の荷を吊って行う。
- □ 運転についての合図の方法は，事業者が定めなければならない。

ゴンドラ安全規則

- □ ゴンドラの操作の業務に労働者をつかせるときは，当該業務に関する安全のための特別の教育を行わなければならない。
- □ ゴンドラ検査証の有効期間は 1 年であり，保管状況が良好であれば 1 年を超えない範囲内で延長することができる。
- □ 定期自主検査を行ったときの記録は，3 年間保存する。

足場

- □ 枠組足場に設ける水平材は，最上層及び 5 層以内ごととする。
- □ 単管足場における建地の間隔は，けた行方向を1.85m 以下，はり間方向を1.5m 以下とする。
- □ つり足場の作業床の幅は40cm 以上とし，すき間のないようにする。

試験によく出る問題

問題44

「労働安全衛生法」上，作業主任者を選任しなければならない作業はどれか。

1. 掘削面の高さが2mの地山の掘削作業
2. 高さが3mのコンクリート造の工作物の解体作業
3. 高さが4mの単管足場の組立作業
4. 高さが5mの鉄筋コンクリート造建築物のコンクリート打設作業

解 説

作業主任者を選任すべき作業は，[労働安全衛生法施行令第6条]で規定されています。

1. 掘削面の高さが**2m以上**となる**地山の掘削作業**は，作業主任者を選任しなければならない作業です。
2. 高さ**5m以上**の**コンクリート造の工作物の解体作業**は，作業主任者を選任しなければならない作業ですが，高さ3mは該当しません。
3. 高さが**5m以上の構造の足場の組立て，解体又は変更の作業**は，作業主任者を選任しなければならない作業ですが，高さ4mは該当しません。
4. 高さが5mの鉄筋コンクリート造建築物の**コンクリート打設作業**は，作業主任者を選任すべき作業に該当しません。

高さが関連する場合，地下は2m，地上は5mをポイントに覚えるとよいです。

解答　1

作業主任者を選任すべき作業

作業主任者	選任すべき作業
高圧室内作業主任者	・高圧室内作業（潜函工法その他の圧気工法で行われる高圧室内作業）
ガス溶接作業主任者	・アセチレン溶接装置又はガス集合溶接装置を用いて行う金属の溶接，溶断又は加熱の作業
コンクリート破砕器作業主任者	・コンクリート破砕器を用いて行う破砕の作業
地山の掘削作業主任者	・掘削面の高さが $\boxed{2\,\text{m以上}}$ となる地山の掘削の作業
土止め支保工作業主任者	・土止め支保工の切りばり又は腹おこしの取付け又は取りはずしの作業
型枠支保工の組立て等作業主任者	・型わく支保工の組立て又は解体の作業
足場の組立て等作業主任者	・つり足場（ゴンドラのつり足場を除く。），張出し足場又は高さが $\boxed{5\,\text{m以上}}$ の構造の足場の組立て，解体又は変更の作業
建築物等の鉄骨の組立て等作業主任者	・建築物の骨組み又は塔であって，高さ $\boxed{5\,\text{m以上}}$ の金属製の部材により構成されるものの組立て，解体又は変更の作業
木造建築物の組立て等作業主任者	・軒の高さが $\boxed{5\,\text{m以上}}$ の木造建築物の構造部材の組立て又はこれに伴う屋根下地若しくは外壁下地の取付けの作業
コンクリート造の工作物の解体等作業主任者	・高さ $\boxed{5\,\text{m以上}}$ のコンクリート造の工作物の解体又は破壊の作業
酸素欠乏危険作業主任者	・酸素欠乏危険場所における作業
石綿作業主任者	・石綿若しくは石綿をその重量の0.1%を超えて含有する製剤その他の物を取り扱う作業（試験研究のため取り扱う作業を除く。）又は石綿等を試験研究のため製造する作業

問題45

作業主任者の職務として，「労働安全衛生法」上，定められていないものはどれか。

1. 型枠支保工の組立て等作業主任者は，作業中，安全帯等及び保護帽の使用状況を監視すること。
2. 足場の組立て等作業主任者は，強風等の悪天候により危険が予想されるときは作業を中止すること。
3. 建築物等の鉄骨の組立て等作業主任者は，器具，工具，安全帯等及び保護帽の機能を点検し，不良品を取り除くこと。
4. 地山の掘削作業主任者は，作業の方法を決定し，作業を直接指揮すること。

解　説

1. ［労働安全衛生規則第247条（型枠支保工の組立て等作業主任者の職務）］
2. ［労働安全衛生規則第566条（足場の組立て等作業主任者の職務）］
   強風等の悪天候により危険が予想されるときに<u>**作業を中止すること**は，事業者の職務</u>です。（同規則第564条）

足場の組立て等作業主任者の職務

・材料の欠点の有無を点検し，不良品を取り除く。
・器具，工具，安全帯等及び保護帽の機能を点検し，不良品を取り除く。
・作業の方法及び労働者の配置を決定し，作業の進行状況を監視する。
・安全帯等及び保護帽の使用状況を監視する。

3. ［労働安全衛生規則第517条の5（建築物等の鉄骨の組立て等作業主任者の職務）］
4. ［労働安全衛生規則第360条（地山の掘削作業主任者の職務）］

解答　**2**

移動式クレーン，エレベーター及び建設用リフトに関する記述として，「クレーン等安全規則」上，誤っているものはどれか。

1．つり上げ荷重が3.0t以上の移動式クレーンを設置しようとする事業者は，認定を受けた事業者を除き，移動式クレーン設置報告書を所轄労働基準監督署長に提出しなければならない。

2．積載荷重1.0t以上のエレベーターの設置における落成検査の荷重試験は，エレベーターの積載荷重の1.2倍に相当する荷重の荷をのせて，行わなければならない。

3．積載荷重が0.25t以上1.0t未満のエレベーターを60日以上設置しようとする事業者は，認定を受けた事業者を除き，エレベーター設置報告書を所轄労働基準監督署長に提出しなければならない。

4．積載荷重が0.25t以上でガイドレールの高さが10mの建設用リフトを設置しようとする事業者は，建設用リフト設置届を所轄労働基準監督署長に提出しなければならない。

解説

1．［クレーン等安全規則第61条（設置報告書）］

2．［クレーン等安全規則第141条（落成検査）］
　　落成検査においては荷重試験を行ない，荷重試験は，エレベーターに**積載荷重の1.2倍に相当する荷重の荷をのせて行います。**

3．［クレーン等安全規則第145条（設置報告書）］

4．［クレーン等安全規則第174条（設置届）］
　　ガイドリフトが**18m未満の場合設置報告書**を提出します。

解答　**4**

クレーン等安全規則による設置届等

	クレーン		エレベーター		建設用リフト		移動式クレーン	
	吊上荷重		積載荷重		ガイドレール		吊上荷重	
	3t以上	3t未満	1t以上	1t未満	18m以上	18m未満	3t以上	3t未満
設置届	○	―	○	―	○	―	○	―
設置報告書	―	○	―	○	―	○	○	―
落成検査	○	―	○	―	○	―	―	―

問題47

　ゴンドラを使用して作業を行う場合，事業者の講ずべき措置として，「ゴンドラ安全規則」上，**誤っている**ものはどれか。

1．ゴンドラの操作の業務に労働者を就かせるときは，当該業務に係る技能講習を修了した者でなければならない。
2．つり下げのためのワイヤロープが1本であるゴンドラで作業を行うときは，安全帯等を当該ゴンドラ以外のものに取り付けなければならない。
3．ゴンドラを使用して作業を行う場所については，当該作業を安全に行うため必要な照度を保持しなければならない。
4．ワイヤロープが通っている箇所の状態の点検は，その日の作業を開始する前に行わなければならない。

解　説

1．〔ゴンドラ安全規則第12条（特別の教育）〕
　　事業者は，ゴンドラの操作の業務に労働者をつかせるときは，当該労働者に対して，当該業務に関する安全のための**特別の教育**を行なう必要があります。
2．〔ゴンドラ安全規則第17条（安全帯等）〕
3．〔ゴンドラ安全規則第20条（照明）〕
4．〔ゴンドラ安全規則第22条（作業開始前の点検）〕

解答　　1

問題48

足場に関する記述として，最も不適当なものはどれか。

1．高さが20mを超える枠組足場の主枠間の間隔は，1.85m以下とする。
2．枠組足場に設ける水平材は，最上層及び6層以内ごととする。
3．高さが5m以上の枠組足場の壁つなぎの間隔は，垂直方向9m以下，水平方向8m以下とする。
4．枠組足場における高さ2m以上に設ける作業床は，原則として，床材と建地とのすき間を12cm未満とする。

第5章
施工管理

1．［労働安全衛生規則第571条（令別表第 8 第一号に掲げる部材等を用い
　る鋼管足場）］
　　高さ20m を超えるとき及び重量物の積載を伴う作業を行うときは，使
　用する主わくは，高さ 2 m 以下のものとし，かつ，**主わく間の間隔**は
　1.85m 以下とします。

2．［労働安全衛生規則第571条（令別表第 8 第一号に掲げる部材等を用い
　る鋼管足場）］
　　枠組足場には，最上層及び 5 層以内ごとに水平材を設けます。

3．［労働安全衛生規則第570条（鋼管足場）］

壁つなぎの間隔

	垂直方向	水平方向
単管足場	5 m 以下	5.5 m 以下
枠組足場（高さ 5 m 未満のものを除く。）	9 m 以下	8 m 以下

壁つなぎの間隔は，
単管，直 5 （チョクゴ），水平5.5 （スイヘイゴーゴー）
枠組，水平 8 （ワ），直 9 （ク）
で覚えるとよいです。

4．［労働安全衛生規則第563条（作業床）］
　　事業者は，足場における高さ 2 m 以上の作業場所には，作業床を設
　けなければならないです。つり足場の場合を除き，（幅）40cm 以上，（床
　材間の隙間） 3 cm 以下，（床材と建地との隙間）12cm 未満とします。

解答　**2**

単管足場と枠組足場の安全基準　必ず覚えよう!

	単管足場	枠組足場
建地の間隔	・けた行方向：1.85m 以下 ・はり間方向：1.5m 以下 ・建地の最高部から31m を超える部分は２本組とする。	高さ20m を超える場合及び重量物の積載を伴う作業をする場合は, ・主枠の高さ：2 m 以下 ・主枠の間隔：1.85m 以下
地上第1の布の高さ	2 m 以下	
建地脚部の滑動・沈下防止措置	ベース金物, 敷板, 敷角, 脚輪付きはブレーキまたは歯止め	
壁つなぎ・控え	・垂直方向：5 m 以下 ・水平方向：5.5m 以下	・垂直方向：9 m 以下 ・水平方向：8 m 以下
建地間の積載荷重	3.62kN（400kg）以下	・建枠幅1.2m： 　4.95kN（500kg）以下 ・建枠幅0.9m： 　3.62kN（400kg）以下
水平材	−	最上層及び５層以内ごと
作業床	・幅：40cm 以上，すき間：3 cm 以下 ・床材と建地とのすき間は12cm 未満 ・転位脱落防止のため２箇所以上緊結	
作業員の墜落防止	高さ85cm 以上の手すり及び高さ35cm 以上50cm 以下の桟（中桟）を設ける。	・交差筋かい及び高さ15cm 以上40cm 以下の桟（下桟）もしくは高さ15cm 以上の幅木を設ける。 ・手すり枠を設ける。 ・妻面には，高さ85cm 以上の手すり及び高さ35cm 以上50cm 以下の桟（中桟）を設ける。
物体の落下防止	2 m 以上の部分に，高さ10cm 以上の幅木, メッシュシートもしくは防網又はこれらと同等以上の機能を有する設備を設ける。	

第5章

施工管理

第6章
法　規

6 − 1   関連法規

56   建築基準法

試験によく出る選択肢 📝

用語の定義
- [ ] 最下階の床の過半の修繕は，大規模の修繕に該当しない。
- [ ] 建築物の基礎は，主要構造部でない。
- [ ] 工事用の図面として現場で作成した現寸図は，設計図書でない。
- [ ] 地下の工作物内に設ける事務所は，建築物である。

建築確認手続き等
- [ ] 都市計画区域外に建築する場合でも，建築物の用途，規模によっては建築確認申請書を提出する必要がある。
- [ ] 特定行政庁は，建築基準法令の規定に違反した建築物に関する工事の請負人に対して，当該工事の施工の停止を命じることができる。
- [ ] 建築基準法の規定は，文化財保護法の規定によって重要文化財に指定され，又は仮指定された建築物については適用されない。
- [ ] 建築主は，指定確認検査機関による完了検査を受ける場合，建築主事に対して検査の申請は不要である。

建築基準法全般
- [ ] 小学校には，非常用の照明装置を設ける必要はない。
- [ ] 映画館における客用の階段及びその踊場の幅は，140cm 以上としなければならない。
- [ ] 居室には，原則として，その居室の床面積の 1 /20以上の換気に有効な部分の面積を有する窓その他の開口部を設けなければならない。
- [ ] 給水管が準耐火構造の防火区画を貫通する場合は，そのすき間をモルタル等の不燃材料で埋めなければならない。
- [ ] 建築主は，軒の高さが 9 m を超える木造の建築物を新築する場合においては，一級建築士である工事監理者を定めなければならない。

試験によく出る問題

問題1 出る 出る 出る

用語の定義に関する記述として,「建築基準法」上,誤っているものはどれか。
1. ガラスは不燃材料であり,耐水材料でもある。
2. 共同住宅の用途に供する建築物は,特殊建築物である。
3. 建築物に設ける煙突は,建築設備である。
4. 構造上重要でない最下階の床の過半の修繕は,大規模の修繕に該当する。

解 説

1. 〔建築基準法施行令第1条(用語の定義)〕
2. 〔建築基準法第2条(用語の定義)〕
   共同住宅の用途に供する建築物は,**特殊建築物**です。なお,**特殊建築物でないもの**として,一戸建ての住宅,事務所,市役所,神社・寺院などがあります。
3. 〔建築基準法第2条(用語の定義)〕
4. 〔建築基準法第2条(用語の定義)〕
   大規模の修繕とは,建築物の<u>主要構造部</u>の一種以上について行う<u>過半の修繕</u>をいいます。構造上重要でない<u>最下階の床</u>は<u>主要構造部に該当しない</u>ので,その床の修繕は<u>大規模の修繕に該当しません</u>。

解答 **4**

 問題2

　用語の定義に関する記述として，「建築基準法」上，誤っているものはどれか。

1．百貨店の売場は，居室である。
2．請負契約によらないで自ら建築物の工事をする者は，工事施工者である。
3．建築物の基礎は，主要構造部である。
4．道路中心線から1階にあっては3m以下，2階以上にあっては5m以下の距離にある建築物の部分は，延焼のおそれのある部分である。

解　説

1．［建築基準法第2条（用語の定義）］
2．［建築基準法第2条（用語の定義）］
3．［建築基準法第2条］，［建築基準法施行令第1条］
　　建築物の**基礎**は，**主要構造部**ではなく，**構造耐力上主要な部分**です。
4．［建築基準法第2条（用語の定義）］
　　延焼のおそれのある部分とは，隣地境界線，**道路中心線**又は同一敷地内の2以上の建築物相互の外壁間の中心線から，**1階にあっては3m以下，2階以上にあっては5m以下**の距離にある**建築物の部分**をいいます。

必ず覚えよう！　　　　　　　　解答　**3**

用語の定義の概要

建築基準法第2条（用語の定義）	
用　語	概　要
建築物	・土地に定着する工作物のうち，屋根及び柱若しくは壁を有するもの，…，地下若しくは高架の工作物内に設ける事務所，店舗，…倉庫その他これらに類する施設（鉄道及び軌道の線路敷地内の運転保安に関する施設並びに跨線橋，プラットホームの上家，貯蔵槽その他これらに類する施設を除く。）をいい，建築設備を含むものとする。

特殊建築物	・学校，体育館，病院，…，共同住宅，寄宿舎，下宿，工場，倉庫，自動車車庫，…その他これらに類する用途に供する建築物をいう。
建築設備	・建築物に設ける…汚物処理の設備又は煙突，昇降機若しくは避雷針をいう。
居室	・居住，執務，作業，集会，娯楽その他これらに類する目的のために継続的に使用する室をいう。
主要構造部	・壁，柱，床，はり，屋根又は階段をいい，建築物の構造上重要でない間仕切壁，間柱，…，最下階の床，…，局部的な小階段，屋外階段…を除くものとする。
延焼のおそれのある部分	・隣地境界線，道路中心線又は同一敷地内の2以上の建築物相互の外壁間の中心線から，1階にあっては3m以下，2階以上にあっては5m以下の距離にある建築物の部分をいう。
設計図書	・建築物，その敷地又は…に規定する工作物に関する工事用の図面（現寸図その他これに類するものを除く。）及び仕様書をいう。
建築	・建築物を新築し，増築し，改築し，又は移転することをいう。
大規模の修繕	・建築物の主要構造部の1種以上について行う過半の修繕をいう。
設計者	・その者の責任において，設計図書を作成した者をいい，…
工事施工者	・建築物，その敷地若しくは…に規定する工作物に関する工事の請負人又は請負契約によらないで自らこれらの工事をする者をいう。

建築基準法施行令第1条（用語の定義）

用　語	概　要
地階	・床が地盤面下にある階で，床面から地盤面までの高さがその階の天井の高さの1/3以上のものをいう。
構造耐力上主要な部分	・基礎，基礎ぐい，壁，柱，…，床版，屋根版又は横架材で，建築物の自重若しくは積載荷重，積雪荷重，風圧，土圧若しくは水圧又は地震その他の震動若しくは衝撃を支えるものをいう。
耐水材料	・れんが，石，人造石，コンクリート，アスファルト，陶磁器，ガラスその他これらに類する耐水性の建築材料をいう。

問題3

　建築確認手続き等に関する記述として，「建築基準法」上，誤っているものはどれか。

　　1．防火地域及び準防火地域外において建築物を増築しようとする場合で，その増築に係る部分の床面積の合計が10m²以内のときは，建築確認申請書の提出は必要ない。

　　2．建築物の構造上重要でない間仕切壁の過半の修繕をする場合は，建築確認申請書の提出は必要ない。

　　3．都市計画区域外において建築する場合は，建築物の用途，規模にかかわらずすべての建築物について，建築確認申請書の提出は必要ない。

　　4．鉄筋コンクリート造3階建の共同住宅の2階の床及びこれを支持する梁に鉄筋を配置する工事の工程は，中間検査の申請が必要な特定工程である。

解　説

　　1．［建築基準法第6条（建築物の建築等に関する申請及び確認）］

　　　　防火地域及び準防火地域外において建築物を**増築**し，改築し，又は移転しようとする場合で，その増築，改築又は移転に係る部分の**床面積の合計が10m²以内**である場合，**建築確認申請書の提出は不要**です。

　　2．［建築基準法第6条］，［建築基準法第2条］

　　　　構造上重要でない**間仕切壁**は**主要構造部に該当しない**ので，その間仕切壁の修繕は大規模の修繕に該当しません。したがって，**建築確認申請書の提出は不要**です。

　　3．［建築基準法第6条］

　　　　都市計画区域外でも，［建築基準法第6条］の**第一号～第三号に該当**する建築物を建築する場合は，**建築確認申請書の提出が必要**です。

　　4．［建築基準法第7条の3（建築物に関する中間検査）］

　　　　階数が3以上である共同住宅の**2階の床及びこれを支持する梁の鉄筋**工事の工程は**特定工程**に該当し，**中間検査の申請が必要**です。

問題4

次の記述のうち，「建築基準法」上，誤っているものはどれか。

1．高さ31m を超える建築物には，原則として，非常用の昇降機を設けなければならない。
2．回り階段の部分における踏面の寸法は，踏面の狭い方の端から30cmの位置において測定する。
3．小学校には，非常用の照明装置を設けなければならない。
4．映画館の客用に供する屋外への出口の戸は，内開きとしてはならない。

解　説

1．［建築基準法第34条（昇降機）］
　　高さ31m をこえる建築物には，**非常用の昇降機**の設置が必要です。

2．［建築基準法施行令第23条（階段及びその踊場の幅並びに階段の蹴上げ及び踏面の寸法）］
　　回り階段の部分における踏面の寸法は，**踏面の狭い方の端から30cmの位置**において測るものとします。

3．［建築基準法施行令第126条の4（設置）］
　　学校等については，非常用の照明装置を設けなくてもよいです。

学校等で受けない規定
・非常用照明の設置
・排煙設備の設置
・内装制限の規定

4．［建築基準法施行令第125条（屋外への出口）］
　　劇場，**映画館**，演芸場，観覧場，公会堂又は集会場の**客用に供する屋外への出口の戸は，内開きとしてはならない**です。

解答　**3**

57 建設業法

試験によく出る選択肢

建設業の許可
- ☐ 許可を受けた建設業を廃止したときは，30日以内にその旨を届け出なければならない。
- ☐ A県で建設業の許可を受けている建設業者が，新たにB県の区域内に営業所を設けて営業をしようとする場合は，国土交通大臣の許可を受ける必要がある。

請負契約
- ☐ あらかじめ注文者の書面等による承諾を得て選定された下請負人である場合を除き，建設工事の施工につき著しく不適当と認められるときは，注文者は，請負人に対して，その変更を請求することができる。
- ☐ 請負人は，請負契約の履行に関し，工事現場に現場代理人を置く場合，注文者の承諾を得る必要はない。
- ☐ 共同住宅の新築工事を請け負った建設業者は，あらかじめ発注者の書面による承諾を得た場合でも，その工事を一括して他人に請け負わせることができない。

元請負人の義務
- ☐ 元請負人は，下請負人からその請け負った建設工事が完成した旨の通知を受けたときは，当該通知を受けた日から20日以内で，かつ，できる限り短い期間内に，その完成を確認するための検査を完了しなければならない。
- ☐ 元請負人は，下請負人の請け負った建設工事の完成を確認した後，下請負人が申し出たときは，直ちに，当該建設工事の目的物の引渡しを受けなければならない。

工事現場に置く技術者
- ☐ 元請負人から鉄骨工事を1億円で請け負った建設業者は，監理技術者を工事現場に置く必要はない。

問題5 出る 出る 出る

　建設業の許可に関する記述として，「建設業法」上，誤っているものはどれか。

1．工事1件の請負代金の額が500万円に満たない建設工事のみを請け負うことを営業とする者は，建設業の許可を受けなくてもよい。
2．内装仕上工事など建築一式工事以外の工事を請け負う建設業者であっても，特定建設業者となることができる。
3．一般建設業の許可を受けた者が，当該許可に係る建設業について，特定建設業の許可を受けたときは，一般建設業の許可は，その効力を失う。
4．許可を受けた建設業を廃止したときは，50日以内にその旨を届け出なければならない。

解　説

1．［建設業法第3条（建設業の許可）］，［建設業法施行令第1条の2（法第3条第1項ただし書の軽微な建設工事）］

建設業の許可の区分

許可の区分	区分の内容
国土交通大臣の許可	2以上の都道府県の区域内に営業所を設ける場合
都道府県知事の許可	1の都道府県の区域内に営業所を設ける場合

※下記のいずれかに該当する軽微な建設工事のみを請け負う場合は許可が不要。
［工事1件の請負代金の額］
・建築一式工事で，1,500万円未満
・建築一式工事で，延べ面積が150m²未満の木造住宅工事
・建築一式工事以外で，500万円未満

必ず覚えよう！

2．［建設業法第3条（建設業の許可）］

　建設業の許可は，**建設工事の種類ごと**に定める建設業に応じて与えられます。**一定金額以上の下請契約を締結して施工する場合**は，内装仕上工

事など建築一式工事以外の工事を請け負う建設業者であっても，**特定建設業者**となることができます。

特定建設業と一般建設業

特定建設業	発注者から直接請け負う１件の建設工事につき，4,500万円（建築工事業：7,000万円）以上の下請契約を締結して施工するものに対する許可
一般建設業	特定建設業以外の建設業を営むものに対する許可

3．［建設業法第３条（建設業の許可）］
4．［建設業法第12条（廃業等の届出）］
　　許可を受けた**建設業を廃止したとき**は，**30日以内**にその旨を届ける必要があります。

解答　**4**

問題6

建設業の許可に関する記述として，「建設業法」上，誤っているものはどれか。

1．特定建設業の許可を受けようとする者は，発注者との間の請負契約で，その請負代金の額が8,000万円以上であるものを履行するに足りる財産的基礎を有していなければならない。

2．建設業の許可を受けた建設業者は，許可を受けてから１年以内に営業を開始せず，又は引き続いて１年以上営業を休止した場合は，当該許可を取り消される。

3．工事１件の請負代金の額が建築一式工事にあっては1,500万円に満たない工事又は延べ面積が150m²に満たない木造住宅工事のみを請け負う場合は，建設業の許可を必要としない。

4．国又は地方公共団体が発注者である建設工事を請け負う者は，特定建設業の許可を受けなければならない。

解　説

1．［建設業法第15条（許可の基準）］，［建設業法施行令第5条の4］

　　特定建設業の許可を受けようとする場合，発注者との間の請負契約で，その請負代金の額が**8,000万円以上であるもの**を履行するに足りる財産的基礎を有することが条件となります。

2．［建設業法第29条（許可の取消し）］

　　許可を受けてから**1年以内**に営業を開始せず，又は引き続いて**1年以上営業を休止した場合**は，建設業者の許可が取り消されます。

3．　問題5 の ┃ 解　説 ┃ の1を参照してください。

4．　問題5 の ┃ 解　説 ┃ の2を参照してください。

　　特定建設業の許可は，元請として一定金額以上の下請契約を締結して施工する場合に必要な許可で，**国又は地方公共団体が発注者**であることは関係ありません。

解答　**4**

問題7

請負契約に関する記述として，「建設業法」上，誤っているものはどれか。

1．請負人は，工事現場に現場代理人を置く場合，その権限に関する事項及びその現場代理人の行為についての注文者の請負人に対する意見の申出の方法を，注文者に通知しなければならない。

2．あらかじめ注文者の書面等による承諾を得て選定された下請負人であっても，建設工事の施工につき著しく不適当と認められるときは，注文者は，請負人に対して，その変更を請求することができる。

3．注文者は，請負契約の方法が随意契約による場合であっても契約の締結までに，建設業者が当該建設工事の見積りをするための期間を設けなければならない。

4．建設工事の請負契約の締結に際して書面による契約内容の明記に代えて，情報通信の技術を利用した一定の措置による契約の締結を行うことができる。

第6章

法

規

1．［建設業法第19条の2（現場代理人の選任等に関する通知）］

　　請負人は，請負契約の履行に関し**工事現場に現場代理人を置く場合に**おいては，当該**現場代理人の権限に関する事項**及び当該現場代理人の行為についての**注文者の請負人に対する意見の申出の方法**を，**書面により注文者に通知**しなければならないです。

2．［建設業法第23条（下請負人の変更請求）］

　　注文者は，請負人に対して，**下請負人の変更**を請求することができますが，**あらかじめ注文者の書面による承諾を得て選定した下請負人については下請負人の変更を請求できません。**

3．［建設業法第20条（建設工事の見積り等）］

4．［建設業法第19条（建設工事の請負契約の内容）］

解答　　2

問題8

　元請負人の義務に関する記述として，「建設業法」上，**誤っているもの**はどれか。

1．元請負人は，下請負人の請け負った建設工事の完成を確認した後，下請負人が申し出たときは，特約がされている場合を除き，直ちに，目的物の引渡しを受けなければならない。

2．元請負人は，前払金の支払を受けたときは，下請負人に対して，資材の購入，労働者の募集その他建設工事の着手に必要な費用を前払金として支払うよう適切な配慮をしなければならない。

3．特定建設業者が注文者となった下請契約において，下請代金の支払期日が定められなかったときは，下請負人が完成した工事目的物の引渡しを申し出た日から起算して60日を経過する日を支払期日とみなす。

4．発注者から直接建設工事を請け負った特定建設業者は，請け負った建設工事の下請負人が労働者の意思に反して労働を強制している場合は，その事実を指摘し，是正を求めるように努めなければならない。

1．［建設業法第24条の4（検査及び引渡し）］
　　元請負人は，検査によって建設工事の完成を確認した後，下請負人が申し出たときは，**特約がされている場合を除き**，直ちに目的物の引渡しを受けなければならないです。

2．［建設業法第24条の3（下請代金の支払）］
　　元請負人は，**前払金の支払を受けたときは**，下請負人に対して，建設工事の着手に必要な費用を**前払金として支払う**よう適切な配慮が必要です。

3．［建設業法第24条の5（特定建設業者の下請代金の支払期日等）］
　　特定建設業者が注文者となった下請契約において，**下請代金の支払期日が定められなかったとき**は，下請負人が完成した工事目的物の引渡しの<u>申し出の日が</u>，**規定に違反して下請代金の支払期日が定められたとき**は，申し出の日から起算して<u>50日を経過する日</u>が<u>下請代金の支払期日とみなされます</u>。

4．［建設業法第24条の6（下請負人に対する特定建設業者の指導等）］
　　発注者から直接建設工事を請け負った**特定建設業者**は，下請負人が，規定に違反していると認めたときは，**下請負人に対して**，当該違反している事実を指摘し，その是正を求めるように努めるものとします。

解答　**3**

工事現場に置く技術者に関する記述として，「建設業法」上，誤っているものはどれか。

1. 工事1件の請負代金の額が6,000万円である事務所の建築一式工事に置く監理技術者は，工事現場に専任の者でなければならない。

2. 下請負人として建設工事を請け負った建設業者は，下請代金の額にかかわらず，主任技術者を置かなければならない。

3. 発注者から直接建築一式工事を請け負った特定建設業者が，下請契約の総額が7,000万円以上となる工事を施工する場合，工事現場に置く技術者は，監理技術者でなければならない。

4. 専任の者でなければならない監理技術者は，当該選任の期間中のいずれの日においても，国土交通大臣の登録を受けた講習を受講した日の属する年の翌年から起算して5年を経過しない者でなければならない。

解 説

[建設業法第26条（主任技術者及び監理技術者の設置等）]

1. 工事1件の請負代金の額が**6,000万円（8,000万円以上で該当）**である**事務所の建築一式工事**に置く監理技術者は，工事現場に**専任の者でなくてよい**です。

主任技術者及び監理技術者の設置等

・建設業者は，その請け負った建設工事を施工するときは，「主任技術者」を置かなければならない。

・発注者から直接建設工事を請け負った特定建設業者は，当該建設工事を施工するために締結した下請契約の請負代金の額が，建築一式工事では7,000万円（その他の工事では4,500万円）以上になる場合においては，「監理技術者」を置かなければならない。

・公共性のある施設若しくは工作物又は多数の者が利用する施設若しくは工作物に関する重要な建設工事で，工事1件の請負代金の額が建築一式工事では8,000万円（その他の工事では4,000万円）以上のものについて

は，置かなければならない主任技術者又は監理技術者は，工事現場ごとに 専任の者 でなければならない。ただし，監理技術者を専任で配置すべき建設工事について，当該監理技術者の職務を補佐する者（監理技術者補佐）を，当該工事現場に専任で置く場合，監理技術者は，複数現場を兼任することができる。この場合の監理技術者（特例監理技術者という）が兼任できる工事現場の数は2とする。

・専任の者でなければならない「監理技術者」は，監理技術者資格者証の交付を受けている者であって，国土交通大臣の登録を受けた講習を受講したもののうちから，これを選任しなければならない。

2．建設業者は，その**請け負った建設工事を施工**するときは，「**主任技術者**」を置かなければならないです。

3．発注者から直接**建築一式工事**を請け負った**特定建設業者**が，下請契約の総額が**7,000万円以上**となる工事を施工する場合，工事現場に置く技術者は**監理技術者**です。

・7,000万円（4,500万円）→特定建設業，
　監理技術者，施工体制台帳
・8,000万円（4,000万円）→専任
　をポイントに覚えましょう。

4．**専任の監理技術者**は，**監理技術者資格者証の交付**を受けている者であって，国土交通大臣の登録を受けた**講習（講習を受講した日の翌年の1月1日5年間有効）**を受講したもののうちから選任します。

解答　1

・元請→金額に応じて主任技術者，監理技術者。
・下請→すべて主任技術者。
・専任→元請，下請に関係なく，金額に応じて
　専任となる。

58 労働基準法

労働基準法全般

- □ 未成年者の労働契約は，親権者又は後見人が本人に代って締結してはならない。
- □ 賃金（退職手当を除く。）の支払いは，労働者本人の同意があれば，銀行等への振込みの方法とすることができるが，小切手による支払いはできない。
- □ 使用者は，クレーンの運転の業務については，1日について2時間を超えて労働時間を延長してよい。
- □ つり上げ荷重が1t未満のクレーンの運転の業務は，満18才に満たない者を就業させることが禁止されている。
- □ 使用者は，労働時間が6時間を超える場合には，少なくとも45分の休憩時間を労働時間の途中に与えなければならない。

労働契約

- □ 使用者は，労働者が業務上負傷し，休業する期間とその後30日間は解雇してはならないが，やむを得ない事由のために事業の継続が不可能となった場合は解雇してもよい。
- □ 労使合意の契約があっても，使用者は，前借金その他労働することを条件とする前貸しの債権と賃金を相殺してはならない。

試験によく出る問題 📋

問題10

次の記述のうち，「労働基準法」上，誤っているものはどれか。

1. 満16才の男性を，交替制で午後10時以降に労働させることができる。
2. 満17才の男性を，2人以上の者によって行うクレーンの玉掛けの業務における補助作業の業務に就かせることができる。
3. 満18才に満たない者を，30kgを超える重量物の取り扱いの業務に就かせることはできない。
4. 未成年者の労働契約は，親権者又は後見人が本人に代って締結しなければならない。

解　説

1．［労働基準法第61条（深夜業）］

　　使用者は，満18才に満たない者を**午後10時から午前5時までの間**において使用してはならないですが，**交替制によって使用する満16才以上の男性**については使用できます。

2．［年少者労働基準規則第8条（年少者の就業制限の業務の範囲）］

　　2人以上の者によって行うクレーンの玉掛けの業務における**補助作業の業務**は，満18歳に満たない者を就かせてはならない業務から除かれています。

満18才に満たない者を就業させることが禁止されている主な業務

・クレーン，デリック又は揚貨装置の運転の業務

・最大積載荷重が2t以上の人荷共用若しくは荷物用のエレベーター又は高さが15m以上のコンクリート用エレベーターの運転の業務

・クレーン，デリック又は揚貨装置の玉掛けの業務（2人以上の者によって行う玉掛けの業務における補助作業の業務を除く。）

・動力により駆動される土木建築用機械又は船舶荷扱用機械の運転の業務

・土砂が崩壊するおそれのある場所又は深さが5m以上の地穴における業務

・高さが5m以上の場所で，墜落により労働者が危害を受けるおそれのあるところにおける業務

・足場の組立，解体又は変更の業務（地上又は床上における補助作業の業務を除く。）

・さく岩機，鋲打機等身体に著しい振動を与える機械器具を用いて行う業務

3．［労働基準法第62条（危険有害業務の就業制限）］，

　　［年少者労働基準規則第7条（重量物を取り扱う業務）］

　　使用者は，満18才に満たない者に，**30kgを超える重量物**の取り扱いの業務に就かせてはならないです。

第6章

法

規

年齢及び性別		重量（単位：kg）	
		断続作業の場合	継続作業の場合
満16歳未満	女	12	8
	男	15	10
満16歳以上	女	25	15
満18歳未満	男	30	20

4．［労働基準法第58条（未成年者の労働契約）］

　親権者又は後見人は，**未成年者に代って**労働契約を締結してはならないです。

解答　<u>4</u>

問題11

労働契約に関する記述として，「労働基準法」上，誤っているものはどれか。

1．法律で定める基準に達しない労働条件を定める労働契約は，その部分については無効であり，法律に定められた基準が適用される。

2．使用者は，試の使用期間中の者で14日を超えて引き続き使用されるに至った者を解雇しようとする場合には，原則として，少なくとも30日前にその予告をしなければならない。

3．使用者は，労働者が業務上負傷し，休業する期間とその後30日間は，やむを得ない事由のために事業の継続が不可能となった場合でも解雇してはならない。

4．労働者が，退職の場合において，使用期間，業務の種類，その事業における地位等について証明書を請求した場合においては，使用者は，遅滞なくこれを交付しなければならない。

1．［労働基準法第13条（この法律違反の契約）］

この法律で定める**基準に達しない労働条件を定める労働契約**は，その部分については**無効**とします。また，無効となった部分は，この法律で定める基準によります。

2．［労働基準法第20条（解雇の予告）］，［労働基準法第21条］

使用者は，**労働者を解雇**しようとする場合においては，少なくとも**30日前にその予告**をしなければなりません。ただし，次に該当する労働者については適用されませんが，**日数を超えて引き続き使用されるに至った場合は適用**されます。

	労働者の要件	引き続き使用される日数
①	日日雇い入れられる者	1か月
②	2か月以内の期間を定めて使用される者	所定の期間
③	季節的業務に4か月以内の期間を定めて使用される者	
④	試の使用期間中の者	14日

3．［労働基準法第19条（解雇制限）］

労働者が業務上負傷し，又は疾病にかかり**療養のために休業する期間**及びその後30日間並びに産前産後の女性が規定によって休業する期間及びその後30日間は，**解雇できません**。

ただし，**やむを得ない事由のために事業の継続が不可能となつた場合は解雇できます**。

4．［労働基準法第22条（退職時等の証明）］

労働者が，退職の場合において，使用期間，業務の種類，その事業における地位，賃金又は退職の事由について**証明書を請求した場合**，使用者は，**遅滞なくこれを交付**しなければなりません。

解答　**3**

問題12

労働時間等に関する記述として,「労働基準法」上,誤っているものはどれか。

1. 使用者は,労働時間が6時間を超える場合には,少なくとも30分の休憩時間を労働時間の途中に与えなければならない。
2. 使用者は,事業の正常な運営を妨げられない限り,労働者の請求する時季に年次有給休暇を与えなければならない。
3. 使用者は,原則として,労働者に対し休憩時間を一斉に与えなければならない。
4. 使用者は,労働者に対し毎週少なくとも1回の休日を与えるか,又は4週間を通じ4日以上の休日を与えなければならない。

解　説

1. ［労働基準法第34条（休憩）］
　　使用者は,労働時間が**6時間を超える場合**においては少なくとも**45分**,8時間を超える場合においては少なくとも**1時間**の休憩時間を労働時間の途中に与えなければならないです。
2. ［労働基準法第39条（年次有給休暇）］
　　使用者は,規定による**有給休暇を労働者の請求する時季に与えなけれ**ばならないです。ただし,請求された時季に有給休暇を与えることが**事業の正常な運営を妨げる場合**においては,他の時季にこれを与えることができます。
3. ［労働基準法第34条（休憩）］
　　使用者は,原則として,**休憩時間を一斉に与えなければならない**です。
4. ［労働基準法第35条（休日）］
　　使用者は,労働者に対して,**毎週少なくとも1回の休日を与えなけれ**ばならないですが,**4週間を通じ4日以上の休日**を与えてもよいです。

解答　1

59 労働安全衛生法

試験によく出る選択肢 📝

安全衛生管理体制

- ☐ 統括安全衛生責任者を選任すべき特定元方事業者は，安全衛生責任者を選任する必要はない。
- ☐ 安全衛生責任者の資格についての規定はない。
- ☐ 事業者は，常時50人の労働者を使用する事業場では，安全管理者を選任しなければならない。
- ☐ 事業者は，常時50人の労働者を使用する事業場では，産業医を選任しなければならない。
- ☐ 都道府県労働局長は，統括安全衛生責任者の業務の執行について，当該統括安全衛生責任者を選任した事業者に勧告することができるが，解任を命ずることできない。
- ☐ 常時50人以上の労働者が同一の場所で作業する建築工事の下請負人は，元方安全衛生管理者を選任する必要はない。

就業制限に係る業務

- ☐ 就業制限に係る業務につくことができる者が当該業務に従事するときは，これに係る免許証その他その資格を証する書面を携帯していなければならない。
- ☐ つり上げ荷重が5t以上の移動式クレーンの運転の業務は，都道府県労働局長の当該業務に係る免許を必要とする。

試験によく出る問題

問題13 出る 出る 出る

次の記述のうち,「労働安全衛生法」上,誤っているものはどれか。

1. 統括安全衛生責任者を選任すべき特定元方事業者は,安全衛生責任者を選任し,その者に仕事の工程に関する計画を作成させなければならない。

2. 事業者は,常時50人の労働者を使用する事業場では,産業医を選任しなければならない。

3. 統括安全衛生責任者は,元請負人と下請負人の労働者の作業が同一の場所において行われることによって生ずる労働災害を防止するために選任される。

4. 元方安全衛生管理者は,その事業場に専属の者でなければならない。

解 説

1. [労働安全衛生法第16条（安全衛生責任者）]

統括安全衛生責任者を選任すべき事業者以外の請負人（下請負人）で,当該仕事を自ら行うものは,**安全衛生責任者を選任**しなければなりません。

工事現場 の安全衛生管理体制
（元請,下請合わせて50人以上の労働者が混在する工事現場）

元請	統括安全衛生責任者 （元請の所長）	・工事現場における統括的な安全衛生管理
	元方安全衛生管理者 （元請の副所長,主任）	・統括安全衛生責任者の補佐 （技術的事項の管理）
下請	安全衛生責任者 （下請の職長）	・統括安全衛生責任者と作業員との連絡調整

2．［労働安全衛生法第13条（産業医等）］

　　事業者は，**常時50人以上の労働者を使用する事業場ごとに，**医師のうちから**産業医を選任**し，その者に労働者の健康管理等を行わせなければならないです。

工場などの安全衛生管理体制

労働安全衛生法	概　要
第10条 （総括安全衛生管理者）	・事業者は，（建設業では）常時100人以上の労働者を使用する事業場ごとに，総括安全衛生管理者を選任しなければならない。
第11条 （安全管理者）	・事業者は，（建設業では）常時50人以上の労働者を使用する事業場ごとに，安全管理者を選任しなければならない。
第12条 （衛生管理者）	・事業者は，（建設業では）常時50人以上の労働者を使用する事業場ごとに，衛生管理者を選任しなければならない。
第12条の2 （安全衛生推進者等）	・事業者は，常時10人以上50人未満の労働者を使用する事業場ごとに，安全衛生推進者を選任しなければならない。
第13条 （産業医等）	・事業者は，常時50人以上の労働者を使用する事業場ごとに，医師のうちから産業医を選任し，その者に労働者の健康管理等を行わせなければならない。

第6章

法

規

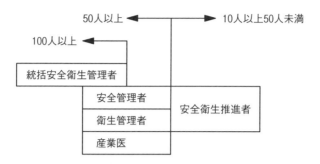

	50人以上 ← → 10人以上50人未満
100人以上 ←	
統括安全衛生管理者	
安全管理者	安全衛生推進者
衛生管理者	
産業医	

工場 などの安全衛生管理体制
（建設業：100人以上の労働者をかかえる事業所）

安全衛生推進者以外の選任は，
所轄労働基準監督署長に報告書
を提出。

3．［労働安全衛生法第15条（統括安全衛生責任者）］

　　特定元方事業者（元請負人）は，その労働者及び関係請負人（下請負人）の労働者が当該場所において作業を行う場合，これらの労働者の作業が**同一の場所において行われる**ことによって生ずる**労働災害を防止する**ため，**統括安全衛生責任者を選任**しなければならないです。

4．［労働安全衛生法第15条の2（元方安全衛生管理者）］，

　　［労働安全衛生規則第18条の3（元方安全衛生管理者の選任）］

　　元方安全衛生管理者の選任は，その事業場に**専属の者を選任**しなければならないです。

解答　1

問題14

　建設業の事業場における安全衛生管理体制に関する記述として，「労働安全衛生法」上，誤っているものはどれか。

　1．事業者は，常時100人の労働者を使用する事業場では，総括安全衛生管理者を選任しなければならない。

　2．事業者は，常時50人の労働者を使用する事業場では，衛生管理者を選任しなければならない。

　3．事業者は，常時30人の労働者を使用する事業場では，安全管理者を選任しなければならない。

　4．事業者は，常時10人の労働者を使用する事業場では，安全衛生推進者を選任しなければならない。

　解　説

　問題13 の　解　説　の2を参照して下さい。

　選択肢において，事業者は，**（建設業では）常時50人以上の労働者を使用**する事業場ごとに，**安全管理者を選任**しなければならないです。

解答　**3**

労働者の就業にあたっての措置に関する記述として，「労働安全衛生法」上，正しいものはどれか。

1. 事業者は労働者を雇い入れたとき，法令で定められた安全衛生教育を行うべき事項の全部又は一部に関し十分な知識と技能を有していると認められる労働者については，当該事項についての教育を省略することができる。

2. 元方安全衛生管理者は，作業場において下請負業者が雇入れた労働者に対して，雇入れ時の安全衛生教育を行わなければならない。

3. 事業者は，作業主任者の選任を要する作業において，新たに職長として職務に就くことになった作業主任者について，法令で定められた職長教育を実施しなければならない。

4. 事業者は，最大積載荷重が1t以上のフォークリフトの運転（道路上を走行させる運転を除く。）の業務については，フォークリフト運転免許を受けた者でなければ当該業務に就かせてはならない。

解 説

1. ［労働安全衛生規則第35条（雇入れ時等の教育）］

2. ［労働安全衛生法第59条（安全衛生教育）］
雇入れ時の安全衛生教育を行うのは**事業者**です。

3. ［労働安全衛生法第60条］
事業者は，安全又は衛生のための教育を行なわなければならないですが，**作業主任者**に対しては該当しません。

4. ［労働安全衛生法第59条］，
［労働安全衛生規則第36条（特別教育を必要とする業務）］
最大積載荷重が1t以上の**フォークリフトの運転**（道路上を走行させる運転を除く。）の業務については，フォークリフト運転**技能講習終了者**でなければ当該業務に就かせてはならないです。

解答　1

安全衛生教育・就業制限

業 務		特別教育		就業制限	
・クレーン，デリックの運転の業務	つり上げ荷重	5 t 未満	5 t 以上	免許
・車両系建設機械の運転の業務（ブル・ドーザー，クラムシェル等）	機体重量	3 t 未満	3 t 以上	技能講習
・移動式クレーンの運転	つり上げ荷重	1 t 未満	1 t 以上	技能講習
			5 t 以上	免許
・フォークリフトの運転の業務	最大荷重	1 t 未満	1 t 以上	技能講習
・クレーン，デリック，移動式クレーンの玉掛け業務	つり上げ荷重	1 t 未満	1 t 以上	技能講習
・不整地運転車の運転の業務	最大積載量	1 t 未満	1 t 以上	技能講習
・高所作業車の運転の業務	作業床の高さ	10m 未満	10m 以上	技能講習

問題16

　事業者が，新たに職務につくこととなった職長（作業主任者を除く。）に対して行う安全衛生教育に関する事項として，「労働安全衛生法」上，定められていないものはどれか。

　　1．作業方法の決定に関すること
　　2．労働者に対する指導又は監督の方法に関すること
　　3．異常時等における措置に関すること
　　4．労働者の健康診断に関すること

解 説

　[労働安全衛生法第60条]，[労働安全衛生規則第40条（職長等の教育）]
　選択肢4の**労働者の健康診断**に関することは，定められていません。

解答　**4**

第6章

法

規

60 その他の法令

試験によく出る選択肢 📝

建設工事に係る資材の再資源化等に関する法律

- ☐ 対象建設工事の元請業者は，特定建設資材廃棄物の再資源化等が完了したときは，その旨を発注者に書面で報告しなければならない。
- ☐ 建築物の耐震改修工事であって，請負代金の額が7,000万円の工事は，分別解体等をしなければならない建設工事に該当しない。

消防法

- ☐ 消防用水は，消防ポンプ自動車が2m以内に接近することができるように設ける。
- ☐ 防火対象物における消防用設備等の設置に係る工事が完了した場合は，完了した日から4日以内に消防長又は消防署長に届け出る。
- ☐ 危険物取扱者免状は，甲種，乙種，丙種の3種類に区分されている。
- ☐ 屋内消火栓は，防火対象物の階ごとに，その階の各部分から一のホース接続口までの水平距離が25m以下又は15m以下となるように設ける。

騒音規制法

- ☐ さく岩機を使用する作業であって，作業地点が連続的に移動し，1日における作業に係る2地点間の距離が50mを超える作業は，特定建設作業の実施の届出をしなくてもよい。
- ☐ くい打くい抜機（圧入式を除く。）を使用する作業は，特定建設作業に該当する。

宅地造成等規制法

- ☐ 高さが5mを超える擁壁を設置する場合は，一定の資格を有する者の設計によらなければならない。
- ☐ 切土をする土地の面積が300m²であって，切土をした土地の部分に高さが2.0mの崖を生ずるものは，宅地造成に該当しない。
- ☐ 宅地造成とは，宅地以外の土地を宅地にすることをいい，宅地において行う土地の形質の変更も含む。

試験によく出る問題

問題17

次の記述のうち,「建設工事に係る資材の再資源化等に関する法律」上,誤っているものはどれか。

1. 建設業を営む者は,建設資材廃棄物の再資源化により得られた建設資材を使用するよう努めなければならない。
2. 対象建設工事の請負契約の当事者は,分別解体の方法,解体工事に要する費用その他の主務省令で定める事項を書面に記載し,署名又は記名押印をして相互に交付する等の措置を講じなければならない。
3. 対象建設工事の発注者又は自主施工者は,使用する特定建設資材の種類や解体する建築物等の構造などについて,工事に着手する日の7日前までに,都道府県知事に届け出なければならない。
4. 対象建設工事の元請業者は,特定建設資材廃棄物の再資源化等が完了したときは,その旨を都道府県知事に報告しなければならない。

解 説

1. [建設工事に係る資材の再資源化等に関する法律第5条（建設業を営む者の責務）]
2. [同法律第13条（対象建設工事の請負契約に係る書面の記載事項）]
   対象建設工事の請負契約の当事者は,分別解体等の方法,解体工事に要する費用その他の主務省令で定める事項を**書面に記載し,署名又は記名押印をして相互に交付**しなければならないです。
3. [同法律第10条（対象建設工事の届出等）]
   対象建設工事の**発注者**又は**自主施工者**は,工事に着手する日の**7日前**までに,所定の事項を**都道府県知事に届け出る**必要があります。
4. [同法律第18条（発注者への報告等）]
   対象建設工事の**元請業者**は,特定建設資材廃棄物の再資源化等が**完了**したときは,当該工事の**発注者に書面で報告**する必要があります。

第6章

法

規

解答　**4**

問題18

特定建設資材を用いた建築物等の解体工事又は新築工事等のうち，「建設工事に係る資材の再資源化等に関する法律」上，政令で定める建設工事の規模に関する基準に照らし，分別解体等をしなければならない建設工事に該当しないものはどれか。

1．各戸の床面積が100m²の住宅5戸の新築工事であって，同一業者が同じ場所で同一発注者と一の契約により同時に行う工事
2．建築物の増築工事であって，当該工事に係る部分の床面積の合計が500m²の工事
3．建築物の耐震改修工事であって，請負代金の額が7,000万円の工事
4．擁壁の解体工事であって，請負代金の額が500万円の工事

解　説

［同法律第9条（分別解体等実施義務）］，［同法律施行令第2条（建設工事の規模に関する基準）］

分別解体等実施義務の建設工事の規模に関する基準は，次に掲げます。

工事の種類	対象規模
建築物の解体工事	・床面積80m²以上
建築物の新築，増築の工事	・床面積500m²以上
上記以外の新築工事等	・請負金額が1億円以上
建築物以外の解体工事，新築工事	・請負金額が500万円以上

1．建築物の新築の工事で**床面積500m²以上**に該当します。
2．建築物の増築の工事で**床面積500m²以上**に該当します。
3．**建築物に係る新築工事等**であって，**新築又は増築以外の工事**のものについては**請負金額**が1億円以上であるものが該当し，請負代金の額が7,000万円の工事の場合は該当しません。
4．**建築物以外**の解体工事で**請負金額が500万円以上**に該当します。

<u>解答　**3**</u>

問題19

　消防用設備等に関する記述として，「消防法」上，誤っているものはどれか。

　1．消火器などの消火器具は，床面からの高さが1.5m以下の箇所に設ける。

　2．消防用水は，消防ポンプ自動車が3m以内に接近することができるように設ける。

　3．消防用水の防火水槽には，適当の大きさの吸管投入孔を設ける。

　4．地階を除く階数が11以上の建築物に設置する連結送水管には，非常電源を附置した加圧送水装置を設ける。

解　説

　1．［消防法施行規則第9条（消火器具に関する基準の細目）］
　　　消火器具は，床面からの高さが1.5m以下の箇所に設けます。

　2．［消防法施行令第27条（消防用水に関する基準）］
　　　消防用水は，消防ポンプ自動車が2m以内に接近することができるように設けます。

　3．［消防法施行令第27条（消防用水に関する基準）］
　　　消防用水の防火水槽には，適当の大きさの吸管投入孔を設けます。

　4．［消防法施行令第29条（連結送水管に関する基準）］
　　　地階を除く階数が11以上の建築物に設置する連結送水管については，非常電源を附置した加圧送水装置を設けます。

解答　**2**

指定区域内における特定建設作業の実施の届出に関する記述として，「騒音規制法」上，誤っているものはどれか。ただし，作業はその作業を開始した日に終わらないものとし，災害その他非常時等を除く。

1. くい打機をアースオーガーと併用する作業は，特定建設作業の実施の届出をしなくてもよい。

2. 環境大臣が指定するものを除き，原動機の定格出力が80kW以上のバックホウを使用する作業は，特定建設作業の実施の届出をしなければならない。

3. さく岩機を使用する作業であって，作業地点が連続的に移動し，1日における作業に係る2地点間の距離が50mを超える作業は，特定建設作業の実施の届出をしなければならない。

4. 空気圧縮機をさく岩機以外の動力として使用する作業であって，電動機以外の原動機の定格出力が15kW以上の空気圧縮機を使用する作業は，特定建設作業の実施の届出をしなければならない。

解　説

［騒音規制法第2条（定義）］，［同法施行令別表第2］

1. くい打機を**アースオーガーと併用する作業**は，特定建設作業に該当しないので実施の届出は不要です。

┌─────────────────────────────────────┐
│   主な特定建設作業（実施の届出が必要）   │
└─────────────────────────────────────┘

- くい打機（もんけんを除く。）
- くい抜機又はくい打くい抜機（圧入式くい打くい抜機を除く。）を使用する
  作業（くい打機をアースオーガーと併用する作業を除く。）
- びょう打機を使用する作業
- さく岩機を使用する作業
  （作業地点が連続的に移動する作業にあっては，１日における当該作業に係
  る２地点の最大距離が50mを超えない作業に限る。）
- 空気圧縮機（電動機以外の原動機を用いるものであって，その原動機の定
  格出力が15kW以上のものに限る。）を使用する作業
- 原動機の定格出力が80kW以上のバックホウを使用する作業
- 原動機の定格出力が70kW以上のトラクターショベルを使用する作業
- 原動機の定格出力が40kW以上のブルドーザーを使用する作業

2．原動機の定格出力が80kW以上のバックホウを使用する作業は，特定
　建設作業に該当するので，実施の届出が必要です。

3．さく岩機を使用する作業であって，作業地点が連続的に移動し，１日
　における作業に係る２地点間の距離が50mを超える作業は，特定建設
　作業に該当しないので実施の届出は不要です。

4．空気圧縮機をさく岩機以外の動力として使用する作業であって，電動
　機以外の原動機の定格出力が15kW以上の空気圧縮機を使用する作業
　は，特定建設作業に該当するので，実施の届出が必要です。

解答　3

宅地造成工事規制区域内において行われる宅地造成工事に関する記述として，「宅地造成等規制法」上，誤っているものはどれか。

ただし，都道府県知事とは，指定都市中核都市又は特例市の区域内の土地については，それぞれ指定都市中核都市又は特例市の長をいう。

1．擁壁を設置しなければならない崖面に設ける擁壁には，壁面の面積3㎡以内ごとに少なくとも1個の水抜き穴を設けなければならない。

2．高さが4mの擁壁を設置する場合は，擁壁の設置に関する技術的基準に従うとともに，一定の資格を有する者の設計によらなければならない。

3．宅地において，土地の600㎡の面積の部分について盛土に関する工事を行い，引き続き宅地として利用する場合は，都道府県知事の許可を受けなければならない。

4．地表水等を排除するための排水施設の全部を除却する工事を行おうとする者は，宅地造成に関する工事の許可を受けた場合を除き，工事に着手する日の14日前までに，その旨を都道府県知事に届け出なければならない。

解　説

1．［宅地造成等規制法施行令第10条（擁壁の水抜き穴）］

擁壁には，その裏面の排水を良くするため，**壁面の面積3㎡以内ごとに少なくとも1個の内径が7.5cm以上の陶管**その他これに類する耐水性の材料を用いた**水抜き穴を設ける**必要があります。

2．［同法施行令第16条（資格を有する者の設計によらなければならない措置）］

高さが5mを超える擁壁の設置する場合は，擁壁の設置に関する技術的基準に従うとともに，一定の資格を有する者の設計によらなければならないです。

3．［同法施行令第3条（宅地造成）］

宅地において，土地の600㎡の面積の部分について**盛土**に関する工事を行い，引き続き宅地として利用する場合は，宅地造成に該当し**都道府県知事の許可**が必要です。

宅地造成の対象となる土地の形質の変更（許可が必要）

・切土：高さが2mを超える崖となるもの

・盛土：高さが1mを超える崖となるもの

・切土と盛土とを同時にする場合：
盛土による高さが1m以下の崖となるもの，かつ，切土，盛土で高さが2mを超える崖となるもの

・いずれにも該当しない切土又は盛土：
切土又は盛土をする土地の面積が500㎡を超えるもの

4．［宅地造成等規制法第15条（工事等の届出）］

宅地造成工事規制区域内の宅地において，地表水等を排除するための排水施設の全部を除却する工事を行おうとする者は，宅地造成に関する工事の許可を受けた場合を除き，**工事に着手する日の14日前までに**，その旨を**都道府県知事に届け出**なければならないです。

解答　**2**

MEMO

MEMO

著者のプロフィール

井岡 和雄
（いおか かずお）

（1級建築士，1級建築施工管理技士，
　2級福祉住環境コーディネーター）

　1962年生まれ。関西大学工学部建築学科卒業。
　現在　井岡一級建築士事務所　代表

　建築に興味があり，大学卒業後は施工の実践を学ぶためゼネコンに勤めます。現場監督を経て設計の仕事に携わり，その後，設計事務所を開設します。開設後の設計業務，講師としての講義や執筆活動といった15年余りの経験を通じて，建築教育への思いがいっそう大きく芽生えました。

　現在，設計業務のプロとしてはもちろんのこと，資格取得のためのプロ講師として活動中です。少子・高齢化が急速に進展していく中で，建築の道に進む若い人が少しでも多く活躍することを応援し続けています。

4週間でマスター
1級建築施工管理　第一次検定

編　　著　　井 岡 和 雄

印刷・製本　　（株）太 洋 社

発 行 所　　株式
会社　　弘 文 社　　〒546-0012 大阪市東住吉区
　　　　　　　　　　　　　　　　　　　中野 2 丁目 1 番27号
　　　　　　　　　　　　　　　　☎　　（06）6797― 7 4 4 1
　　　　　　　　　　　　　　　　FAX（06）6702― 4 7 3 2
代 表 者　　岡 﨑　　靖　　振替口座 00940―2―43630
　　　　　　　　　　　　　　　　東住吉郵便局私書箱 1 号

ご注意
（1）本書は内容について万全を期して作成いたしましたが，万一ご不審な点や誤り，記載
　　もれなどお気づきのことがありましたら，当社編集部まで書面にてお問い合わせくだ
　　さい。その際は，具体的なお問い合わせ内容と，ご氏名，ご住所，お電話番号を明記
　　の上，FAX，電子メール（henshu1@kobunsha.org）または郵送にてお送りください。
（2）本書の内容に関して適用した結果の影響については，上項にかかわらず責任を負いか
　　ねる場合がありますので予めご了承ください。
（3）落丁本，乱丁本はお取替えいたします。